文　庫

34-002-1

新　版

世界憲法集

第二版

高橋和之編

岩波書店

はしがき

本書は、現在世界諸国で行われている成文憲法の主要なものを日本語に訳して集めたものである。本書の前身は、宮沢俊義編『世界憲法集』であるが、その初版(一九六〇年)の「はしがき」には、「一般の国民がつねに座右に置いて使えるような形の憲法集」を提供する目的で「文庫本の憲法集を編集する」旨が述べられている。本書も、その目的を継承するものである。類書で専門家が研究あるいは教育に利用しているものもいくつか出版されているし、インターネット上で検索すれば多くの国の憲法が原語あるいは英語訳で容易に見られるようになってきているが、一般読者からの手頃な文庫本の再出版についての問い合わせも少なくないという。再出版といっても、旧書をそのまま出すわけにはいかない。旧書は、一九六〇年の初版以降、一九七六年に第二版、一九八〇年に第三版、一九八三年に第四版を刊行したが、以後、そこに収録されていた憲法のいくつかはすでに廃止され新憲法が制定されているし、そうでないものも重要な改正を経てきている。そういうわけで、この際旧書を全面的に見直し、現時点で収録するにふさわしい憲法を再検討するとともに、各憲法の翻訳と解説もそれぞれに最も適した専門家にお願いしようということになった。

できるだけ多くの憲法を収録したいのはやまやまだが、一冊の文庫本に収めるとなると、限度がある。日本国憲法をより良く理解するのに最も役立ちそうな国の憲法、および、日本が親善を深めていくためにその政治の仕組みを知っておいたほうがよい国の憲法という観点から八カ国の憲法を選び、それに日本の憲法を加えて合計九つの憲法を集めている。そうした観点から言えば、歴史的に立憲主義の成立に大きな役割を果たし、諸国の憲法を理解する上で今日でも重要性を失っていないイギリスの憲法もここに収録すべきところである。しかし、イギリスは成文憲法典をもたず、その憲法の主要部分が不文の憲法(「憲法習律」と呼ばれる慣習法的な憲法)から成っており、成文憲法を集めた本書には収めることができなかった。

本書に集めた憲法の選択理由に簡単に触れておこう。アメリカ合衆国憲法は、現在世界で行われている憲法の中で最も長寿の憲法であり、近代立憲主義を代表するものであるのみならず、日本国憲法に対して最も大きな影響を与えたものでもある。アメリカと同じくイギリス植民地として出発したカナダは、アメリカとは大きく異なる展開をとげ、強大な隣国からの文化的自律性を確保すべくアメリカとは異なる憲法構造を自覚的・意識的に追求しており、カナダ憲法はアメリカ合衆国憲法を相対化して観察するのに有用と思われる。ドイツ連邦共和国基本法は、第二次大戦後のヨーロッパ大陸諸国における立憲民主政の憲法を代表するものであり、ドイツ的な憲法思想は、戦前はもちろんのこと戦後においても日本の憲法的思考に大きな影響を与え続けている。これに対し、フランス一九五八年憲法は、近代以来の議会優位の憲法原理に重大な修正を迫るとともに、伝統的な議院内閣制にアメリカ的な大統領制を接合する独特な政治制度を導入し注目を集めたものであり、最近政治のリーダーシップを強調するようになった日本においてもしばしば参照されるようになってきている。旧書では、この他に大陸諸国の憲法でベルギー国憲法とイタリア共和国憲法を収録していたが、スペースの関係で割愛せざるをえなかった。当時のベルギー国憲法(一八三一年制定)は、一九世紀の大陸諸国の憲法に大きな影響を与えたものであり、プロイセン憲法を介して明治憲法への影響も語られていた。しかし、今では一九七〇年以降の諸改革により新しい憲法にかわっている。イタリア共和国憲法は、人権規定も詳細であるし、統治機構においても両院ともに解散制度に服する独特の二院制を採用しているなど、興味深い点が多々あり、できれば収録したかった憲法の一つであるが、あきらめざるをえなかった。その代わり、旧書にはなかったスイス連邦憲法を収録している。直接民主政的制度を基礎に「議会統治制」を採用していることから、現代デモクラシーのあり方を考える際に参照されることが多いからである。韓国の憲法も旧書では載せていなかったが、本書で収録することにした。隣国でありぜひ知っておくべきだということに加え、現行の大韓民国憲法の下で立憲民主化が大いに進展をみせ、憲法裁判所の活躍など日本も学ぶべき点が多いと考えたからである。

以上が立憲主義を基礎に置く憲法であるのに対し、立憲主義とは異なる思想に依拠するものとして社会主義国の憲法がある。旧書ではソビエト社会主義共和国連邦憲法、ポーランド人民共和国憲法、中華人民共和国憲法の三つを収めていた。しかし、社会主義国ソ連はすでに崩壊し、旧ソ連の中心であったロシアが立憲主義を取り入れたロシア連邦憲法を制定しているし、ポーランドも社会主義を精算し西欧的な憲法を制定している。ロシアや東欧の旧社会主義諸国が新しく制定した立憲主義的憲法を見る場合には、旧体制をどのように精算し、立憲主義のいかなる制度を導入したかが興味をひく点であるが、本書ではロシア連邦憲法によりこれらの国を代表させることにした。現在も社会主義を維持している国の憲法としては、旧書同様中華人民共和国憲法を選んだ。隣国の憲法であるし、日本の憲法との違いを通して日本国憲法の理解を深めるのに役立つものと思う。

それぞれの憲法の翻訳と解説は、最終的には各担当者の責任においてなされている。

なお巻末の索引は、特定テーマにつき各国憲法がどのような規定を置いているかを比較するのに大いに役立つものと期待している。

本書の出版にあたっては岩波書店の方々、とりわけ清水愛理さんには並々ならぬお世話をいただいた。ここに記して謝意を表する次第である。

二〇〇六年一二月

高橋和之

第二版はしがき

憲法は国の骨格に当たり、歴史の中で形成されてきたその国の政治文化が反映されている。その意味で、頻繁な改正は予定されていない。しかし、他方で同時に、憲法は優れて人為的な性格も有している。この側面では、加速する国際的・国内的環境変化に適応するために、適宜迅速な改正が必要となることも生じる。

本書が二〇〇七年に出版されてからわずか五年にすぎないが、この間に本書に収録した憲法の多くが何らかの改正を経ている。なかでもフランス憲法は、二〇〇八年に大改正を受けた。そうした改正を本書にすみやかに反映させることは、編者・訳者の重要な使命と考えており、一刻も早く改訂したいと考えたが、今回のフランス憲法改正では、改正された諸条文の施行時期が施行に必要な準備期間を考慮して個別に設定されていたので、大部分の重要な改正が施行されるに至るまで待たざるをえなかった。

日本においても、二〇〇七年に「日本国憲法の改正手続に関する法律」が制定され、国会両議院に設置された憲法審査会(国会法一〇二条の六)も二〇一一年の通常国会から活動を開始した。憲法改正の賛否は別にして、日本国憲法を対象化して客観的にその特徴を再確認する必要が高まっているが、その際に諸外国の憲法と比較してみることも重要である。本書が、これまでと同様に、多くの読者に活用されることを願っている。

本改訂に当たっては、前回と同様に、清水愛理さんにたいへんお世話になった。心から御礼申し上げます。

二〇一二年三月

高橋和之

目　次

条文索引

概説

高橋和之

諸外国の憲法を理解するためのポイント

一　憲法の意味

憲法という言葉は、多様な意味で用いられるが、ここでは国家の統治体制の基本を定める法と理解しておこう。我々は様々な社会集団を形成して生活するが、その社会集団のなかで最も基本的なものが国家である。国家は対外的な防衛と対内的な治安の維持を中心に、そこで生活する人々の安全と発展の配慮を任務とするが、その任務の遂行のために法律を作り、執行し、裁判をするなど政治権力を行使する。その権力行使をどのようなルールに従って行うかを憲法が定めているのである。憲法が定めると言っても、その定めが常に紙に書かれた「成文」として存在しているわけではない。昔は法は人々の心の中に存在していたのであり、憲法もそうであった。そういう憲法を「不文憲法」と呼ぶが、今でもイギリスの憲法は不文憲法が中心となっている。イギリスでは、長い年月のなかで権力行使についてのルールが徐々に形成され人々の意識の中に定着して慣習憲法となったのである。憲法を成文憲法として制定しようという考えが生ずるのは近代になってからのことで、アメリカの諸州がイギリスからの独立に際して制定した憲法（一七七六年のヴァージニア憲法がその代表例）や連邦制国家を形成した一七八七年の合衆国憲法、フランスが一七八九年の大革命後に制定した一七九一年憲法などがその嚆矢《こうし》である。独立や革命の場合、それ以前の慣習的な体制を否定し新たな体制を一挙に作ろうというのであるから、成文憲法を定めようという考えになるのは自然のことであったが、思想的には社会契約論の影響も見逃せないであろう。成文の憲法典を契約文書になぞらえたのである。ともあれ、それ以降、成文憲法制定の動きは世界中に広まり、今ではほとんどの国が成文憲法をもつに至っている。

成文憲法は、立法権・行政権・司法権等の政治権力の組織と行使に関する基本ルールを定め、それらの権力の根拠となる「授権規範」であるから、簡単に改正しうるものであってはならない。そこで、憲法改正の手続を法律制定の手続よりは困難なものに定めておくのが通常である。たとえば、法律の制定には国会の過半数の賛成でよいが、憲法改正には三分の二の賛成を必要とするとか、国民投票が必要であるとするのである。こういう憲法を「硬性憲法」と呼んで法律制定と同じ手続で憲法を改正しうる「軟性憲法」と区別しているが、硬性にすることにより「最高規範」としての性格を確立しているのである。最高規範であることが、裁判所による法律の違憲審査の根拠となるのであり、この性格は現代憲法にとって非常に重要な点である。

二　資本主義型憲法の特徴

世界の憲法を大きく分けると、資本主義型憲法と社会主義型憲法に分けられる。最初に資本主義型憲法の特徴を見ていこう。

立憲主義　成文憲法は、もともと資本主義型憲法として成立した。アメリカやフランスで最初の成文憲法が制定されたとき、その運動の中核を担ったのは自由主義経済を求める中産階級(いわゆるブルジョア階級)であったから、それらの憲法が自由主義・資本主義を前提にしたのは当然のことであり、そのことが財産権や職業の自由などの経済的自由権の重視として表現されていた。

当時、資本主義型憲法の基本原理とされたのは、権利の保障と権力分立であった。成文憲法を制定する目的は権利の保障を実現する新たな国家・社会を形成することにあり、ゆえに保障すべき権利を憲法の中に規定する必要があるし、国家がそのような目的に適した組織となるためには、国家権力がモンテスキューのいう権力分立に従って構成される必要があると考えられた。このような考えを「立憲主義」(constitutionalism)と呼ぶ。

フランスの一七八九年人権宣言一六条は「権利の保障が確かでなく、権力分立も定められていないような社会はすべて、憲法をもつものではない」と規定したが、立憲主義の精神を典型的に表現したものである。

立憲主義とは、国家権力の行使を権利保障と権力分立を核心的原理とする憲法に従って行うことを求める思想であり、広い意味での「法の支配」の近代的形態である。それが君主制に適用されたとき「立憲君主政」、共和制(民主制)に適用されたとき「立憲民主政」と呼ぶが、国家権力が、君主政的なものであれ民主政的なものであれ、絶対的ではなく憲法により制限されるということを表現している。立憲主義が君主政原理あるいは民主政原理と対立するときには、立憲主義が優位するのである。換言すれば、主権者(君主あるいは国民)が憲法により自らを制限するのであり、主権者の名においてさえ憲法で保障した権利の侵害は許さない、ということを原理として採用した体制なのである。

権利保障の歴史的展開　現代の資本主義型憲法(本書に収録した憲法のうちアメリカ合衆国憲法、日本国憲法、ドイツ連邦共和国基本法、フランス一九五八年憲法、大韓民国憲法がこれに属し、社会主義を脱却したロシア連邦憲法もこれに含めることができよう)も立憲主義を基本的には継承している。しかし、一九世紀後半に徐々に展開してくる社会主義の影響下に資本主義が修正を受け、それが二〇世紀の憲法に反映されることになる。その代表例がドイツで一九一九年に制定されたワイマール憲法であるが、そこでは私的自治を基礎づけていた財産権の絶対保障が否定されて財産権が義務を伴うものであることが強調されるとともに、自由権とは性格を異にする社会権の思想が承認されることになるのである。

この動きは、他方で同時に、参政権の拡大と平行していた。近代初期においては、国民の政治参加は財産等を基礎にする制限選挙により制約を受けていたが、選挙権の拡大を求める運動の結果、一九世紀末から二〇世紀にかけて徐々に成年男子の普通選挙が実現していき、さらに女性の参政権の承認も遅くとも第二次世界大戦後には一般に認められるようになる。こうして権利保障は、当初の自由権と形式的平等権を中心とするあり方から、実質的平等と社会権、さらに参政権をも取り込んだあり方に変わってきたのである。そのために現代資本主義型憲法における権利保障は、自由権・社会権・参政権をどのように調和させていくかという問題に直面することになったが、その調和に際して究極的には自由権の優位を認めるところに立憲主義の継承が示されているのである。しかし、権利保障の展開は現在でも進行中で、従来の自由権・社会権・参政権では捉えきれない新しい権利の要求が生じてきている。たとえば、国民の「知る権利」や環境権がその代表例であり、それを憲法の中に規定する国も出てきている状況にある。たとえば、環境保護の規定を置く憲法の例として、フランス一九五八年憲法、大韓民国憲法、ロシア連邦憲法などがある。

統治機構の歴史的展開　統治機構については、資本主義型憲法はどのように展開してきたのであろうか。立憲主義を継承し権力分立原理を維持していることはいうまでもないが、国家の役割の変化に対応してその構造に重要な修正が生じた。近代国家においては、社会の自律・私的自治を重視し、国家の役割は治安・安全を確保するための最小限の介入に限定された。自由権と形式的平等権を中心に置く「消極国家」というあり方である。しかし、現代国家は、私的自治を制限し、国民の生存(社会権)を配慮し、経済の持続的・安定的な発展を実現するために積極的に社会に介入することを求められるようになる。このような国家が「積極国家」と呼ばれるのであるが、国家がこの要請に対応するためには、国家権力の組織構造が近代の議会を中心としたあり方から行政権を中心にした「行政国家」といわれるあり方に変遷することになる。そこで、憲法においても、行政権が必要に応じて迅速かつ効果的に社会介入のイニシアティブを取りうるようなメカニズムの導入が必要となり、同時に議会がこうして積極的活動を認められた行政権を適切かつ効果的にコントロールするメカニズムも必要となる。要するに、議会と行政権の権限分配の再編成が必要となるのであり、「議会が決定し行政権が執行する」という定式から「行政権が統治し議会がコントロールする」という定式への変化が生ずることになる。

この変化は、参政権の拡大とも密接に絡んでいる。普通選挙の進展は国民各層を基盤とする組織政党を発展させた。自由主義を基礎に社会における多元的な価値・利益の存在を承認する以上、それを反映する多元的な政党の存在は不可避であり、民主的な政治過程は政党間の競争として展開されることになる。現代における民主政治は社会に存在する様々な価値・利益を組織し統合しながら政治に反映させる役割を担う政党の存在なくしては実現が困難である。近代国家においては、政党は同じような考えをもつ議員が集まった院内政党を中心としたが、議員は全国民利益を代表するという理念の下に、政党は部分利益を代表するからこの理念に反するものとされていた。これに対し、民主政治の理念が強調されるようになった現代憲法においては、政党の役割を積極的に評価し、政党が国民の多元的な意思を統合し国政に反映させるという役割を担うことを憲法条文として規定する憲法も現れてきた。そういう条文を政党条項と呼んでいるが、ドイツ連邦共和国基本法やフランス一九五八年憲法がその例である。また、政党結成の自由は、一般には結社の自由により保障されるが、特に政党の多元性を保障する憲法もある(大韓民国憲法参照)。こうして、現代資本主義型憲法においては、複数政党を前提に、政党を基礎にした民主政治の実現を構想しているが、その実際のあり方は政党制のあり方に大きく依存する。複数政党を憲法で保障しても、現実にいくつの政党がいかなる内容と相互の力関係をもって成立してくるかは、憲法で決めることはできない。二党制となるか多党制となるか、イデオロギー政党かプラグマティズム政党かなどの違いは、各国の政治文化等様々な要因のもとに生ずるものであり、人為的に決めることは困難であるが、しかし、そうしたあり方の特徴が行政国家構造と交錯しながら各国の現実の憲法構造を規定することになるのである。

議会と行政権の関係の展開図式　政治を担う中心的な機構は立法権(議会)と行政権(行政機関)である。両者がどのような関係に構造化されるかが、政治的プロセスの憲法構造を規定することになるが、その特徴を理解するには、次のような展開図式を参考にするとわかりやすいであろう。イギリスの統治構造の歴史的展開を図式化したものである。

展開の出発点は、全権力が国王に帰属するという原理に立つ「絶対君主政」である。ここでは国王の周辺に国王の政治を補佐する顧問会議が存在するが、諮問的権限をもつのみで国王を法的に拘束することはない。次の段階として、国民の権利を護るために国王権力の制限が課題となる。国王顧問会議から発展した議会が国王の法律制定に同意を与える権限を獲得し、立法権を国王と共有する体制が成立する(一七世紀末イギリス)。これが「制限君主政」であり、ここでは政治の中心を国王が担い、国王が自由に任免する大臣の補助を得て政治を行うが、それを議会が制限・コントロールするのである。議会は徐々に力を拡大するが、やがて大臣の任免にも発言権を獲得するに至る。それを背景に大臣が、首相を中心に国王からの相対的独立性を確立した内閣を構成し、この内閣が、国王と議会の両者の信任を得て両者の協調に重要な役割を果たす体制が成立する(一八世紀中葉のイギリス)。これが「二元型議院内閣制」と呼ばれる体制である。二元型と言うのは、権力の中心が国王と議会にあるからであるが、その反映として行政も国王と内閣の両者により担われる。議会は内閣の不信任権をもち、国王は議会下院(庶民院)の解散権をもつ。この体制の下で国民の政治参加が拡大し、普通選挙が実現する(もっともこの段階では成人男子のみ)と、政治権力の正統性原理がデモクラシーに収斂《しゅうれん》する傾向を見せ、民主的正統性を欠く国王の政治力は次第に衰退していく。このため、国王は議会の多数派に信任される内閣を追認する以外になくなり、権力の中心が議会へと一元化していくことになる(一九世紀後半のイギリス)。これが「一元型議院内閣制」の体制であるが、そこでは国王の権力は名目化し、行政の実権は内閣が握る。内閣は議会に対して責任を負い、議会(下院)により不信任される可能性はあるが、それに対抗する下院解散権を(名目的には国王に帰属するが)実質上内閣が行使することになる。この体制は、イギリスにおいて、基本的には今日まで続いている。しかし、イギリスではこれが二党制と結びつき、選挙で勝った政党のリーダーが内閣を形成するという運用を生み出すことになり、国民が議員選挙を通じて内閣を直接選出するかのような独特の体制を確立するのである。

議院内閣制の普及と変容　成文憲法を持たないイギリスにおいては、内閣不信任制度と解散制度が対抗する一元型議院内閣制のメカニズムは、慣習法(憲法習律)的に成立した。この一元型議院内閣制が、イギリスの成功に学ぼうとした諸外国で成文憲法のなかに採り入れられることになる。それをフランスでは「合理化された議院内閣制」と呼んだ。しかし、二党制は憲法に書いて導入できるものではないから、イギリスと異なる政党制が成立した国においては、成文憲法で一元型議院内閣制を導入してもイギリスと同じように機能するわけではない。議院内閣制の実態を知るためには、憲法条文だけでなく、どのような政党制が成立しているのか(二党制か多党制かなど)、どのような選挙制度を採用しているか(小選挙区制か比例代表制かなど)をも考慮する必要があるのである。

議会統治制　以上、「絶対君主政→制限君主政→二元型議院内閣制→一元型議院内閣制」という歴史的展開図式を見てきたが、一元型議院内閣制の次の段階としていかなる体制が考えられるであろうか。デモクラシーの精神がさらに強固に定着すると、理論上は、議会と内閣の関係で議会のほうが国民に近いから、議会が内閣の優位に立つのがより民主的ではないかという主張が生じうる。その制度的な表現として、内閣の下院解散権を制限するという問題が提起されることになる。内閣のもつ解散権は、議会に対する内閣の自律性の担保である。内閣の主張する政策に議会が反対するとき、議会に従属・屈服するのではなく、国民の信を問うのである。その解散権が制限され、極限的には廃止されるならば、内閣が自律性を確保する方法は辞職しかない。辞職の自由があることで、辞職を脅しに使うことにより、かろうじて自律性を確保するのである。もっとも、それは議会が内閣に辞職されることを困ると考える特殊な状況下でしか通用しない方法である。しかし、議会はさらに強くなって内閣に辞職さえ許さず、議会の決定した政策を忠実に執行することだけを求める体制を考えることもできる。それが「議会統治制」(régime d'Assemblée「会議制」と訳すこともある)である。ここでは、内閣(行政権)は議会に従属し、両者の間にチェック・アンド・バランスの関係は否定される。しかし、この体制を正しく理解するには、内閣(行政権)と議会の関係だけでなく、議会と国民の関係まで射程に入れる必要がある。議院内閣制の場合は代表民主制の下における議会と内閣の関係であるが、議会統治制は直接制的な制度を基礎とするのが通常で、建前上は議会が国民に従属するか、少なくとも国民の最終的決定権が制度的に担保されるのである。資本主義型憲法でこの体制を採用しているのはスイスであるが、その実態においては、行政権が事実上の自律性をもち政治のリーダーシップを発揮しているとの指摘もある。興味深いことに、社会主義型憲法では人民主権の名の下にこの体制を採用するのが一般であった。しかし、一党制的な政党制のもとで、その実態は行政権の独裁となることが多かったと指摘されている。

アメリカの大統領制　モンテスキューの権力分立論は、制限君主政をモデルに構成されたといわれる。その理論の影響下に、共和制において、君主を大統領に置き換え制限君主政的構造を確立したのがアメリカ合衆国憲法である。アメリカ大統領制においては、議会が立法し大統領が拒否権をもつ。内閣不信任制度も議会解散制度も存在せず、議会と大統領が厳格に分立されている。イギリスでは国王を補佐する内閣が実権を握り議院内閣制へと発展したが、アメリカでは大統領の下にある内閣はあくまでも補佐にとどまり、行政の実権は大統領が握り続ける。大統領が実権を失わないのは、君主と異なり民主的正統性をもつからである。アメリカ大統領は、制度的には間接選挙で選ばれることになっているが、大統領選挙人が事実上命令的委任（その選出人の指定する候補者に投票せよと命ずる委任）に服すようになり、実際上は国民による直接選挙と同様に機能しているのである。この大統領制においては、大統領が国民の支持を基礎に政治のイニシアティブを発揮し、議会がこれをコントロールするという政治のあり方を可能とするが、大統領と議会が決定的に対立するときには、出口を失ってしまうという危険も内包している。アメリカでは、この危険を、紀律が弱くプラグマティックに行動する政党から成る二党制を生み出すことで回避してきたと言われている。

フランス第五共和制　二元型議院内閣制の構造を共和制を基礎に実現しようとしたのがフランス一九五八年憲法である。そこでは君主のかわりに国民が直接選挙する大統領が置かれる。その点ではアメリカ大統領制に似るが、同時に内閣不信任制度と議会解散制度という議院内閣制的メカニズムも組み込まれている点が異なる。大統領と議会の対立は、究極的にはこの議院内閣制のメカニズムを通じて解決されることになるのである。

韓国もこれに似た制度を採用しているが、大統領による議会の解散を否定して大統領が強くなりすぎないようにしている点が異なる。

一元型議院内閣制の構造を共和制の下で導入することも考えうる。この場合には、君主に代わる大統領は政治の実権をもたず、名目的・儀礼的・象徴的な国家元首の役割を果たすことになる。もっとも、大統領に日常的な政治的権限は与えないが、特別の状況において危機管理的な権限を与えることはありうるところであり、この構造をそのように理解すれば、ドイツ連邦共和国基本法が採用したのがこの体制の例と捉えることもできよう。

地方政治のあり方　国家の憲法構造を見る場合、中央と地方の関係をどのように構成しているのかも、重要なポイントである。ここでは連邦制を採用する国と地方自治(地方分権)制度を採用する国を分けることができる。連邦制においては、中央と地方(州あるいは邦)に権限事項が分配される(たとえば防衛・外交は中央、社会保障は地方の権限、等々)が、配分された事項を実施するための権力としては、中央も地方も立法権・行政権・裁判権のすべてをもち、その意味で一つの国家としての性格をもつと言われる。アメリカ、カナダ、ドイツ、スイス、ロシアなどが、連邦制を採用している国である。ただし、同じく連邦制と言っても、どのように権限分配を行っているかは各国により異なり、その違いに応じて異なる性格を示すことに注意する必要がある。

これに対し、連邦国家ではなく単一国家の場合は、地方に対し自治を認めるのが通常である。連邦国家における州・邦も、もともと国家的な性格をもつことを反映して、その内部で地方自治を認めることが多い。地方自治においては、連邦制と異なり裁判権は中央が独占するのが一般で、立法的権限と行政的権限が地方に認められる。その場合、それらの地方権限を「中央行政権の地方分権」として位置づける場合と「政治(立法・行政を含む)の地方分権」と位置づける場合がありうる。前者においては、中央政治のなかの行政のみが地方に分権されるのに対し、後者においては政治が中央と地方に分割されるという理解であり、いずれの理解で地方自治を捉えるかが、地方自治の強度に影響するのである。

法の支配と裁判所　裁判所の役割は、当初は犯罪の裁判(刑事事件)と私人間の紛争の解決(民事事件)が中心であった。国(君主)と私人の争いについては、イギリスでは通常の民事事件と同じく、司法裁判所(コモンロー裁判所)が民法(コモンロー)を適用して解決した。イギリスの制度を継受したアメリカでも同様である。ところが、フランスではフランス革命を遂行したブルジョワジーが歴史的事情から司法裁判所に対して強い不信感を抱いていたため、国と私人の争いの裁判を司法裁判所が行うことを禁じてしまった。そのために、国の行政に不満のある私人は裁判で争うことができず、行政処分を行った行政庁を監督する上級行政庁に不服を申し立てる以外になかった。しかし、その不服申立にどう答えるべきかについて監督庁の諮問を受けて審査する専門機関が形成され、それが徐々に独立性を獲得していき、第三共和制に入ると行政裁判所として確立される。こうして、行政事件を通常の司法裁判所が扱うイギリス型と行政裁判所が扱うフランス型が成立することになった。ヨーロッパ大陸諸国では大部分が行政裁判所制度を採用している。いずれにせよ、行政が法律に従ってなされているかどうかを行政自身からは独立の裁判所がチェックするという法治主義の制度が確立されるのである。日本は、戦前は行政裁判所制度を採用していたが、戦後はアメリカの司法制度を採り入れ、通常の司法裁判所が一切の事件を管轄することにしている。

では、法律が憲法に従っているかどうかを審査する制度はどうかというと、これを近代においていち早く採り入れたのはアメリカである。もっとも憲法にそれが書いてあるわけではなく、合衆国最高裁判所が一八〇三年のある判決で、裁判所は法を適用する任務を負っているのであり、憲法と法律が矛盾するときには当然憲法を適用しなければならないと宣言して、法律の違憲審査をする権限が司法裁判所にあることを解釈で認めたことが始まりであった。こうして、アメリカでは司法審査制度が判例法理として確立されるが、国会主権(法律の最高性)を維持するイギリスはもちろんのこと、最高規範としての成文憲法をもつ大陸諸国でも司法裁判所にそのような権限を認めることは問題外と考えられていた。それは、司法裁判所に対する伝統的な不信感のせいのみではない。近代においては、国民の権利を保障するのは国民を代表する議会を措いてはないと考えられていたのである。しかし、二〇世紀にはいると、議会に対する信頼が徐々に揺らいできて、裁判所が議会の制定する法律の違憲審査をすることも必要ではないかという見解も支持を拡大し始めた。しかし、そのための権限を司法裁判所に与えるのではなく、違憲審査を専門的な任務とする憲法裁判所を設置する案が検討されることになり、第一次世界大戦後にオーストリア憲法が初めてそれを採り入れた。しかし、決定的な影響を与えたのは、法律により独裁政治を実行したナチズムの経験であり、法律の違憲審査の必要を強烈に感じたドイツが戦後の基本法で強力な憲法裁判所を導入し、その成功により諸国に波及していくことになる。こうして、法律の違憲審査には、司法裁判所が通常の事件の裁判に付随して、適用すべき法律の違憲審査を行うアメリカ型の付随審査制と、通常の事件とは別に憲法問題だけを扱う憲法裁判所を設置するドイツ型の独立審査制

（抽象的違憲審査制）が成立することになった。もっとも、二つの型は考え方においては異なるが、実際には相互に歩み寄りを見せており、たとえばドイツ型においても通常の訴訟に付随して憲法問題を提起し憲法裁判所に送付する方法が導入されている。

現在ではイギリスを除くほとんどの国が、細部の違いを別にしていずれかの型の違憲審査制度を採用するようになっている。特に二〇世紀末に社会主義を精算して立憲主義に基づく新しい憲法を制定した旧社会主義国は、ロシア連邦憲法をはじめとして、そのほとんどが憲法裁判所型を導入している点が注目される。日本は、戦後、アメリカの影響下にアメリカ型の付随審査制を採用した。

三　社会主義型憲法の特徴

社会主義国はマルクス主義思想を基礎に建国された国であり、その最初が旧ソビエト連邦であった。マルクス主義は自由主義の天賦人権の観念に基づく人権思想を形式的・抽象的な権利を認めるものにすぎないと批判し、権利の現実における実現を追求した。それによれば、人権は天賦のものとして既に存在するものではなく、社会によりこれから創造・実現されねばならないものであり、それを可能とする社会構造の実現が先行しなければならない。その社会構造の基本が社会主義的所有であり、生産手段の私有制を基礎にした資本主義的な社会構造は否定されねばならない。このような思想を基礎に制定された憲法の代表例が一九三六年のソビエト社会主義共和国同盟憲法であった。そこでは最初に「第一章　社会構造」において、全権力が勤労者に属すること、資本主義的生産様式(生産手段の私的所有)を廃止し社会主義的所有を採ることを規定しており、その結果実現されるはずの権利に関する規定が第一〇章に置かれるという構成になっていた。しかも、権利の章では、最初に社会権的な権利(勤労権、休息権、教育権等々)が規定され、自由権はその後に置かれた。言論・集会等の自由権には「権利を行使するために必要な物質的条件を提供する」ことも保障されていたが、この自由権そのものは「勤労者の利益に適合し、かつ社会主義制度を堅固にする目的」により限定を受けていた。団結権の保障については、同種の限定がついていたことのほかに、勤労者の先進的部分が「すべての社会的ならびに国家的組織の指導的中核をなすソ同盟共産党に団結する」と規定し、共産党の特別の地位を規定していたのが注目される。統治機構においては、ソ同盟最高ソビエトが最高権力機関とされ、立法権を独占する。そのメンバーは勤労者市民が直接選挙し、かつ、いつでもリコールすることができることになっていた。執行権はソ同盟大臣会議に帰属したが、この会議はソ同盟最高ソビエト(あるいは閉会中その権限を代行するソ同盟最高ソビエト幹部会)に従属し、両者の間に権力分立の関係はなかった。構造上は、全権力をもつ勤労者を基礎にソ同盟最高ソビエト、ソ同盟大臣会議とピラミッド状に積み上げる「議会統治制」的な構成であるが、実態においては共産党の独裁的地位を通じて全機構が頂点への権力集中を可能にし正統化する方向に機能したことは周知のところであろう。しかし、このような社会主義型憲法は、社会主義の崩壊により廃棄され、今では立憲主義を採り入れた一九九三年のロシア連邦憲法に変わっている。東欧の旧社会主義諸国も、かつてはソ連の一九三六年憲法をモデルとした社会主義型憲法であったが、今日では資本主義型憲法に移行している。ロシア連邦憲法は、そうした憲法の代表例ということになろう。もちろん、成文憲法において立憲主義の考えを採り入れたからといって、その運用の実態が資本主義型憲法と同じになったという保障はない。社会主義型憲法を精算して資本主義型憲法を採用した国の憲法を見る場合には、特にその実態に注意を向ける必要があることを忘れてはならない。

中華人民共和国憲法　今日では社会主義型憲法を維持している国は極めて少なくなったが、その代表例が中国である。もっとも、中国も部分的に資本主義経済(社会主義市場経済)を採り入れてきており、純粋な社会主義型憲法とは異なる側面を見せている。しかし、基本的には社会主義型を維持しているといってよいだろう。そのことは、第一条で中華人民共和国が社会主義国家であることを宣言している点に現れているが、より本質的には共産党に特別の地位を与えていることのほうが重要であろう。中華人民共和国憲法は、その前文(序言)で中国共産党が果たしてきた、そして今後も果たしていくべき役割を強調しており、他の政党の存在を否定してはいないものの、立憲主義の下で通常理解するような多元的な政党制のあり方は想定されていないと思われる。統治機構は、一切の権力が人民に帰属する(二条)という原理を基礎に、各級の人民の代表者は、その選出母体がいつでも罷免しうるものとされ、その頂点には全国人民代表大会が最高機関として置かれる。その下で、権力分立思想を否定する民主集中制の原則に従って、全国人民代表大会により選出されこれに対し責任を負いこれにより監督を受ける様々な国家行政機関(元首の役割を果たす国家主席や執行機関である国務院等)、裁判機関、検察機関が構成される。機構的には人民主権を徹底した構造をもつが、これが共産党を中心に運営されることにより、ピラミッドの頂点の少数者への権力集中が可能となるのである。権利保障についてみれば、最初に市民の法律の前の平等を宣言し(三三条)、次に選挙権・被選挙権を規定し(三四条)、その後に自由権が並び(三五条から四〇条)、社会権はそれより後に置く(四二条以下)という構成になっている点が注目される。権利行使が「国家、社会、集団の利益……を害してはならない」(五一条)ことを強調し、また、市民に憲法の遵守義務を課している（五三条）点などを考慮すると、人民主権的な論理を基礎に自由権に対する人民意思（法律）の優位という構造が採用されていることが窺える。当然、人民法院（裁判所）に違憲審査権は与えられていない。要するに、立憲主義とは異なる思想を基礎に置く憲法なのである。

以上に、諸国の憲法を比較する場合のいくつかのポイントを述べた。憲法を構成している諸原理は、歴史の中で幾多の試練を経ながら築き上げられてきたものである。それは、多くの場合、条文の背後にあって条文の意味を支えている。したがって、条文を表面的に見ているだけでは、なかなか読み取れない。ここに書いたことが少しでも読者の理解に役立てば幸甚である。

アメリカ

土井真一 訳・解説

解　説

1　合衆国憲法の成立　「すべて人は、平等に造られ、造物主により、生命、自由及び幸福の追求を含む、奪うことのできない一定の権利を与えられている」。一七七六年七月四日、アメリカは、かかる信念の下、イギリスからの独立を宣言した。本国の通商・課税政策等に抗し、前年に端を発した戦闘は、八一年ヨークタウンでのイギリス軍の降伏を以って終結。アメリカは八三年パリ講和条約で正式に独立を認められ、本格的な建国の時代を迎えることとなる。

ただ、八一年に発効した連合規約(Articles of Confederation)の下では各邦の独立性が高く、統一的な通商・経済政策の展開が妨げられる中で、信用不安などの経済的混乱を招き、八六年には武装蜂起が起こるに至る。こうした危機に瀕して、八七年五月、本来は連合規約の改正のためにフィラデルフィアに集まった一二邦の代表は、より強力な連合を目指し、新たな憲法の作成に着手。九月に合衆国憲法草案が採択され、各邦による承認手続に付託された。この過程では連邦と州の関係等をめぐり激しい論争が展開されたが、八八年六月、九邦の承認により合衆国憲法は発効し、翌八九年四月にワシントンが初代大統領に就任。ここに合衆国政府が樹立された。また、第一回合衆国議会では、権利保障の不備を補うべく、憲法修正の審議が行われ、九一年までには一〇カ条からなる権利章典が、憲法と一体をなすものとして成立した。憲法承認の過程で、マディソン、ハミルトン、ジェイが著した八五篇の論説(『ザ・フェデラリスト』)は、合衆国の憲法思想を示す古典となっている。

2　合衆国憲法の展開　合衆国政府は、樹立後まもなく、通商・産業政策や市民的自由をめぐり、連邦主導のフェデラリストと州権尊重のリパブリカンとの深刻な対立に陥る。一八〇〇年にジェファソン率いるリパブリカン政権が成立し、〇三年フェデラリストであったマーシャル長官が、マーベリ対マディソン判決において司法審査制を確立したことは、アメリカ憲法史を貫く民主主義と法の支配の緊張の構図を象徴しているといえる。

その後、合衆国は、ジャクソン大統領の登場に象徴される民主主義の展開と、西部開拓による領土拡大を遂げるが、その陰で産業構造の相違に根差した南北間の地域対立が、奴隷制度の是非をめぐって頂点に達し、六一年に南部諸州がアメリカ連合国を結成、南北戦争が勃発する。激しい戦闘の中、六三年リンカーンは奴隷解放宣言を発し、六五年には南軍が降伏。六二万人に及ぶ血の犠牲の上に成立した修正第一三・一四・一五条は、奴隷制の廃止のみならず、連邦制や憲法上の権利保障のあり方の上でも合衆国憲法史における画期をなす。

一九世紀後半、目覚しい資本主義の発展と社会対立が深刻化する中で、合衆国最高裁は経済的自由を積極的に擁護する憲法解釈を展開した。しかし、一九二九年に端を発する大恐慌への対応をめぐり、ニュー・ディール政策を掲げるF・ルーズベルト大統領や議会と激しく対立し、「憲法革命」と称される判例変更により、経済・社会政策に関する広範な連邦権限が承認されることとなる。さらに、二つの大戦を経て合衆国の国際的影響力が飛躍的に高まる中で、その政治体制は、大統領権限の拡大・執行権優位の構造へと変貌を遂げる。

一九五〇年代に入ると、最高裁は、ウォーレン長官の下、市民的自由の積極的保護に転じ、人種差別撤廃やプライバシー保護の領域等で画期的な憲法判例の展開を見せた。しかし、ヴェトナム戦争など政治不信・経済低迷の七〇年代を経て、八〇年代レーガン政権以降、アメリカ社会が保守化する中で、最高裁の司法審査は政治的論争の的となっている。とりわけ、二〇〇一年の九・一一テロ事件以降、市民的自由の制約が顕著になってきており、また景気の低迷で経済格差が広がる中、アメリカ立憲主義の今後の動向が注目されるところである。

3 **合衆国憲法の特質**　(1)　共和制・代表民主制　人民の権利を確保するために政府が組織され、その権力の正当性は被治者の同意に由来する。独立宣言のかかる理念は、共和国アメリカの礎であり、合衆国憲法もまた、自らを確立したのは合衆国人民であると宣言している。ただ、一八世紀に起源をもつ憲法だけに代表制原理の影響が濃厚で、当初、人民により直接選挙されるのは下院議員に限られ、また現在においてなお直接民主主義的な要素を取り入れていない。しかし、大統領選挙が直接選挙的な運用に転換し、憲法修正による上院議員の直接選挙制の導入や選挙権の拡大が図られるなど、合衆国憲法史を通じて民主主義の実現が図られてきている。

(2)　最高法規性・司法審査制　合衆国憲法は、合衆国人民の声を体現する成文の硬性憲法典として、立法等に優位する効力すなわち最高法規性が認められている。そして、その最高法規性を司法審査により担保しようとしたところに、アメリカ立憲主義の歴史的な独創があるといってよい。ただ、そこには、絶えず、現在の人民の声と歴史の彼方から響く人民の声との緊張関係があり、その狭間の中で未来を切り拓いていくことが、アメリカ立憲主義の永遠の課題でもある。

(3)　連邦制　連邦と州の権力関係の規律は、合衆国憲法が担う最大の課題である。憲法制定時の原則は、連邦政府の権限は憲法に列挙したものに限定され、州及び人民に不可侵の主権が留保されるというものであった。しかし、南北戦争やニュー・ディールを画期としつつ、州際通商条項等の解釈を通じて、連邦主導型の統治体制へと大きく変貌を遂げてきている。

(4)　権力分立制　合衆国憲法は、立法・執行・司法の三権分立と、相互の抑制・均衡を定めている。特に、公選の大統領制を採用し、立法と執行の分離を明確にしている点において、議院内閣制とは異なる特色を示している。また、議会と大統領の権力関係は、憲法制定時から大きく変化してきており、合衆国の国際的地位の向上と積極国家化を受けて、大統領の地位が強化されてきている。ただ、依然として立法や予算を掌握する議会の権限も強力であることから、議会と大統領の間で与野党のねじれ現象が生じた場合には、安定的な政策形成・執行が困難となる。

(5)　権利の保障　合衆国憲法は、権利章典や修正第一四条などにより、合衆国及び州に対して個人の権利を保障している。しかし、権利条項は起源が古くまたその数が少ないことや、抽象的な文言を含んでいることから、現実には、違憲審査基準論の展開など、最高裁による憲法解釈が大きな意義を有している。最高裁の保守化が指摘される近年においても、①人工妊娠中絶、安楽死、同性愛などのプライバシー、②積極的差別是正措置、③政治資金規制と表現の自由、④テロとの戦いと適正手続保障といった多様な問題が重要な争点となっている。このような現代的課題を、二百有余年にわたって続く憲法により解決しようとする姿勢に、新しい国アメリカにおける立憲主義の古き伝統と、その普遍性への信念を垣間見ることができよう。

アメリカ合衆国憲法

〔一七八八年成立〕

われら合衆国人民は、より完全な連合を形成し、正義を樹立し、国内の平穏を保障し、共同の防衛に備え、一般的福祉を増進し、そしてわれらとわれらの子孫のために自由の恵沢を確保する目的をもって、ここにこの憲法をアメリカ合衆国のために制定し、これを確立する。

第一条 〔合衆国議会〕

第一節〔立法権、二院制〕 この憲法によって付与される立法権は、すべて合衆国議会に属する。合衆国議会は、上院及び下院でこれを構成する。

第二節〔下院の組織及び権限、下院議員の選出〕 ① 下院は、二年ごとに各州の人民により選出される議員でこれを組織する。各州における下院議員の選挙権者は、当該州の議会を構成する議院のうち、最も議員数の多い議院の選挙権者たるに必要な資格を備えていなければならない。

② 年齢満二五年に達しない者、合衆国市民となって七年に満たない者及び選挙の時にその選出された州の住民でない者は、何人も下院議員となることができない。

③ 《下院議員の数及び直接税の徴収額は、この連邦に加入する州に対して、その人口に応じて配分する。各州の人口は、自由人の総数に、その他のすべての者の数の五分の三を加えることにより算出する。ただし、自由人には、一定の期間役務に服する者を含み、課税されていないインディアンを除くものとする。*》実際の人口の算出は、合衆国議会が最初に開会する時から三年以内に、またその後は一〇年以内ごとに、合衆国議会が法律により定める方法で行われなければならない。下院議員の数は、人口三万人に対して一人の割合を超えてはならない。ただし、各州は少なくとも一人の下院議員を選出するものとする。本項に規定する人口算出が行われるまでの間は、ニュー・ハンプシャ州が三人、マサチューセッツ州が八人、ロード・アイランド及びプロヴィデンス・プランテーション州が一人、コネティカット州が五人、ニュー・ヨーク州が六人、ニュー・ジャージ州が四人、ペンシルヴェニア州が八人、デラウェア州が一人、メリーランド州が六人、ヴァージニア州が一〇人、ノース・キャロライナ州が

五人、サウス・キャロライナ州が五人、ジョージア州が三人の議員を選出することができるものとする。

④　いずれの州においても、その選出した下院議員に欠員が生じたときは、当該州の執行府は、その欠員を補充する選挙を命じる令状を発しなければならない。

⑤　下院は、議長及びその他の役員を選出する。弾劾訴追の権限は、下院に専属する。

＊　《　》内は、修正第一四条第二節及び修正第一六条により修正。

第三節〔上院の組織及び権限、上院議員の選出〕　①　合衆国上院は、各州から二人ずつ選出される上院議員でこれを組織する。上院議員は、《各州の議会で選出され、*》任期は六年とする。上院議員は、各々一票の投票権を有する。

②　第一回の選挙の結果に基づいて上院議員が招集された時は、直ちに、これをできる限り同数となるように三つに区分する。二年ごとに上院議員の三分の一が改選されるようにするため、第一の区分に属する上院議員は二年目の終了の時に、第二の区分に属する上院議員は四年目の終了の時に、第三の区分に属する上院議員は六年目の終了の時に、各々その議席を失うものとする。《州議会が開会されていない間に、辞職その他の理由により欠員が生じた場合には、当該州の執行府は、次に州の議会が開会され、欠員を補充するまでの間、臨時に上院議員を任命することができる。**》

③　年齢満三〇年に達しない者、合衆国市民となって九年に満たない者及び選挙の時にその選出された州の住民でない者は、何人も上院議員となることができない。

④　合衆国副大統領は、上院の議長となる。ただし、可否同数のときを除き、投票に加わらない。

⑤　上院は、議長以外の役員を選出する。副大統領が不在の場合または合衆国大統領の職務を行う場合には、臨時議長を選出する。

⑥　すべての弾劾につき裁判する権限は、上院に専属する。この目的のために開会するときは、上院議員は宣誓または確約を行わなければならない。合衆国大統領が弾劾の裁判を受ける場合には、最高裁判所長官がその議長となる。何人も、出席議員の三分の二の同意がなければ、有罪とされない。

⑦　弾劾事件の判決は、公職を罷免し、また名誉、信任または俸給を伴う合衆国の公職に就任し在職する資格を剝奪することを超えてはならない。ただし、これがために、弾劾の裁判において有罪とされた者が、法律に従って、訴追され、裁判及び判決を受け、刑罰に服することを妨げない。

*　《　》内は、修正第一七条第一項により修正。

**　《　》内は、修正第一七条第二項により修正。

第四節〔両院議員の選出に関する定め、合衆国議会の集会〕 ① 上院議員及び下院議員の選挙を行う時、場所及び方法は、各州において、その議会が定める。ただし、合衆国議会は、上院議員を選出する場所に関する定めを除き、いつでも、法律により本項第一文に規定する規則を定め、または変更することができる。

② 合衆国議会は、少なくとも毎年一回集会する。この集会は、合衆国議会が法律により異なる日を定めない限り、《一二月の第一月曜日とする。》*

* 《 》内は、修正第二〇条第二節により修正。

第五節〔議院の自律権、議事手続〕 ① 両議院は、各々その議員の選挙、選挙の結果及び資格に関して裁判を行う。両議院が議事を行うための定足数は、各々その議員の過半数とする。ただし、定足数に満たないときは、その翌日まで延会とし、各議院の定める方法及び制裁により、欠席の議員に対して出席を強制することができる。

② 両議院は、各々その議事手続に関する規則を定め、秩序を乱した議員を懲罰し、またその三分の二の同意により、議員を除名することができる。

③ 両議院は、各々その議事録を保存し、秘密を要すると認められるもの以外は、随時これを公表しなければならない。各議院の議員の表決は、その出席議員の五分の一の要求があるときは、議題のいかんにかかわらず、これを議事録に記載しなければなら

ない。

④　合衆国議会の会期中、両議院は、各々他の議院の同意がなければ、三日を超えて休会し、または両議院が開会すべき場所以外にその議場を移してはならない。

第六節〔議員の特権、兼職禁止〕　①　上院議員及び下院議員は、法律の定めるところにより、合衆国の国庫から、その職務に対する報酬を受ける。両議院の議員は、反逆罪、重罪及び平穏を乱す罪による場合を除くほか、いかなる場合にも、会期中の議院に出席している時及びその往復の途上において逮捕されない特権を有する。また、議院で行った発言または討論について、院外で責任を問われない。

②　上院議員及び下院議員は、その任期中に創設され、またはその報酬が増額された合衆国の文官の職に、当該任期中において任命されることができない。合衆国の公職にある者は、何人も、その在任中にいずれの議院の議員になることもできない。

第七節〔合衆国議会の議事手続〕　①　歳入の徴収に関する法律案は、すべて下院において先に審議されなければならない。ただし、上院は、その他の法律案の場合と同様に、これに対する修正を提案し、または修正を付して同意することができる。

②　下院及び上院で可決された法律案は、法律として成立する前に、すべて合衆国大統領に送付されなければならない。大統領は、法律案を承認するときは、これに署名す

る。承認しないときは、異議を付して、これを先に審議した議院に返付する。返付された議院は、異議のすべてを議事録に記載し、その法律案を再議に付す。再議の結果、その議院の三分の二の多数により当該法律案を可決したときは、大統領の異議を付して、これを他の議院に送付する。他の議院により、同様に再議され、その三分の二の多数により可決されたときは、その法律案は法律として成立する。ただし、この場合にはすべて、両議院における表決は、点呼による賛否の表明によりなされ、法律案に賛成した者及び反対した者の名前を、各議院の議事録に記載しなければならない。法律案が大統領に送付されてから一〇日以内に(日曜日を除く)返付されないときは、大統領がこれに署名したときと同様に法律として成立する。ただし、合衆国議会が閉会のために返付できない場合には、法律案は法律として成立しない。

③　上院及び下院の同意を要する命令、決議または表決(休会に関する案件を除く)は、すべて合衆国大統領に送付され、大統領の承認を得て、その効力を生じる。大統領が承認しないときは、法律案の場合について定められた規律及び制限に従って、上院及び下院の三分の二の多数により再び可決されなければならない。

第八節〔合衆国議会の権限〕　①　合衆国議会は、次の権限を有する。

合衆国の債務を弁済し、その共同の防衛と一般的福祉のために、租税、関税、輸入課徴金及び消費税を賦課し徴収すること。ただし、関税、輸入課徴金及び消費税は、すべて合衆国を通じて均一でなければならない。
② 合衆国の信用により金銭を借り入れること。
③ 外国との通商、州際通商及びインディアン部族との通商を規制すること。
④ 合衆国を通じて統一された帰化に関する規則、及び合衆国を通じて統一された破産に関する法律を定めること。
⑤ 貨幣を鋳造し、その価値及び外国貨幣の価値を規律し、度量衡の標準を定めること。
⑥ 合衆国の証券及び通貨の偽造に対する罰則を定めること。
⑦ 郵便局を設置し、郵便道路を建設すること。
⑧ 著作者及び発明者に、その著作物及び発明に対する独占的な権利を一定期間保障することにより、学術及び有益な技芸の進歩を促進すること。
⑨ 最高裁判所の下に下級裁判所を組織すること。
⑩ 公海上で犯される海賊行為及び重罪、並びに国際法に違反する犯罪を定め、処罰すること。
⑪ 戦争を宣言し、敵国船舶捕獲の特許状を付与し、陸上及び海上における捕獲に関する規則を定めること。

⑫　陸軍を徴募し、これを維持すること。ただし、この目的のための支出の承認は、二年を超えることができない。
⑬　海軍を創設し、これを維持すること。
⑭　陸海軍の統制及び規律のための規則を定めること。
⑮　連邦の法律を執行し、反乱を鎮圧し、侵略を撃退するために、民兵の召集について定めること。
⑯　民兵の編制、装備及び規律、並びに民兵のうち合衆国の軍務に服するものに対する統制について定めること。ただし、民兵の将校の任命及び合衆国議会の定める規律に従って民兵を訓練する権限は、各州に留保される。
⑰　特定の州が割譲し、合衆国議会がそれを受けることにより合衆国政府の所在地となる地区*(一〇マイル平方を超えてはならない)に対して、あらゆる事項に関する専属的な立法権を行使すること。要塞、武器庫、造兵廠、造船所その他必要な建造物を建設するため、管轄する州の同意を得て購入した土地のすべてに対して、同様の権限を行使すること。——並びに、
⑱　上記の権限、及びその他この憲法により合衆国の政府またはその部門もしくは公務員に付与された一切の権限を行使するために、必要かつ適切なすべての法律を制定す

ること。

＊　現在のコロンビア特別区（ワシントンD.C.）にあたる。

第九節〔合衆国議会の権限に対する制限〕　①　合衆国議会は、一八〇八年より前において、現存する州のいずれかが受け入れを適当と認める人々の移住及び輸入を禁止してはならない。ただし、その輸入に対しては、一人につき一〇ドルを超えない租税または関税を賦課することができる。

②　反乱または侵略に際して公共の安全のために必要な場合を除き、人身保護令状を求める特権を停止してはならない。

③　私権剥奪法＊または遡及処罰法を制定してはならない。

④　《人頭税その他の直接税は、この憲法において先に規定された人口調査または人口算定＊＊に基づく割合によるのでなければ、賦課してはならない＊＊＊。》

⑤　いかなる州から輸出される物品に対しても、租税または関税を賦課してはならない。

⑥　通商または歳入の規制により、一州の港湾に対して他州の港湾よりも有利な地位を付与してはならない。また、一州に出入りする船舶に対して、他の州において入港もしくは出港の通関手続または関税の支払いを行うよう強制してはならない。

⑦　国庫からの支出は、すべて法律で定める歳出予算に従って行われなければならない。

すべての公金の支出入に関する正式の報告及び決算は、随時公表しなければならない。

⑧　合衆国はいかなる貴族の称号も付与してはならない。俸給または信任を伴う合衆国の公職にある者は、合衆国議会の同意なく、国王、王侯または外国から、いかなる贈与、報酬、公職または称号も受けてはならない。

*　反逆罪などの重罪を犯したことを理由として、特定の人から、裁判手続によることなく、市民としての権利・資格を奪う法律をいう。

**　本条第二節③。

***　《　》内は、修正第一六条により修正。

第一〇節〔州の権限に対する制限〕　①　いかなる州も、条約を締結し、同盟を結び、連合を結成し、敵国船舶捕獲の特許状を付与し、貨幣を鋳造し、信用証券を発行し、金貨及び銀貨以外のものを債務弁済の法定通貨とし、私権剝奪法、遡及処罰法もしくは契約上の債権債務関係を害する法律を制定し、またはいかなる貴族の称号も与えてはならない。

②　いかなる州も、その物品検査法を執行するために絶対に必要な場合を除き、合衆国議会の同意なく、輸入品または輸出品に対して、いかなる輸入課徴金または関税を賦課してはならない。州により輸入品または輸出品に対して賦課されたすべての関税及

び輸入課徴金の純収入は、合衆国の国庫の用に充てられる。本項に係る法律は、すべて合衆国議会による修正及び規制に服する。

③　いかなる州も、合衆国議会の同意なく、トン税*を賦課し、平時において軍隊もしくは軍艦を保持し、または他の州もしくは外国と協約もしくは協定を締結してはならない。また、現実に侵略を受け、または猶予しがたい急迫の危険がある場合を除き、合衆国議会の同意なく、戦争行為をしてはならない。

* 外国貿易船が入港した際に、船の登録トン数等に応じて賦課する税金。

第二条〔合衆国大統領〕

第一節〔執行権、大統領及び副大統領〕　①　執行権は、アメリカ合衆国大統領に属する。大統領の任期は四年とし、同一の任期で選出される副大統領と共に、次の方法により選挙される。

②　各州は、その議会が定めるところにより、各州が合衆国議会に送ることができる上院議員及び下院議員の総数と同数の大統領選挙人を選任する。ただし、上院議員、下院議員または信任もしくは俸給を受ける合衆国の公職にある者は、大統領選挙人に選任されることができない。

③《大統領選挙人は、各州において集会し、無記名投票により、二人の者に投票する。そのうち、少なくとも一人は、大統領選挙人と同一の州の住民であってはならない。大統領選挙人は、票を得たすべての者及び各々の得票数を記した名簿を作成し、これに署名し認証した上で封印を施し、上院議長に宛てて合衆国政府の所在地に、これを送付しなければならない。上院議長は、上院及び下院の立会いの下、認証されているすべての文書を開封し、票を計算しなければならない。最多の得票数が、選任された大統領選挙人の総数の過半数のときは、その最多数の票を得た者が大統領となる。複数の者が過半数の票を得て、かつその得票数が同数のときは、直ちに下院が、無記名投票により、そのうちの一人を大統領に選出しなければならない。過半数の票を得た者がいないときは、下院が、名簿に登載された得票数の上位五人の者のうちから、同様の方法により、大統領を選出しなければならない。ただし、大統領を選出するときには、州単位で投票を行い、各州からの下院議員がまとまって一票を有するものとする。この場合の定足数は、全州の三分の二の州から各々一人または二人以上の議員が出席することとし、大統領の選出には、全州の過半数の票を得ることを要する。上記のいずれの場合においても、大統領を選出した後に、残りの者のうちで大統領選挙人の最多の票を得たものが副大統領となる。ただし、同数の票を得た者が二人以上ある

場合には、上院が、無記名投票により、その者のうちから副大統領を選出する》*。

④　合衆国議会は、大統領選挙人を選出する時期及び大統領選挙人が投票する日を定めることができる。投票の日は、合衆国を通じて同一でなければならない。

⑤　出生により合衆国市民である者、またはこの憲法が採択された時に合衆国市民である者でなければ、大統領の職に就く資格を有しない。年齢満三五年に達しない者、及び合衆国に居住して一四年に満たない者は、大統領の職に就く資格を有しない。

⑥　《大統領が罷免されたとき、または死亡し、辞職し、もしくはその権限を行使し職務を遂行する能力を失ったときは、その権限及び職務は副大統領に委ねられる。**》合衆国議会は、大統領及び副大統領が共に罷免され、死亡し、辞職し、または職務を遂行する能力を失った場合のために、法律により、この場合において大統領として職務を行う公務員を定めることができる。当該公務員は、大統領もしくは副大統領が職務遂行能力を回復し、または大統領が選出されるまでの間、その法律の定めに従って、大統領として職務を行う。

⑦　大統領は、定められた時期に、その職務に対する報酬を受ける。この報酬は、在任中、これを増額または減額することができない。大統領は、在任中に、合衆国またはいずれの州からも、他のいかなる報酬も受けてはならない。

⑧ 大統領は、その職務の遂行を開始する前に、次の宣誓または確約を行わなければならない。――

「私は、合衆国大統領の職務を誠実に遂行し、全力を尽くして、合衆国憲法を維持し、保護し、擁護することを厳粛に誓う（または確約する）。」

* 《 》内は、修正第一二条により修正。

** 《 》内は、修正第二五条により修正。

第二節〔大統領の権限〕 ① 大統領は、合衆国の陸海軍及び現に召集を受けて合衆国の軍務に服している各州の民兵の最高司令官である。大統領は、執行各部の長に対して、各々の職務に関するいかなる事項についても、その意見を書面により述べるよう求めることができる。大統領は、弾劾の場合を除き、合衆国に対する犯罪について、刑の執行を停止し、または恩赦を与える権限を有する。

② 大統領は、上院の助言と承認を得て、条約を締結する権限を有する。ただし、この場合には、出席する上院議員の三分の二の同意を要する。大統領は、大使その他の外交使節及び領事、最高裁判所裁判官、並びにその任命についてこの憲法に別段の定めがなく、法律により定めなければならない他のすべての合衆国の公職に就任する者を指名し、上院の助言と承認を得て、任命する。ただし、合衆国議会は、法律により、

適切と認める下位の公務員について、その任命権を大統領に専属させ、または裁判所、もしくは執行各部の長に付与することができる。

③　大統領は、上院が開会していないときに生じた公職の欠員について、辞令を発することにより、これをすべて補充することができる。ただし、この辞令は、上院の次の会期の終わりに、その効力を失う。

第三節〔大統領のその他の権限〕　①　大統領は、随時、合衆国議会に対して、国の状況に関する情報を提供し、必要かつ適当と判断する施策を審議するよう勧告する。大統領は、非常の場合には、両院またはいずれかの議院を招集することができる。大統領は、休会の時期について両院の間で意見が一致しないときは、その適切と考える時期まで両院を休会させることができる。大統領は、大使その他の外交使節を接受する。大統領は、法律が誠実に執行されるよう配慮し、合衆国のすべての公務員に辞令を発する。

第四節〔弾劾〕　大統領、副大統領及び合衆国のすべての文官は、反逆罪、収賄罪その他の重大な犯罪及び非違行為により弾劾され、有罪の判決を受けたときは、その職を罷免される。

第三条〔合衆国の司法権〕

第一節〔司法権、最高裁判所及び下級裁判所〕　合衆国の司法権は、一つの最高裁判所及び合衆国議会が随時に定め設置する下級裁判所に属する。最高裁判所及び下級裁判所の裁判官は、罪過のない限り、その職を保持し、定められた時期に、その職務に対する報酬を受ける。その報酬は、在任中、これを減額することができない。

第二節〔合衆国裁判所の管轄権〕　①　司法権は、次の事件及び争訟に及ぶ。㈠この憲法、合衆国の法律、及び合衆国の権限に基づいて締結され、または将来締結される条約の下で生じる、コモン・ロー及びエクイティ上のすべての事件、㈡大使その他の外交使節及び領事に関係するすべての事件、㈢海法及び海事の裁判権に関するすべての事件、㈣合衆国が当事者である争訟、㈤二以上の州の間の争訟、㈥《ある州と、他の州の市民との間の争訟》*、㈦相異なる州の市民の間の争訟、㈧相異なる州から付与された土地の権利を主張している、同じ州の市民の間の争訟、㈨《州または州の市民と外国または外国の市民もしくはその統治に服する者の間の争訟》*。

②　最高裁判所は、大使その他の外交使節及び領事に関係するすべての事件、並びに州が当事者であるすべての事件について、第一審管轄権を有する。前項に掲げるその他

のすべての事件については、合衆国議会の定める場合を除き、合衆国議会の定める規律に基づいて、最高裁判所が、法律及び事実の双方に関する上訴管轄権を有する。

③ すべての犯罪の審理は、弾劾の場合を除き、陪審により行わなければならない。陪審の審理は、その犯罪が行われた州において、これを行う。ただし、犯罪の行われた場所が、いかなる州にも属さないときは、合衆国議会が法律により定める一または二以上の場所において、その審理を行わなければならない。

＊《 》内は、修正第一一条により修正。

第三節〔反逆罪〕 ① 合衆国に対する反逆罪を構成するのは、合衆国に対して戦争を起こす行為または合衆国の敵に援助及び便宜を与え、これに加担する行為に限られる。何人も、同一の外的行為＊について二人の証人の証言があるとき、または公開の法廷で自白をした場合でなければ、反逆罪で有罪とされない。

② 合衆国議会は、反逆罪の刑罰を宣告する権限を有する。ただし、反逆罪を理由とする権利の剝奪は、剝奪を受ける者が生存している間を除き、血統汚損＊＊または財産の没収に及んではならない。

＊ 犯罪の実行行為を構成し、または犯罪の実行につながる外的な行為であって、罪を犯す意図があると認められる行為をいう。

** 反逆罪や重罪を犯した者に関する権利剝奪の効果の一つで、その血統に属する者についても、土地その他の財産の相続等をできなくすること。

第四条〔連邦制〕

第一節〔州相互間での信頼〕 各州は、他のすべての州の法令、記録及び司法手続に対して、十分な信頼と信用を与えなければならない。合衆国議会は、これらの法令、記録及び手続を証明する方法並びにその効力について、一般的な法律を定めることができる。

第二節〔州相互間での市民の権利及び義務〕 ① 各州の市民は、他のいずれの州においても、その州の市民が有する、すべての特権及び免除特権を享受する資格を有する。

② いずれかの州において、反逆罪、重罪その他の犯罪に問われた者が、裁判を免れるために逃亡し、他の州において発見されたときは、その犯罪について管轄権を有する州に移送するために、逃亡された州の執行当局の求めにより、これを引き渡さなければならない。

③ 《ある州において、その法律に基づき役務または労働の義務を有する者は、他の州に逃亡した場合であっても、逃亡した先の州の法律または規則により、その役務または労働から解放されることはない。また、逃亡した者の身柄は、その役務または労働

に対して権利を有する者の請求により、これを引き渡さなければならない。》*

＊《　》内は、修正第一三条により修正。

第三節〔新たな州の創設、合衆国の領地〕　①　合衆国議会は、新しい州の連邦への加入を認めることができる。ただし、新しい州を既存の州の管轄域内に組織し、もしくは創設する場合、または二以上の州もしくはその一部を合併して州を組織する場合には、合衆国議会及び関係する各州の議会の同意を要する。

②　合衆国議会は、合衆国に直属する領地その他の財産について、これを処分し、またはこれに関して必要なすべての規則及び規律を定める権限を有する。この憲法のいかなる規定も、合衆国の権利またはいかなる特定の州の権利をも損なうように解釈されてはならない。

第四節〔合衆国による州の保護〕　合衆国は、この連邦内のすべての州に対して共和政体を保障し、侵略から各州を保護する。合衆国は、各州の議会または（議会を招集できないときは）執行府の要請に基づき、各州を州内の暴動から保護する。

第五条　〔憲法修正〕

合衆国議会は、両議院の三分の二が必要と認めるときには、この憲法の修正を発議する。また、全州の三分の二の州の議会から要請があるときには、合衆国議会は、憲法修正を発議する憲法会議を招集しなければならない。いずれの場合においても、全州の四分の三の州の議会または四分の三の州の憲法会議が承認したときに、憲法修正は、いかなる意味においても、この憲法と一体を成すものとして効力を生じる。承認についていて上記のいずれの方法をとるかは、合衆国議会の発議するところによる。ただし、一八〇八年より前に行われる修正により、第一条第九節第一項及び第四項について、いかなる方法であれ、変更を及ぼすことはできない。また、いずれの州も、その同意なしに、上院における平等な投票権を奪われない。

第六条　〔最高法規〕

① この憲法が採択される前に契約された債務及び締結された約定は、連合規約の下における時と同様に、この憲法の下においても、すべて合衆国に対して効力を有する。

② この憲法、この憲法に従って制定される合衆国の法律、及び合衆国の権限に基づいて既に締結され、または将来締結されるすべての条約は、国の最高法規であって、すべての州の裁判官は、各州の憲法または法律にこれに反する定めがある場合にも、これに拘束される。

③　（この憲法で）先に定める上院議員及び下院議員、各州の議会の議員、並びに合衆国及び各州のすべての執行府及び司法府の公務員は、宣誓または確約により、この憲法を擁護する義務を負う。ただし、合衆国のいかなる公職または公の信任に基づく職務についても、その資格要件として宗教上の審査を課してはならない。

第七条　〔憲法の承認及び発効〕

この憲法は、九の邦の憲法会議で承認されたとき、これを承認した邦の間で成立し、その効力を生じる。

われらが主の紀元一七八七年、アメリカ合衆国独立一二年の九月一七日、憲法会議において、列席したすべての邦の合意により、この文書を定めた。それを証するために、われらここに署名する。

ジョージ・ワシントン　憲法会議議長及びヴァージニア州代表

ニュー・ハンプシャ　ジョン・ラングドン、ニコラス・ギルマン

マサチューセッツ　ナサニエル・ゴーラム、ルーファス・キング

コネティカット　ウィリアム・サムエル・ジョンソン、ロジャー・シャーマン

ニュー・ヨーク　アレキサンダ・ハミルトン

ニュー・ジャージ　ウィリアム・リヴィングストン、デヴィッド・ブリアリィ、
ウィリアム・パターソン、ジョナサン・デイトン

ペンシルヴェニア　ベンジャミン・フランクリン、トマス・ミフリン、
ロバート・モーリス、ジョージ・クライマ、
トマス・フィッツシモンズ、ジェアレッド・インガソル、
ジェームズ・ウィルソン、グーヴァヌア・モリス

デラウェア　ジョージ・リード、ガニング・ベッドフォードJr.、
ジョン・ディキンソン、リチャード・バセット、
ジェイコブ・ブルーム

メリーランド　ジェームズ・マックヘンリィ、ダニエル・オヴ・セント・
トマス・ジェニファア、ダニエル・キャロル

ヴァージニア　ジョン・ブレア、ジェームズ・マディソンJr.

ノース・キャロライナ　ウィリアム・ブラウント、リチャード・ドブス・スペイト、
ヒュー・ウィリアムソン

サウス・キャロライナ　ジョン・ラトリッジ、チャールズ・コーツワース・ピンクニィ、チャールズ・ピンクニィ、ピアス・バトラ

ジョージア　ウィリアム・フュー、エイブラハム・ボルドウィン

この文書を認証する。書記ウィリアム・ジャクソン

修正第一条〔政教分離、信教及び表現の自由、請願の権利〕〔一七九一年成立〕

合衆国議会は、国教を樹立する法律もしくは自由な宗教活動を禁止する法律、または言論もしくは出版の自由または人民が平穏に集会し、不平の解消を求めて政府に請願する権利を奪う法律を制定してはならない。

修正第二条〔武器の保有権〕〔一七九一年成立〕

よく規律された民兵は、自由な国家の安全にとって必要であるから、人民が武器を保有し携帯する権利は、これを侵してはならない。

修正第三条　〔兵士の宿営に対する制限〕〔一七九一年成立〕

平時においては、所有者の同意なく、兵士を家屋に宿営させてはならない。また戦時においても、法律の定める方法による場合を除くほか、同様とする。

修正第四条　〔不合理な捜索、逮捕、押収の禁止〕〔一七九一年成立〕

不合理な捜索及び逮捕または押収から、その身体、家屋、書類及び所有物の安全を保障される人民の権利は、これを侵してはならない。宣誓または確約によって証拠付けられた相当の理由に基づくものであって、捜索すべき場所及び逮捕すべき人または押収すべき物件を特定して記載するものでなければ、いかなる令状も発してはならない。

修正第五条　〔大陪審による審理、二重の危険の禁止、自己負罪拒否権、適正手続、財産権〕〔一七九一年成立〕

何人も、大陪審による告発または起訴によらなければ、死刑に当たる罪またはその他不名誉な重罪について、その責を負わない。ただし、陸海軍において生じた事件、または戦争もしくは公共の危険に際して、現に軍務に就いている民兵において生じた事件は、この限りではない。何人も、同一の犯罪のために、重ねてその生命または身体を危険に曝されない。何人も、刑事事件において、自己に不利な証人になることを強制されない。何人も、法の適正な手続によらずに、生命、自由または財産を奪われない。何人も、正当な補償なく、私有する財産を公共の用のために徴収されない。

修正第六条　〔陪審の審理、迅速かつ公開の裁判、刑事被告人の権利〕〔一七九一年成立〕

すべての刑事上の訴追において、被告人は、犯罪が行われた州の当該地区（地区は予め法律により確定しなければならない）の公平な陪審による迅速かつ公開の審理を受ける権利を有する。被告人は、嫌疑の性質及び理由について告知を受け、自己に不利な証人に対面して尋問を行い、自己に有利な証人を得るために強制手続をとり、及び自己の防御のために弁護人の援助を受ける権利を有する。

修正第七条　〔民事事件における陪審の審理〕〔一七九一年成立〕

コモン・ロー上の訴訟において、訴額が二〇ドルを超えるときは、陪審による審理を受ける権利が保障されなければならない。陪審により認定された事実は、コモン・ローの準則に基づく場合を除き、合衆国のいかなる裁判所においても、再審理されてはならない。

修正第八条〔残虐で異常な刑罰の禁止〕〔一七九一年成立〕

過大な額の保釈金を要求し、または過大な額の罰金を科してはならない。残虐で異常な刑罰は、これを科してはならない。

修正第九条〔人民が保有するその他の権利〕〔一七九一年成立〕

この憲法において一定の権利を列挙したことをもって、人民が保有するその他の権利を否定し、または軽視したものと解釈してはならない。

修正第一〇条〔州及び人民が留保する権限〕〔一七九一年成立〕

この憲法により、合衆国に委任されず、または州が行使することが禁じられていない権限は、各州または人民に留保される。

修正第一一条〔州を被告として市民が提起する訴訟の管轄権〕〔一七九五年成立〕

合衆国の司法権は、合衆国の一の州に対して、他の州の市民または外国の市民もしくはその統治に服する者により提起され追行される、コモン・ローまたはエクイティ上のいかなる訴訟にも及ぶものと解釈してはならない。

修正第一二条〔大統領の選挙方法に関する改正〕〔一八〇四年成立〕

大統領選挙人は、各州において集会し、無記名投票により、大統領及び副大統領を選挙する。ただし、大統領及び副大統領の少なくとも一人は、大統領選挙人と同一の州の人民であってはならない。大統領選挙人は、投票用紙に大統領に選ぶべき者の名前を記し、別の投票用紙に副大統領に選ぶべき者の名前を記して投票する。大統領選挙人は、票を得たすべての大統領候補者及び各々の得票数を記した名簿、並びに票を得たすべての副大統領候補者及び各々の得票を記した名簿をそれぞれ作成し、これに署名し認証した上で封印を施し、上院議長に宛てて合衆国政府の所在地に、これを送付しなければならない。——上院議長は、上院及び下院の立会いの下、認証されているすべての文書を開封し、票を計算しなければならない。――大統領候補者の得た最多の票数が、選任された大統領選挙人の総数の過半数のときは、その最多数の票を得た大統領候補者が大統領となる。過半数の票を得た者がいないときは、票を得た大統領候補者の名簿に登載されている者のうち、得票数の多い三人以内のものから、下院が、無記名投票により、直ちに大統領を選出する。ただし、大統領を選出するときには、州単位で投票を行い、各州からの下院議員がまとまって一票を有するものとする。この場合の定足数は、全州の三分の二の州から各々一人または二人以上の議員が出席することとし、大統領の選出には、全州の過半数の票を得ることを要する。《下院が大統領の選出権を有しているにもかかわらず、次の三月四日までに大統領を選出しないときは、大統領が死亡したとき、またはその他憲法の定める大統領による職務遂行が不能な事態が生じたときと同様に、副大統領が大統領として職務を行う》*――副大統領候補者の得た最多の票数が、選任された大統領選挙人の総数の過半数のときは、その最多数の票を得た副大統領候補者が副大統領となる。過半数の票を得た者がいないときは、票を得た副大統領候補者の名簿に登載されている者のうち、得票数の多い二人のものから、上院が副大統領を選出する。この場合の定足数は、上院議員の総数の三分の二とし、選出には上院議員の総数の過半数を要する。ただし、憲法上、大統領職に就く資格を欠く者は、合衆国副大統領職に就く資格も有しない。

＊《 》内は、修正第二〇条により修正。

修正第一三条〔奴隷制度の廃止〕〔一八六五年成立〕

第一節〔奴隷制度の廃止〕　奴隷制度及びその意に反する苦役は、合衆国またはその管轄に属するいかなる場所においても存在してはならない。ただし、適正な手続により有罪の宣告を受けた犯罪に対する刑罰として科される苦役については、この限りではない。

第二節〔合衆国議会の執行権限〕　合衆国議会は、適切な立法により、本条を執行する権限を有する。

修正第一四条〔合衆国市民の権利〕〔一八六八年成立〕

第一節〔市民権、特権及び免除特権、適正手続、平等保護〕　合衆国において出生し、または合衆国に帰化し、その管轄権に服する者は、すべて合衆国及びその居住する州の市民である。いかなる州も、合衆国市民の特権または免除特権を制約する法律を制定し、または執行してはならない。いかなる州も、法の適正な手続によらずに、何人からも、生命、自由または財産を奪ってはならない。また、その管轄内にある何人に対しても法の平等な保護を拒んではならない。

第二節〔下院議員の数と選挙権〕　下院議員の数は、課税されないインディアンを除く、各州のすべての人口を計算し、その人数に比例して各州に配分されなければならない。ただし、年齢満二一年の合衆国市民であって、その州に居住する男子に対して、反乱への参加その他の犯罪以外の理由により、合衆国大統領及び副大統領の選挙人、合衆国議会の下院議員、州の執行府及び司法府の公務員または州の議会の議員のいずれかについての選挙権を否定し、またはその方法のいかんを問わず、これを制約する場合には、当該州の年齢満二一年の男性の市民の総数に対する上記の男性市民の数の割合に応じて、当該州の下院議員の配分の基礎となる人数を減ずるものとする。*

*　修正第一九条及び修正第二六条を参照。

第三節〔公務員の欠格事由〕　合衆国議会の議員、合衆国の公務員または州議会の議員、州の執行府もしくは司法府の公務員として、合衆国憲法を擁護する宣誓を行いながら、合衆国に対する暴動もしくは反乱に関与し、または合衆国の敵に援助もしくは便宜を供与した者は、合衆国議会の上院議員もしくは下院議員、または大統領及び副大統領の選挙人となり、または合衆国もしくは州の文武いずれの公職にも就くことができない。ただし、合衆国議会は、各議院の三分の二の賛成により、上記の欠格を解除することができる。

第四節〔合衆国の債務の効力〕　法律により認められた合衆国の公的債務は、暴動または反乱を鎮圧するための役務に対する恩給及び報奨金の支払いのために生じた債務を含めて、その効力を争うことはできない。ただし、合衆国またはいかなる州も、合衆国に対する暴動または反乱を援助するために生じたいかなる債務もしくは負債、または奴隷の喪失もしくは解放を理由とする請求を引き受け、またはこれに対して支払いを行ってはならない。本節ただし書きに定める債務、負債及び請求は、すべて違法であり、無効である。

第五節〔合衆国議会の執行権限〕　合衆国議会は、適切な立法により、本条を執行する権限を有する。

修正第一五条　〔選挙権における人種差別の禁止〕〔一八七〇年成立〕

第一節〔選挙権における人種差別の禁止〕　合衆国市民の選挙権は、合衆国またはいかなる州も、人種、皮膚の色または以前において強制により苦役に服していたことを理由として、これを否定し、または制約してはならない。

第二節〔合衆国議会の執行権限〕　合衆国議会は、適切な立法により、本条を執行する権限を有する。

修正第一六条〔所得税の賦課及び徴収〕〔一九一三年成立〕

合衆国議会は、徴収額を各州に割り当てることなく、また国勢調査または人口算定に準拠することなく、いかなる源泉から生じる所得に対しても租税を賦課し徴収する権限を有する。

修正第一七条〔上院議員の選出〕〔一九一三年成立〕

① 合衆国上院は、各州から二人ずつ、その人民により選挙された任期六年の上院議員で、これを組織する。上院議員は、各々一票の投票権を有する。各州において上院議員の選挙権を有する者は、当該州の議会を構成する議院のうち、最も議員数の多い議院の選挙権者たるに必要な資格を備えていなければならない。

② 上院において、いずれかの州の代表に欠員が生じたときは、その州の執行府は、その欠員を補充するために選挙を行う命令を発しなければならない。ただし、州議会は、州の人民が、州議会の定めるところにより、選挙によってその欠員を補充するまでの間、州の執行府に対して臨時に上院議員の任命を行う権限を与えることができる。

③　この修正条項は、憲法と一体を成すものとしてその効力が生じる以前において選出された上院議員の選挙または任期に影響を及ぼすものと解釈してはならない。

《修正第一八条　〔酒精飲料の製造等の禁止〕〔一九一九年成立〕　〔廃止〕

第一節〔酒精飲料の製造等の禁止〕　本条が承認されて一年を経た後において、合衆国及びその管轄権に属するすべての領地において、酒精飲料を飲用に製造し、販売し、もしくは運搬し、または上記の地域に輸入し、もしくは上記の地域から輸出することは、これをここに禁止する。

第二節〔合衆国議会及び州の執行権限〕　合衆国議会および各州は、適切な法律により、本条を執行する競合的な権限を有する。

第三節〔承認の方法及び期限〕　本条は、合衆国議会がこれを各州に付託した日から七年以内に、各州の議会が、憲法の定めるところにより、憲法に対する修正として承認しない限り、その効力を生じない。*》

*　《　》内は、修正第二一条第一節により修正。

修正第一九条〔選挙権における性差別の禁止〕〔一九二〇年成立〕

① 合衆国市民の選挙権は、合衆国またはいかなる州も、性別を理由として、これを否定し、または制約してはならない。

② 合衆国議会は、適切な立法により、本条を執行する権限を有する。

修正第二〇条〔大統領、副大統領、上院及び下院議員の任期〕〔一九三三年成立〕

第一節〔大統領等の任期〕 大統領及び副大統領の任期は、本条の承認がなければ、その任期が終了すべき年の一月二〇日正午に終了する。また、上院議員及び下院議員の任期は、本条の承認がなければ、その任期が終了すべき年の一月三日正午に終了する。上記の者の後任者の任期は、それぞれ上記の時より開始する。

第二節〔合衆国議会の集会〕 合衆国議会は、少なくとも毎年一回集会する。その開会は、合衆国議会が法律によりこれと異なる日を指定する場合を除き、一月三日正午とする。

第三節〔大統領職の承継、代理〕 大統領の任期の始期として定められた日時において、大統領に選出された者が死亡している場合には、副大統領に選出された者が大統領になる。大統領が、その任期の始期として定められている日時までに選出されなかった場合、または大統領に選出された者がその資格を満たさない場合には、その者が資格を満たすに至るまでの間、副大統領に選出された者が、大統領として職務を行う。合衆国議会は、大統領に選出された者及び副大統領に選出された者が、共にその資格を満たさない場合に、大統領として職務を行う者または大統領として職務を行う者を選出する手続を、法律により定めることができる。当該法律の定めるところにより選任された者は、大統領または副大統領がその資格を満たすに至るまでの間、大統領として職務を行う。

第四節〔大統領及び副大統領候補者の死亡〕　合衆国議会は、下院に大統領の選出権が委ねられた場合において、下院が大統領に選出すべき候補者のうちに死亡するものが生じた場合、及び上院に副大統領の選出権が委ねられた場合において、上院が副大統領に選出すべき候補者のうちに死亡するものが生じた場合について、法律により定めることができる。

第五節〔発効の期日〕　第一節及び第二節は、本条が承認された後の一〇月一五日にその効力を生じる。

第六節〔承認の方法及び期限〕　本条は、これが付託された日から七年以内に、全州の四分の三の州議会が、憲法に対する修正として承認しない限り、その効力を生じない。

修正第二一条 〔修正第一八条の廃止〕〔一九三三年成立〕

第一節〔修正第一八条の廃止〕 合衆国憲法修正第一八条は、これをここに廃止する。

第二節〔酒精飲料の製造等を規制する権限〕 合衆国の州、領地または所有地において引渡しまたは使用するために、当該地域の法律に違反して、酒精飲料をこれらの地域に輸送し、または輸入することは、これをここに禁止する。

第三節〔承認の方法及び期限〕 本条は、合衆国議会がこれを各州に付託した日から七年以内に、各州の憲法会議が、憲法の定めるところにより、憲法に対する修正として承認しない限り、その効力を生じない。

修正第二二条 〔大統領の三選の禁止〕〔一九五一年成立〕

第一節〔大統領の三選の禁止〕 何人も、二回を超えて大統領の職に選出されることはできない。他の者が大統領に選出された際の任期のうち、二年を超える期間にわたって、その者に代わって大統領の職にあった者または大統領として職務を行った者は、一回を超えて大統領の職に選出されることはできない。ただし、本条は、本条が合衆国議会により発議された時に大統領の職にある者に対して適用されない。また、本条の効力が生じた時に在任中の大統領または大統領として職務を行う者が、その残りの任期の間、大統領の職を保持し、または大統領としての職務を行うことを妨げない。

第二節〔承認の方法及び期限〕 本条は、合衆国議会がこれを各州に付託した日から七年以内に、全州の四分の三の州の議会が、憲法に対する修正として承認しない限り、その効力を生じない。

修正第二三条〔コロンビア特別区における大統領選挙人の選任〕
〔一九六一年成立〕

第一節〔コロンビア特別区の大統領選挙権〕 合衆国政府の所在地である地区は、合衆国議会の定める方法により、大統領及び副大統領の選挙人を選任する。その大統領選挙人の数は、当該地区が州であるとすれば、選出することができる合衆国議会の上院議員及び下院議員の総数に等しいものとする。ただし、その数は、いかなる場合においても、人口の最も少ない州の大統領選挙人の数を超えてはならない。当該地区の大統領選挙人は、州によって選任される大統領選挙人に付加されるものであるが、大統領及び副大統領の選出のためには、一の州により選任された大統領選挙人と見なす。当該地区の大統領選挙人は、当該地区に集会し、修正第一二条に定める義務を履行する。

第二節〔合衆国議会の執行権限〕　合衆国議会は、適切な立法により、本条を執行する権限を有する。

修正第二四条　〔納税による選挙権の差別の禁止〕〔一九六四年成立〕

第一節〔選挙権における納税による差別の禁止〕　大統領もしくは副大統領、大統領もしくは副大統領の選挙人、または合衆国議会の上院議員もしくは下院議員のための予備選挙その他の選挙において投票を行う合衆国市民の権利は、合衆国またはいかなる州も、人頭税その他の租税を納付していないことを理由として、これを否定し、または制約してはならない。

第二節〔合衆国議会の執行権限〕　合衆国議会は、適切な立法により、本条を執行する権限を有する。

修正第二五条　〔大統領職の承継、代理〕〔一九六七年成立〕

第一節〔大統領職の承継〕　大統領が罷免されたとき、または死亡もしくは辞職したときには、副大統領が大統領となる。

第二節〔副大統領の補充〕　副大統領が欠けたときは、大統領が副大統領を指名する。指名された者は、合衆国議会の両院の過半数による承認を得て、副大統領に就任する。

第三節〔大統領が自ら職務遂行の不能を表明したときの代理〕　大統領が、自ら大統領の権限を行使し職務を遂行することができない旨を宣言した書面を、上院臨時議長及び下院議長に送付したときは、大統領が自ら職務を遂行できる状態にある旨を宣言した書面を、上院臨時議長及び下院議長に送付するまでの間、副大統領が、大統領代理として、大統領の権限を行使し職務を遂行する。

第四節〔副大統領等が大統領の職務遂行の不能を表明したときの代理〕　副大統領と、執行各部の長の過半数または合衆国議会が法律により定める他の組織の構成員の過半数とが、大統領がその権限を行使し職務を遂行することができない旨を宣言した書面を、上院臨時議長及び下院議長に送付したときは、直ちに副大統領が、大統領代理として、大統領の権限及び職務を引き受ける。

その後、大統領が、自ら職務を遂行できる状態にある旨を宣言した書面を、上院臨時議長及び下院議長に送付したときは、大統領はその権限及び職務を回復する。ただし、副大統領と、執行各部の長の過半数または合衆国議会が定める他の組織の構成員の過半数とが、四日以内に、大統領がその権限を行使し職務を遂行することができない旨を宣言した書面を、上院臨時議長及び下院議長に送付するときは、この限りではない。この場合、合衆国議会が、大統領の職務遂行能力に関する問題について決定を行う。このとき、合衆国議会が開会していないときは、この問題を決するために、四八時間以内に集会しなければならない。合衆国議会が、副大統領等から後者の書面を受領した後二一日以内に、または合衆国議会が開会していないときは、集会を求められた後二一日以内に、両院の三分の二の多数により、大統領がその権限を行使し職務を遂行することができないと決定する場合には、副大統領が、引き続き大統領代理として、大統領の権限を行使し職務を遂行する。その他の場合には、大統領がその権限及び職務を回復する。

修正第二六条〔一八歳以上の市民による選挙権〕〔一九七一年成立〕

第一節〔一八歳以上の市民による選挙権〕 年齢満一八年以上の合衆国市民の選挙権は、合衆国またはいかなる州も、年齢を理由として、これを否定し、または制約してはならない。

第二節〔合衆国議会の執行権限〕 合衆国議会は、適切な立法により、本条を執行する権限を有する。

修正第二七条〔議員報酬の改定に関する制限〕〔一九九二年成立〕

上院議員及び下院議員の職務に対する報酬を改定するいかなる法律も、その成立後に下院議員選挙が行われるまでの間、その効力を生じない。

出典　原文は、*United States Code, 2000 Edition*, vol. 1 によった。なお、各条文に付した見出しは原文にはなく、訳者が付したものである。また訳に際しては、主に次の文献を参考にした。阿部竹松『アメリカの政治制度』（勁草書房、一九九三年）、阿部照哉・畑博行編『世界の憲法集〔第三版〕』（有信堂高文社、二〇〇五年、高井裕之訳）、初宿正典・辻村みよ子編『新解説 世界憲法集〔第二版〕』（三省堂、二〇一〇年、野坂泰司訳）、飛田茂雄『アメリカ合衆国憲法を英文で読む』（中央公論社、一九九八年）、松井茂記『アメリカ憲法入門〔第五版〕』（有斐閣、二〇〇四年）、宮沢俊義編『世界憲法集〔第四版〕』（岩波文庫、一九八三年、斎藤眞訳）、参議院憲法調査会事務局『アメリカ合衆国憲法概要』（二〇〇一年、大沢秀介訳）。

カナダ

佐々木雅寿 訳・解説

解説

1 カナダ憲法 カナダ憲法は、一つの成文の「憲法典」で構成されているのではなく、グレート・ブリテンおよびアイルランド連合王国の議会制定法である「一八六七年英領北アメリカ法」(現「一八六七年憲法」)、同法の改正法群、「一九八二年カナダ憲法」、ウェストミンスター法等の法令、および、憲法上の慣例の集合体で構成されている。そして、一九八二年憲法五二条二項は、最高法規性を有するカナダ憲法の範囲を規定している。現在、カナダ憲法として最も重要と考えられている実定法は、一八六七年憲法および一九八二年憲法である。

2 一八六七年憲法 「一八六七年英領北アメリカ法」は、カナダ、ノヴァ・スコシアおよびニュー・ブランズウィックの植民州を、連合王国の憲法と同じ原理の憲法を有する一つの自治領に連邦として統合した。現在のカナダは、以下の一〇州と三準州で構成される。すなわち、ブリティッシュ・コロンビア州、アルバータ州、サスカチュワン州、マニトバ州、オンタリオ州、ケベック州、ニュー・ブランズウィック州、ノヴァ・スコシア州、プリンス・エドワード・アイランド州、ニューファンドランド・ラブラドール州、ユーコン準州、ノースウェスト準州、そしてヌナブト準州である。

一八六七年憲法は、専ら統治機構を規定し、人権保障に関する一般的規定を有していない。また、この憲法には、連邦政府の内閣に関する規定のように、統治機構に関する重要な条項が含まれていない。このように憲法に規定されていない部分を補うのが、「連合王国の憲法と同じ原理の憲法」

に基づく憲法上の慣例である。

一八六七年憲法は、女王、総督、カナダのための女王の枢密院に関して規定しているが、カナダは、民主的な責任政府の原理を採用しており、女王、総督、枢密院は象徴的な存在となっている。そのため、それらの機関に付与された憲法上の権限を実質的に行使するのは連邦政府の内閣である。

連合王国の議会制定法である一八六七年英領北アメリカ法を改正する権限は、一九八二年憲法制定以前には、カナダにではなく、連合王国の議会に帰属していた。そのため、同法の改正は、連合王国の議会に要請する必要があった。

3　一九八二年憲法　連合王国の議会制定法である「一九八二年カナダ法」の別表Bに掲げられた一九八二年憲法は、それまで、英領北アメリカ法と呼ばれていた憲法の名称を「憲法」と変更し、一般的人権規定に相当する「権利および自由に関するカナダ憲章」(以下、人権憲章と略)を規定する。また、一九八二年憲法の二章は、主に個人的権利を保障する人権憲章とは別に、集団的権利を中心とするカナダの先住民族の権利を保障する。さらに、この憲法の制定にともない、カナダ憲法の改正権限は連合王国の議会からカナダに移譲された。この憲法は、従来の憲法を否定するものではなく、これまで不完全であった部分を新たに追加し、従来の憲法を発展させるものと理解できる。

4　連邦制度　一八六七年憲法は、連邦制度を採用した。同憲法の六章、そのなかでも特に九一条および九二条は、連邦議会と州の立法府との間での立法権限を配分している。そこでは、連邦議会および州の立法府の立法権限事項をそれぞれ列挙しているが、州に明示的に付与されていない残余の権限は、連邦議会に留保されている。したがって、一八六七年憲法が条文上規定する連邦制度は、連邦優位のそれであった。しかし、多くの判例、憲法上の慣例等により、連邦の優位性は次第に消滅し、現在は、連邦と州が同等の地位を有する連邦制度に変容したと理解することができる。

5 **「権利および自由に関するカナダ憲章」** 一九八二年憲法の一章は「権利および自由に関するカナダ憲章」であり、カナダ憲法史上初の一般的人権規定である。そこでは、一般的な人権制約条項としての一条の規定に続き、「平等権」、「少数派言語教育権」等七つの権利のカテゴリーが保障されているが、財産権の保障規定はない。また、人権憲章二四条一項は、実効的な権利救済を裁判所に求める権利を保障する。

適用除外条項と呼ばれる人権憲章三三条一項の規定により、連邦議会および州の議会は、一定の憲法上の権利や自由を、憲法上有効に制限ないしは否定することができる。この条項は、人権憲章がカナダ憲法の伝統である議会主権を損なうとの理由等で、その制定に反対していた州の同意を得るための政治的妥協の産物である。適用除外条項は、様々な政治的理由のため、実際に使用されることは多くはないが、憲法上の人権保障を不完全なものにすると批判されている。しかし、この条項は、人権に関する裁判所の判断を最終的なものとすることなく、人権問題に関し議会にも重要な役割を演じさせるための制度であり、人権問題に関し裁判所と議会が対話し、協力することを可能とする契機が含まれていると解することもできる。その意味で、カナダ憲法上の人権保障制度は、議会による人権保障に期待するイギリス型と裁判所による人権保障を重視するアメリカ型との中間型と評価することもできよう。

6 **違憲審査制度** 一九八二年憲法が、人権憲章を規定するまでは、裁判所による違憲審査の対象は、主に、立法権限の配分規定に関するものに限定されていた。しかし、一九八二年以降、違憲審査の対象には、憲法上の人権規定に関するものも加えられ、違憲審査権の範囲は量的にも質的にも拡大した。

カナダにおいては、原則として、すべての裁判所が違憲審査権を行使することができる。ところが、政府が裁判所に対して勧告的意見を求めるための制度が、連邦およびすべての州で採用されており、さらに、ある法律の合憲性に関する宣言的判決を求めるスタンディングが相当程度拡大されているため、裁判所に抽象的な憲法問題が提起され、それに対して裁判所が判断を下すことが多くある。その意味で、カナダの違憲審査制度は、大陸型とアメリカ型の中間的な要素を有している。

7　多文化主義　人権憲章二七条は、「この憲章は、カナダ国民の多文化的伝統の維持および発展と一致する方法によって解釈されなければならない」と規定する。また、同憲章一五条二項は、積極的差別解消策を明示的に認める。さらに、一九八二年憲法の二章は、先住民族の権利を保障する。憲法上、これほど明確に多文化主義の諸要素を規定している国は他にはなく、カナダは、多文化主義に関する最も先進的な国の一つと評価されている。しかし、人権憲章二七条は、多文化主義に関する実体的な権利や自由を規定しているのではなく、同憲章の解釈方法を規定していることに留意する必要がある。また、カナダ憲法が採用する多文化主義は、憲法上の権利や自由の保障を前提としつつ、かつ、英語とフランス語を公用語とする二言語主義、連邦結成時にローマ・カトリックおよびプロテスタントの信者に付与された宗教教育に関する権利や特権等の特殊カナダ的要素をふまえた、いわばカナダ的な枠中の多文化主義でもある。

一八六七年憲法

ヴィクトリア女王治世第三〇年—第三一年　第三号

カナダ、ノヴァ・スコシアおよびニュー・ブランズウィックの連邦、その統治ならびにそれに関連する目的のための法律(一八六七年三月二九日)

カナダ、ノヴァ・スコシアおよびニュー・ブランズウィックの植民州は、グレート・ブリテンおよびアイルランド連合王国の王位の下に、連合王国の憲法と同じ原理の憲法を有する一つの自治領に連邦として統合する希望を表明し、

また、このような連邦は、これら植民州の繁栄に寄与し、かつ、大英帝国の利益を増進するものであり、

また、議会の権限に基づく連邦の創設にあたっては、この自治領における立法権限の構成を規定するのみならず、執行府の性格を宣言することが適当であり、

また、英領北アメリカのその他の地域が、将来この連邦へ加入するための規定を設け

ることが適当であるため、以下のとおり定める。

第一章　序文

第一条〔略称〕　この法律は、「一八六七年憲法」と引用することができる。

第二条　削除

第二章　連邦

第三条〔連邦の宣言〕　女王が、その枢密院の助言により、布告をもって、この憲法の制定後六カ月以内で、その布告に指定される日以降*、カナダ、ノヴァ・スコシアおよびニュー・ブランズウィックの植民州が、カナダという名称の下に、一つの自治領を形成することを宣言することは適法である。したがって、その日以降は、これら三つの植民州は、その名称の下に、一つの自治領を形成する。

＊　一八六七年七月一日が、一八六七年五月二二日付の布告により指定された。

第四条〔定義〕　カナダという名称は、別段の明示または黙示がない限り、この憲法により構成されるカナダを意味する。

第五条〔連邦結成時の四州〕　カナダは、オンタリオ、ケベック、ノヴァ・スコシアおよびニュー・ブランズウィックの四州に分けられる。

第六条〔オンタリオ州とケベック州〕　かつてアッパー・カナダ植民州およびローワー・カナダ植民州を構成していた(この憲法の制定時に存在する)カナダ植民州のそれぞれの部分は、分割され、二つの別の州を構成する。かつてアッパー・カナダ植民州を構成していた部分はオンタリオ州を構成する。かつてローワー・カナダ植民州を構成していた部分はケベック州を構成する。

第七条〔ノヴァ・スコシア州とニュー・ブランズウィック州〕　ノヴァ・スコシア州およびニュー・ブランズウィック州は、この憲法の制定時に存在する境界と同一の境界を有する。

第八条〔一〇年ごとの人口調査〕　この憲法により、一八七一年およびその後一〇年ごとに実施が要請されるカナダの人口調査において、四州それぞれの人口が明確にされなければならない。

第三章　執行権

第九条〔女王の執行権〕　カナダの執行府および執行権は、引き続き女王に帰属することをここに宣言する。

第一〇条〔総督に関する規定の準用〕　この憲法の規定で総督に関するものは、現にその職にあるカナダ総督、その他いかなる職名をもって呼ばれるかを問わず、現にその職にあって、女王のために、かつ、女王の名において、カナダ政府を運営している首席の執行官または行政官に準用する。

第一一条〔カナダのための枢密院の構成〕　カナダのための女王の枢密院と呼ばれる諮問機関を、カナダ政府に置く。枢密院の顧問官となるべき者は、総督により、選任され、召集され、枢密顧問官として宣誓する。また、枢密顧問官は、総督により免職されることがある。

第一二条〔総督の権限〕　連邦結成時、グレート・ブリテンの議会、グレート・ブリテンおよびアイルランド連合王国の議会、アッパー・カナダ、ロ－ワー・カナダ、カナダ、ノヴァ・スコシアもしくはニュー・ブランズウィックの立法府の法律に基づき、それぞれの植民州の総督または副総督に帰属し、これらの総督または副総督が、各植民州の執行参事会の助言もしくは助言と承認をもって、または、それら参事会もしくはそれら参事会の構成員の協力のもと、または、各植民州の総督または副総督が、単独に行使することができるすべての権限、権能および機能は、それらが連邦結成後、カナダ政府に関して引き続き存在しかつ行使可能である限り、総督に帰属し、それらの権限、権能および機能は、事情に応じて、カナダのための女王の枢密院の助言もしくは助言と承認をもって、または、カナダのための女王の枢密院もしくは枢密院の構成員の協力のもと、または、総督が単独で、行使することができる。ただし、これらの権限、権能および機能は（グレート・ブリテンの議会もしくはグレート・ブリテンおよびアイルランド連合王国の議会の法律に基づいて存在するものに関する場合を除き）、カナダ議会によって廃止または変更されることがある。

第一三条〔枢密院における総督に関する規定〕 この憲法の規定で枢密院における総督に関するものは、カナダのための女王の枢密院の助言により行為する総督に関するものとして解釈されなければならない。

第一四条〔総督の副官〕 女王が適当と考えるならば、総督が、一名または複数の者を連帯としてまたは個別に、カナダの一つのまたは複数の地域における副官として任命し、その資格において、総督の権限、権能および機能のうち総督がその者に委任することが必要または適当と認めるものを、総督の信任のある限り、女王が表示しまたは発した制限または指令に従って行使させる権限を、女王が総督に付与することは適法である。ただし、副官の任命は、総督自身のいかなる権限、権能および機能の行使に影響を及ぼすことはない。

第一五条〔女王の軍隊指揮権〕　カナダのおよびカナダにおける陸海の民兵、ならびに、すべての陸海軍の最高指揮権は、引き続き女王に帰属することをここに宣言する。

第一六条〔カナダ政府の所在地〕　女王が別段の指示をするまで、カナダ政府の所在地はオタワとする。

第四章　立法権

第一七条〔カナダ議会の構成〕　カナダに、女王ならびにセネトと呼ばれる上院および下院により構成される一つの議会を置く。

第一八条〔議院および議員の特権〕　上院および下院ならびにその議員が、それぞれ、保有し、享有しまたは行使すべき特権、免責または権限は、カナダ議会の法律により定められる。ただし、これらの特権、免責または権限を定めるカナダ議会の法律は、その法律の制定時に、グレート・ブリテンおよびアイルランド連合王国の議会の下院およびその議員が、保有し、享有しまたは行使している特権、免責または権限を超える特権、免責または権限を付与してはならない。

第一九条〔カナダ議会の最初の会期〕〔省略〕

第二〇条　削除

上　院

第二一条〔上院議員の定数〕　上院は、この憲法の規定に従うことを条件に、上院議員と呼ばれる一〇五名の議員により構成される。

第二二条〔州の代表〕　上院の構成に関しては、カナダは、次の四区域より構成されるとみなされる。

1　オンタリオ
2　ケベック
3　ノヴァ・スコシア、ニュー・ブランズウィックの大西洋沿海諸州およびプリンス・エドワード・アイランド
4　マニトバ、ブリティッシュ・コロンビア、サスカチュワンおよびアルバータの西部諸州

これら四区域は、（この憲法の規定に従うことを条件に）、上院において次のように

平等に代表される。すなわち、オンタリオは二四名の上院議員により、ケベックは二四名の上院議員により、大西洋沿海諸州およびプリンス・エドワード・アイランドは二四名の上院議員により代表される。大西洋沿海諸州およびプリンス・エドワード・アイランドを代表する二四名のうち一〇名はノヴァ・スコシアを、一〇名はニュー・ブランズウィックを、そして四名はプリンス・エドワード・アイランドをそれぞれ代表する。西部諸州は二四名の上院議員により代表され、そのうち六名はマニトバを、六名はブリティッシュ・コロンビアを、六名はサスカチュワンを、そして六名はアルバータを代表する。ニューファンドランドは上院において六名の議員により代表される資格を有する。ユーコン準州、ノースウェスト準州およびヌナブト準州は、上院においてそれぞれ一名の議員によって代表される資格を有する。

ケベックにおいては、その州を代表する二四名の上院議員は、カナダ統合制定法第一章別表Aに掲げるローワー・カナダの二四選挙区からそれぞれ任命される。

第二三条〔上院議員の資格〕　上院議員の資格は次のとおりとする。

一　上院議員は、年齢満三〇歳以上でなければならない。

二　上院議員は、出生による女王の臣民であるか、または、グレート・ブリテンの議会の法律、グレート・ブリテンおよびアイルランド連合王国の議会の法律、連邦結成以前におけるアッパー・カナダ、ローワー・カナダ、カナダ、ノヴァ・スコシアもしくはニュー・ブランズウィックのいずれかの植民州の立法府の法律、または、連邦結成後におけるカナダ議会の法律により、帰化した女王の臣民でなければならない。

三　上院議員は、その代表する州において、自己の使用もしくは収益のため、自由かつ一般鋤奉仕保有の土地もしくは保有不動産について自由土地保有権を、コモン・ロー上もしくは衡平法上有しているか、または、その代表する州において、自己の使用もしくは収益のため、土地もしくは保有不動産を、自由地もしくは庶民の土地として、コモン・ロー上もしくは衡平法上、占有もしくは所有していなければならない。なお、右の土地もしくは保有不動産は、これらのために支払われ、これらに課せられ、または、これらに影響を及ぼす一切の地代、賦課金、金銭債務、負担、譲渡抵当および土地負担を除いて、四〇〇〇ドル以上の価値を有するものでなければならない。

四　上院議員の物的財産および人的財産は、金銭債務および責任を除き、四〇〇〇ドル以上の価値を有するものでなければならない。

五　上院議員は、その代表する州の住民でなければならない。

六　ケベックにおいては、上院議員は、その代表する選挙区において物的財産上の資格を有し、または、その選挙区の住民でなければならない。

第二四条〔召集〕　総督は、女王の名において、カナダの国璽《こくじ》を押印した文書をもって、上院に有資格者を召集する。このように召集された者は、この憲法の規定に従い、上院の構成員となり、上院議員となる。

第二五条　削除

第二六条〔上院議員の増員〕／第二七条〔平常議員数への減少〕　〔省略〕

第二八条〔上院議員定数の上限〕　上院議員の数は、いかなる場合も、一一三名を超えてはならない。

第二九条〔終身制、定年制〕　①　第二項が規定する場合を除いて、上院議員は、この憲法の規定に従うことを条件に、上院議員における議席を、終身保有する。

②　本項の施行後に上院に召集された上院議員は、この憲法に従うことを条件に、年齢七五歳に達するときまで上院における議席を保有する。

第三〇条〔辞任〕　上院議員は、総督にあてた自筆の書面により、上院におけるその議席を辞任することができる。この場合、当該議席は欠員となる。

**第三一条〔上院議員の資格喪失〕／第三二条〔欠員の補充〕／第三三条〔資格および欠員の審理〕／第三

四条〔上院議長の任命〕　〔省略〕

第三五条〔定足数〕　カナダ議会が別段の定めをするまで、上院がその権限を行使するために会議を開催するには、議長を含めて少なくとも一五名の上院議員の出席が必要である。

第三六条〔表決〕　上院における議題は過半数の表決で決定する。議長はすべての議題に関して一票を有する。賛否同数の場合は、否決とみなす。

下　院

第三七条〔下院の構成〕　下院は、この憲法の規定に従うことを条件に、三〇八名の議員で構成される。このうち一〇六名はオンタリオから、七五名はケベックから、一一名は、ノヴァ・スコシアから、一〇名はニュー・ブランズウィックから、一四名はマニトバから、三六名はブリティッシュ・コロンビアから、四名はプリンス・エドワード・アイランドから、二八名はアルバータから、一四名はサスカチュワンから、七名はニューファンドランドから、一名はユーコン準州から、一名はノースウェスト準州から、そして一名はヌナブト準州から選出される。

第三八条〔召集〕　総督は、女王の名において、カナダの国璽を押印した文書をもって、下院を召集する。

第三九条〔両院議員兼職禁止〕　上院議員は、下院議員に選出され、または、下院の議員として会議に出席しもしくは表決に加わることはできない。

第四〇条〔四州の選挙区〕／第四一条〔従来の選挙法の効力〕　〔省略〕

第四二条　削除

第四三条　削除

第四四条〔議長の選出〕　下院は、総選挙後の最初の集会において、できる限りすみやかに、議員の一人を議長に選出しなければならない。

第四五条〔議長の欠缺〕　死亡、辞任その他の理由により、議長が欠けた場合、下院は、できる限りすみやかに、他の議員を議長に選出しなければならない。

第四六条〔議長の権限〕　議長は、下院におけるすべての会議で議長をつとめる。

第四七条〔議長の欠席〕　カナダ議会が別段の定めをするまで、議長がなんらかの理由で、議長席を連続四八時間以上欠席する場合、下院は、議長としての職務を行わせるため、他の議員を選出することができる。このようにして選出された議員は、議長が欠席している間、議長のすべての権限、特権および義務を有し、執行する。

第四八条〔定足数〕　下院が、その権限を行使するために会議を開催するには、少なくとも、二〇名の下院議員の出席を必要とする。この場合、議長は一名の議員として計算される。

第四九条〔表決〕 下院における議題は、議長を除く議員の過半数の表決で決定する。可否同数の場合に限り、議長は一票を有する。

第五〇条〔議会期〕 下院の議会期は、選挙結果報告の日から五年間とし（ただし、総督によりそれより短い期間で解散されることがある）、それを超えることはできない。

第五一条〔代表者数の再調整〕 ① 下院議員の定数および下院における各州の代表数は、本項の施行時またその後においては一〇年ごとに行われる人口調査が完了するたびごとに、次に掲げる原則に基づき、カナダ議会が定める機関、方法および時期に基づき、再調整されなければならない。

1 各州には、全州の総人口を二七九で割った商を出し、その商で各州の人口を割って得られる数と同一の議員数が割り当てられる。この場合、〇・五〇を超える小数部分は切り上げる。

2 1の原則を適用することによって、ある州に割り当てられる議員総数が、本項施行日に当該州に割り当てられていた議員総数より少ない場合、本項施行日に割り当てられていた議員総数と同一になるように議員数が追加される。

② 一九八五年改訂カナダ制定法のY―二章の別表において示され画定されたユーコン準州は一議員を選出し、一九九三年カナダ制定法の第二八章第七七条によって改正された一九八五年改訂カナダ制定法のN―二七章第二条において示され画定されたノースウェスト準州は一議員を選出し、また、一九九三年カナダ制定法第二八章第三条において示され画定されたヌナブト準州は一議員を選出することができる。

第五一A条〔下院の構成〕　この憲法の規定にかかわらず、一つの州は、当該州を代表する上院議員の数を下回らない数の下院議員を常に選出することができる。

第五二条〔議員定数の増加〕　下院の議員定数は、カナダ議会により増員することができる。ただし、この憲法が規定する州の比例的代表の原則に違反してはならない。

財政法案の表決、裁可

第五三条〔下院の先議〕　歳入の一部を支出するための法案または租税もしくは賦課金を課すための法案は、下院で先議される。

第五四条〔総督の勧告〕　下院が、歳入の一部を支出しまたは租税もしくは賦課金を課すための表決、決議、要請または法案を、その表決、決議、要請または法案が提案された会期において、総督の教書が下院に当初勧告しなかった目的のために、採択しまたは可決することは、適法ではない。

第五五条〔女王の裁可〕 議会の両院で可決された法案が、女王の裁可を求めるために総督へ提出された場合、総督は、この憲法の規定および女王の命令に従うことを条件に、その裁量により、女王の名においてその法案を裁可するか、女王の裁可を与えないか、または女王自身の裁可を得るためにこれを留保するかを宣言しなければならない。

第五六条〔法律の執行停止〕／第五七条〔留保された法律案への女王の裁可〕 〔省略〕

第五章　州の機構

執行権

第五八条〔副総督の任命〕 各州に、枢密院における総督により、カナダの国璽を押印した文書をもって任命される、副総督と称する官吏を置く。

第五九条〔副総督の任期〕 副総督は、総督の信任がある限り在任する。ただし、カナダ議会の第一会期開会後に任命された副総督は、罷免事由がない限り、任命から五年間、罷免されることはない。罷免事由は、罷免命令が下されてから一カ月以内に、文書をもって本人に通知され、かつ、連邦議会が開会中の場合は、その後一週間以内に、連邦議会が閉会中の場合は、次の会期の開始から一週間以内に、上院および下院に教書をもって通知されなければならない。

第六〇条〔副総督の俸給〕　副総督の俸給は、カナダ議会によって定められ、支給される。

第六一条〔副総督の宣誓〕　副総督は、就任に先立ち、総督またはその委任を受けた者の前で、総督が行うのと同様の就任および忠誠の宣誓をし、宣誓書に署名しなければならない。

第六二条〔副総督に関する規定の準用〕／第六三条〔オンタリオおよびケベックの執行府〕／第六四条〔ノヴァ・スコシアおよびニュー・ブランズウィックの執行府〕／第六五条〔オンタリオおよびケベックの副総督の権限〕／第六六条〔参事会における副総督に関する規定〕／第六七条〔副総督の職務代行〕　〔省略〕

第六八条〔州政府の所在地〕　州の執行府がその州に関して別段の定めをしない限り、州政府の所在地は以下のとおりとする。すなわち、オンタリオはトロント市、ケベックはケベック市、ノヴァ・スコシアはハリファックス市、ニュー・ブランズウィックはフレデリクトン市とする。

立法権

1 オンタリオ

第六九条〔オンタリオの立法府〕 オンタリオには、副総督ならびにオンタリオ立法議会と呼ばれる一院によって構成される立法府を置く。

第七〇条〔選挙区〕 〔省略〕

2 ケベック

第七一条〔ケベックの立法府〕 ケベックには、副総督ならびにケベック立法院およびケベック立法議会と呼ばれる二院によって構成される立法府を置く。*

* ケベックの立法院に関する法律 S. Q. 1968, c. 9 は、ケベックの立法府は、副総督ならびにケベック議会により構成されると規定し、ケベックの立法院に関する諸規定を廃止した。

第七二条〔立法院の構成〕／第七三条〔立法院議員の資格〕／第七四条〔辞任〕／第七五条〔欠員〕／第七六条〔資格および欠員に関する審理〕／第七七条〔議長〕／第七八条〔定足数〕／第七九条〔表決〕／第八〇条〔立法議会の構成〕 〔省略〕

3　オンタリオおよびケベック

第八一条　削除

第八二条〔立法議会の召集〕／第八三条〔兼職制限〕／第八四条〔従来の選挙法の効力〕／第八五条〔立法議会の議会期〕／第八六条〔会期〕／第八七条〔カナダ議会の下院に関する規定の準用〕　〔省略〕

4　ノヴァ・スコシアおよびニュー・ブランズウィック

第八八条〔ノヴァ・スコシアおよびニュー・ブランズウィックの立法府の構成〕　ノヴァ・スコシアおよびニュー・ブランズウィックの立法府の構成は、それぞれ、この憲法の規定に従うことを条件に、この憲法に基づいて変更されるまで、連邦結成時と同様とする。

5　オンタリオ、ケベックおよびノヴァ・スコシア

第八九条　削除

6　四　州

第九〇条〔財政法案に関する規定の準用〕　〔省略〕

第六章　立法権限の配分

連邦議会の権限

第九一条〔カナダ議会の権限〕　女王が、上院および下院の助言と承認により、カナダの平和、秩序および良き統治のために、この憲法が州の立法府に専属的に配分している項目分類に該当しないすべての事項に関し、法を制定することは適法である。カナダ議会の専属的立法権限は、（この憲法の規定にかかわらず）、次の各号に掲げる項目分類に該当するすべての事項に及ぶことを、本条前段の規定の一般性を限定するためではなく、より一層明確にするために、ここに宣言する。すなわち、

1　削除

1A　公的負債および公有財産

2　通商の規制

2A　失業保険

3　租税に関するあらゆる方法または制度による金銭の徴収

4　公の信用に基づく金銭の借入

5　郵便業務
6　人口調査および統計
7　民兵、陸海軍および国防
8　カナダ政府の文官およびその他の官吏の俸給および手当の決定および支給
9　航路標識、浮標、灯台およびセーブル島
10　航海および海運
11　検疫ならびに海員病院の設置および維持
12　海岸および内水面の漁業
13　一つの州と英国領もしくは外国の間、または二州間の連絡船
14　通貨および貨幣
15　銀行業務、銀行法人の設立および紙幣の発行
16　貯蓄銀行
17　度量衡
18　為替手形および約束手形
19　金利
20　法定貨幣

21 破産および支払不能
22 発明および発見の特許
23 著作権
24 インディアンおよびインディアンに保留された土地
25 帰化および在留外国人
26 婚姻および離婚
27 刑事裁判所の構成を除き、刑事手続を含む刑事法
28 刑務所の設置、維持および管理
29 この憲法により州の立法府に専属的に付与された項目分類の列挙から明示的に除外された項目分類

本条において列挙された項目分類に該当するいかなる事項も、この憲法により州の立法府に専属的に付与された項目分類の列挙に含まれている地方的または私的性質の事項に該当するとみなしてはならない。

州立法府の専属的権限

第九二条〔州立法府の専属的権限〕 各州において、立法府は、次の各号に掲げる項目分類

に該当するすべての事項に関する法を専属的に制定することができる。すなわち、
1　削除
2　州の目的のために歳入を徴収するための州における直接税
3　州の信用のみに基づく金銭の借入
4　州の官職の設置および任期ならびに州の官吏の任命および俸給
5　州に属する公有地ならびにその上にある立木および木材の管理および売却
6　州における州のための刑務所および矯正院の設置、維持および管理
7　海員病院を除く、州における州のための病院、救護院、養育院および慈善施設の設置、維持および管理
8　州における地方公共団体
9　州、地方または地方公共団体の目的のために歳入を徴収するための、商店、バー、居酒屋、競売人その他についての免許制度
10　次の分類に含まれるものを除く、地方的な事業および業務
(a)　当該州と他の一つもしくは複数の州を結びまたは当該州の区域外に及ぶ蒸気その他の船舶の航路、鉄道、運河、電信およびその他の事業および業務
(b)　当該州と英国または外国との間の蒸気船の航路

(c) 完全に当該州の領域内にあるものであっても、カナダ議会が、その実施の前または後に、カナダの全体的利益または二つ以上の州の利益に資すると宣言した事業

11 州に関係した目的を有する会社法人の設立

12 州における結婚式

13 州における財産および私権

14 州の民事裁判所および刑事裁判所の設置、維持および組織、ならびに、これらの裁判所における民事手続を含む、州における裁判の運営

15 本条に掲げる項目分類に該当する事項に関して制定された州法を施行するための科料、罰金または禁錮による処罰

16 一般的に州における地方的または私的性質を有するにすぎないすべての事項

非再生天然資源、森林資源および電力

第九二A条〔**非再生天然資源、森林資源および電力**〕 ① 各州において、立法府は、次の各号に掲げる事項について、専属的に法を制定することができる。

(a) 州内の非再生天然資源の調査

(b)　州内の非再生天然資源および森林資源による一次産品の割合に関する法を含め、当該資源の開発、保全および管理

(c)　発電を目的とする州内の用地および施設の開発、保全および管理

② 各州において、立法府は、州内の非再生天然資源および森林資源による一次産品ならびに州内の発電施設によって生産された電力を、当該州からカナダの他の地域へ輸出することに関する法を制定することができる。ただし、当該法は、カナダの他の地域への輸出につき、価格または供給の点で差別的取扱を承認または規定してはならない。

③ 第二項の規定は、同項に掲げる事項に関する法を制定する連邦議会の権限を縮小するものではなく、そのような連邦議会の法と州法とが抵触する場合、抵触の範囲内において連邦議会の法が優先する。

④ 各州において、立法府は、次の各号に掲げる事項に関し、これらの生産物のすべてまたは一部が州外に輸出されるかどうかにかかわらず、あらゆる方法または制度の租税による金銭徴収に関する法を制定することができる。ただし、当該法は、カナダの他の地域へ輸出される生産物と州外へ輸出されない生産物との間で、差異を設ける租税を承認または規定してはならない。

(a) 州内の非再生天然資源および森林資源ならびにそれによる一次産品
(b) 州内の発電用地および施設ならびにこれらによる電力
⑤ 「一次産品」という語は、別表第六で示される意味を有する。
⑥ 第一項から第五項までの規定は、本条の施行直前に州の立法府または州政府が有していた権限もしくは権利を縮小するものではない。

教　育

第九三条〔教育に関する立法〕 州において、かつ、州のため、州の立法府は、次に掲げる規定に従うことを条件に、教育に関し法を専属的に制定することができる。
(1) 当該法は、一定の者が、連邦結成時に、州において法に基づいて有する宗派学校に関する権利または特権に不利な影響を与えてはならない。
(2) 連邦結成時に、アッパー・カナダにおいて、ローマ・カトリック教徒である女王の臣民のローマ・カトリックの教区学校および学校管理受託者に、法により付与されまたは課されたすべての権限、特権および義務は、ケベックにおけるプロテスタントの信者およびローマ・カトリック教徒の女王の臣民の非国教派学校にも付与されまたは課される。

(3)　連邦結成時に、法により、ローマ・カトリックの教区学校および非国教派学校の制度が存在し、または、連邦結成後に、州の立法府によりこれらの制度が設置された州において、教育に関し、プロテスタントの信者またはローマ・カトリック教徒の女王の少数臣民が有する権利または特権に影響を及ぼす州の機関の行為および決定に関する訴願は、枢密院における総督に対してなされる。

(4)　本条の規定の適正な施行のため、枢密院における総督が必要と考える州法が制定されていない場合、または、本条に基づく訴願に対する枢密院における総督の決定が、州の該当機関によって適正に執行されていない場合、当該事情に必要な場合に限り、カナダ議会は本条の規定および本条に基づく枢密院における総督の決定の適正な施行のために、救済法を制定することができる。

第九三A条〔ケベックへの不適用〕　第九三条第一項から第四項までの規定は、ケベックには適用しない。

オンタリオ、ノヴァ・スコシアおよびニュー・ブランズウィックにおける法の統一

第九四条〔三州における法統一のための立法〕　この憲法の規定にかかわらず、カナダ議会は、

オンタリオ、ノヴァ・スコシアおよびニュー・ブランズウィックにおける財産および私権に関するすべての法またはその一部を統一するため、または、これら三州におけるすべてのまたは一部の裁判所における手続を統一するため、規定を設けることができる。そのための法の制定後、当該法に含まれる事項に関するカナダ議会の立法権限は、この憲法の規定にかかわらず、何らの制限も受けない。ただし、このような統一を図るための規定を設けるカナダ議会の法は、それが州の立法府により法として採択され制定されない限り、その州において効力を有しない。

老齢年金

第九四A条〔老齢年金および追加給付に関する立法〕 カナダ議会は、老齢年金ならびに年齢にかかわりのない遺族給付および障害者給付を含む、追加給付に関する法を制定することができる。ただし、当該法は、この事項に関する州の立法府の現在または将来の法の適用に影響を及ぼしてはならない。

農業および移民

第九五条〔農業および移民に関する立法権限〕 各州において、立法府は、州内の農業および当該州への移民に関する法を制定することができる。また、カナダ議会は、すべての州または一部の州における農業、ならびに、すべての州または一部の州への移民に関する法を制定することができることを、ここに宣言する。農業または移民に関する州立法府の法は、それがカナダ議会の法に抵触しない限り、当該州において、当該州のために効力を有する。

第七章　司法

第九六条〔裁判官の任命〕　総督は、ノヴァ・スコシアおよびニュー・ブランズウィックにおける検認裁判所の裁判官を除き、各州における上位裁判所、地方裁判所および県裁判所の裁判官を任命する。

第九七条〔オンタリオ等の裁判官の選任〕　オンタリオ、ノヴァ・スコシアおよびニュー・ブランズウィックにおける財産および私権に関する法ならびにこれらの州における裁判手続が統一されるまで、総督により任命されるこれらの州における裁判所の裁判官は、それぞれの州の法律家協会の会員から選任されなければならない。

第九八条〔ケベックの裁判官の選任〕　ケベックにおける裁判所の裁判官は、当該州の法律家協会の会員から選任されなければならない。

第九九条〔裁判官の身分保障および定年〕 ① 第二項の規定に従うことを条件に、上位裁判所の裁判官は、非行のない限り、その職を保有する。ただし、総督は、上院および下院の裁判官罷免要求決議がある場合、これを罷免することができる。

② 上位裁判所の裁判官は、その任命が本条施行の前か後かにかかわりなく、年齢七五歳に達したときに退官し、本条施行時にすでにその年齢に達している場合は、本条施行時に退官する。

第一〇〇条〔裁判官の俸給〕 （ノヴァ・スコシアおよびニュー・ブランズウィックにおける検認裁判所を除き）、上位裁判所、地方裁判所および県裁判所の裁判官ならびに現に俸給を支給されている海事裁判所の裁判官の俸給、手当および年金は、カナダ議会によって定められ、支給される。

第一〇一条〔一般上訴裁判所〕 カナダ議会は、この憲法の規定にかかわらず、カナダのための一つの一般的上訴裁判所の設置、維持および組織についての規定、ならびに、カナダの法のより円滑な運営のため、その他の裁判所を設置するための規定を設けることができる。

第八章　歳入、債務、資産、租税

第一〇二条〔統合歳入基金の創設〕／第一〇三条〔徴収等の費用〕／第一〇四条〔公的債務の利息〕／第一〇五条〔総督の俸給〕／第一〇六条〔不定期の支出〕／第一〇七条〔株式等の移転〕／第一〇八条〔財産の移転〕／第一〇九条〔土地、鉱山等の財産〕／第一一〇条〔州の公的債務に結び付けられた資産〕／第一一一条〔州債務に対するカナダの責任〕／第一一二条〔オンタリオおよびケベックの債務〕／第一一三条〔オンタリオおよびケベックの共有財産〕／第一一四条〔ノヴァ・スコシアの債務〕／第一一五条〔ニュー・ブランズウィックの債務〕／第一一六条〔ノヴァ・スコシアおよびニュー・ブランズウィックへの利息の支払い〕／第一一七条〔州の公的財産〕　〔省略〕

第一一八条　削除

第一一九条〔ニュー・ブランズウィックへの追加支給〕／第一二〇条〔支払形式〕　〔省略〕

第一二一条〔物品の他州への自由輸入〕　いずれかの州の栽培、生産または製造にかかるすべての物品は、連邦結成以降、他の州へ自由に輸入させなければならない。

第一二二条〔州の関税等の継続〕／第一二三条〔二州間の輸出入〕／第一二四条〔ニュー・ブランズウィックの木材税〕　〔省略〕

第一二五条〔公有財産の免税〕 カナダまたは州に属する土地または財産は、課税されない。

第一二六条〔州の統合歳入基金〕 〔省略〕

第九章 雑則

総則

第一二七条 削除

第一二八条〔忠誠の宣誓〕 〔省略〕

第一二九条〔旧来の法等の継続〕 この憲法による別段の定めがある場合を除き、連邦結成時に、カナダ、ノヴァ・スコシア、ニュー・ブランズウィックにおいて効力を有するすべての法、ならびに、連邦結成時に、これらの州に存在する民事および刑事裁判所、法に基づくすべての職権、権限、権能、すべての司法官、行政官および事務官は、オンタリオ、ケベック、ノヴァ・スコシアおよびニュー・ブランズウィックにおいてそれぞれ、連邦が成立しなかった場合と同様になお引き続き存在する。ただし、これらのものは(グレート・ブリテンの議会またはグレート・ブリテンおよびアイルランド連合王国の議会の法律に基づくものを除き)、この憲法に基づく連邦議会または州の立法府の権限に従い、カナダ議会または州の立法府により削除、廃止または変更されることがある。

第一三〇条〔**カナダの官吏への転換**〕／**第一三一条**〔**官吏の任命**〕　〔省略〕

第一三二条〔**条約に基づく義務**〕　カナダ議会およびカナダ政府は、カナダまたはその州が、大英帝国の一部として、大英帝国と外国との間の条約に基づき、当該外国に対して負う義務を履行するために必要または適当であるすべての権限を有する。

第一三三条〔**英語とフランス語の使用**〕　カナダ議会の両院およびケベックの立法府の両院における討論においては、何人も、英語またはフランス語のいずれの言語も使用することができる。英語およびフランス語の両言語は、これら議院の記録および議事録において使用されなければならない。この憲法に基づいて設置されたカナダの裁判所およびケベックの裁判所において、または、これらの裁判所における訴答書面もしくはこれらの裁判所が発する令状において、何人も、英語またはフランス語のいずれの言語も使用することができる。

カナダ議会の法律およびケベックの立法府の法律は、英語およびフランス語の両言語で印刷発行されなければならない。

オンタリオおよびケベック

第一三四条〔オンタリオおよびケベックの執行官の任命〕／第一三五条〔執行官の権限および義務〕／第一三六条〔印章〕／第一三七条〔時限法の解釈〕／第一三八条〔旧植民州名使用〕／第一三九条〔連邦結成前の布告〕／第一四〇条〔連邦結成後の布告〕／第一四一条〔刑務所〕／第一四二条〔債権債務等の仲裁〕／第一四三条〔記録の配分〕／第一四四条〔ケベックにおける郡区の設置〕　〔省略〕

第一〇章　州際鉄道

第一四五条　　削除

第一一章　他の植民地の加入

第一四六条〔他の植民州等の連邦加入〕　女王が、女王の枢密院の助言により、カナダ議会の両院の要請ならびにニューファンドランド、プリンス・エドワード・アイランドおよびブリティッシュ・コロンビアの植民地または植民州のそれぞれの立法府の要請に基づき、これらの植民地または植民州もしくはその一部を、また、カナダ議会の両院の要請に基づき、ルーパート・ランドおよびノース・ウェスタン地域またはその一方を、それぞれ、当該要請により表明されかつ女王が適当と認める時期および条件の下、この憲法の規定に従い、連邦に加入させることは適法である。そのために公布される枢密院令の規定は、それがグレート・ブリテンおよびアイルランド連合王国の議会により制定された場合と同様の効力を有する。

第一四七条〔他の植民州等加入後の上院〕〔省略〕

別表第一―第六　〔省略〕

一九八二年憲法

第一章　権利および自由に関するカナダ憲章

カナダは、神の至高性および法の支配を承認する原理に基礎づけられているので、以下のとおり定める。

権利および自由の保障

第一条〔権利・自由の保障とその制限〕 「権利および自由に関するカナダ憲章」は、法で定められ、自由で民主的な社会において明確に正当化することができる合理的制約にのみ服することを条件に、この憲章で規定する権利および自由を保障する。

基本的自由

第二条〔基本的自由〕 何人も、次の各号に掲げる基本的自由を有する。

(a) 良心および信教の自由

(b) 出版その他のコミュニケーション媒体の自由を含む、思想、信条、意見および表現の自由

(c) 平穏に集会する自由、および、

(d) 結社の自由

民主的権利

第三条〔選挙権および被選挙権〕　すべてのカナダ市民は、下院および州の立法議会の議員の選挙における選挙権および被選挙権を有する。

第四条〔立法機関の議会期〕　①　下院および州の立法議会の議会期は、総選挙命令の結果報告のために定められた日から五年を超えてはならない。

②　戦争、侵略もしくは反乱が実際に発生し、あるいはそのおそれがあるとき、下院または州の立法議会のそれぞれ三分の一を超える議員の反対のない限り、下院は連邦議会によって、また、州の立法議会は州の立法府によって、事情に応じて、その議会期を五年以上とすることができる。

第五条〔会期〕　連邦議会および各州の立法府は、少なくとも一二カ月に一度集会する。

移転の権利

第六条〔移転の権利〕　①　すべてのカナダ市民は、カナダに入国し、滞在し、出国する権利を有する。

②　すべてのカナダ市民およびカナダに永住する資格を有するすべての者は、次に掲げる権利を有する。

(a)　いずれの州にも移動し、居住する権利

(b) いずれの州においても生計を得ることを追求する権利

③ 第二項に掲げる権利は、次の各号に明記する法または慣行に従う。

(a) 現在または過去においていずれの州に居住していたのかを主な理由として人々を差別するものを除き、州で施行されている法または一般に適用される慣行法

(b) 公的に提供される社会サーヴィスの受給資格として、合理的な居住要件を定める法

④ 第二項および第三項の規定は、就業率がカナダ全体のそれよりも低い州において、社会的または経済的に不利な立場にある個人の状況を改善することを目的とする法、計画もしくは事業を妨げるものではない。

法的権利

第七条〔生命、自由、身体の安全に対する権利〕 何人も、生命、自由および身体の安全に対する権利を有し、基本的正義の原理に基づかなければこれらの権利を奪われない権利を有する。

第八条〔不当な捜索・押収の禁止〕 何人も、不当な捜索または押収を受けることのない権利を有する。

第九条〔恣意的な勾留・拘禁の禁止〕　何人も、恣意的に勾留または拘禁されることのない権利を有する。

第一〇条〔逮捕・勾留される際の権利〕　何人も、逮捕または勾留に際し、次の各号に掲げる権利を有する。

(a)　直ちにその理由を告げられる権利

(b)　遅滞なく弁護人を依頼し、事情を説明する権利、および、その権利を告げられる権利、ならびに、

(c)　勾留の有効性を人身保護令状によって決定される権利、および、勾留が違法な場合に釈放される権利

第一一条〔告発・起訴された者の権利〕　犯罪の嫌疑で告発または起訴された者は、次の各号に掲げる権利を有する。

(a)　不当に遅滞することなく特定の罪名を告げられる権利

(b)　合理的期間内に裁判を受ける権利

(c)　当該犯罪の訴訟手続において、自己に不利な証人となることを強要されない権利

(d)　独立かつ公平な裁判所による、公正かつ公開の審理において、法に従い有罪が立証されるまで、無罪の推定を受ける権利

(e) 正当な理由なく合理的な保釈を拒否されない権利

(f) 軍事法廷で審理される軍法上の犯罪を除き、当該犯罪の刑罰の上限が五年の拘禁刑またはそれよりも厳しい刑罰である場合に、陪審による裁判を受ける権利

(g) 作為または不作為の時点で、それがカナダ法もしくは国際法上の犯罪を構成し、または、国際社会で認められた法の一般原則により犯罪とされる場合を除いて、いかなる作為または不作為を理由としても有罪とされることのない権利

(h) 無罪が最終的に確定した場合に、当該犯罪に関して再度裁判を受けることのない権利、および、有罪が最終的に確定し、それに対し刑罰を受けた場合に、当該犯罪に関し、再度、裁判を受けまたは刑罰を科せられることのない権利

(i) 有罪とされ、犯罪の実行時と判決時とで刑罰が変更された場合に、より軽い刑罰を受ける権利

第一二条〔残虐・異常な処遇または刑罰の禁止〕 何人も、残虐かつ異常な処遇または刑罰を受けることのない権利を有する。

第一三条〔自己負罪の制限〕 訴訟手続において証言を行う証人は、偽証または矛盾する証言をしたために訴追を受ける場合を除いて、証言において示された当該証人を有罪となしうる証言を、他の訴訟手続において、当該証人を有罪とするために用いられるこ

とのない権利を有する。

第一四条〔通訳を依頼する権利〕　いかなる訴訟手続においても、当該訴訟手続で使用されている言語を理解できずもしくは話すことができず、または、聴力に障害のある当事者または証人は、通訳の補佐を受ける権利を有する。

平等権

第一五条〔平等権、積極的差別解消策〕　①　すべての個人は、法の前および法の下において平等であり、差別されることなく、特に、人種、出身国もしくは出身民族、皮膚の色、宗教、性別、年齢または精神的もしくは身体的障害を理由に差別されることなく、法の平等な保護および平等な利益を受ける権利を有する。

②　第一項の規定は、人種、出身国もしくは出身民族、皮膚の色、宗教、性別、年齢または精神的もしくは身体的障害を理由に不利な状況にある者を含む、不利な状況にある個人または集団の状況を改善することを目的とする法、計画もしくは事業を妨げるものではない。

カナダの公用語

第一六条〔カナダおよびニュー・ブランズウィックの公用語〕 ① 英語およびフランス語は、カナダの公用語であり、連邦議会およびカナダ政府のすべての機関におけるその使用は、同等の地位、権利および特権を有する。

② 英語およびフランス語は、ニュー・ブランズウィックの公用語であり、ニュー・ブランズウィックの立法府および政府のすべての機関におけるその使用は、同等の地位、権利および特権を有する。

③ この憲章のいかなる規定も、英語およびフランス語の地位またはその使用の平等化を促進する連邦議会または州の立法府の権限を制限するものではない。

第一六・一条〔ニュー・ブランズウィックにおける英語およびフランス語を使用する共同体〕

① ニュー・ブランズウィックにおける英語を使用する共同体およびフランス語を使用する共同体は、同等の地位、ならびに、独自の教育制度に対する権利またはこれらの言語共同体の維持および増進に必要な独自の文化的制度に対する権利を含む、同等の権利および特権を有する。

② 第一項で規定する地位、権利および特権を維持し増進するニュー・ブランズウィッ

クの立法府および政府の役割は承認される。

第一七条〔カナダ議会およびニュー・ブランズウィックの立法府の議事手続〕 ①　何人も、連邦議会の討論その他の議事手続において、英語またはフランス語を使用する権利を有する。

②　何人も、ニュー・ブランズウィックの立法府の討論その他の議事手続において、英語またはフランス語を使用する権利を有する。

第一八条〔カナダ議会およびニュー・ブランズウィックの立法府の制定法および記録〕 ①　連邦議会の制定法、記録および議事録は、英語およびフランス語の両言語で印刷発行されなければならず、英語版およびフランス語版は同等の権威を有する。

②　ニュー・ブランズウィックの立法府の制定法、記録および議事録は、英語およびフランス語の両言語で印刷発行されなければならず、英語版およびフランス語版は同等の権威を有する。

第一九条〔連邦議会が設置する裁判所およびニュー・ブランズウィックの裁判所における手続〕

①　英語またはフランス語のいずれの言語も、連邦議会が設置する裁判所において、または、連邦議会が設置する裁判所における訴答書面もしくはこれらの裁判所が発する令状において、何人を問わず、用いることができる。

② 英語またはフランス語のいずれの言語も、ニュー・ブランズウィックの裁判所において、または、これらの裁判所における訴答書面もしくはこれらの裁判所が発する令状において、何人を問わず、用いることができる。

第二〇条〔連邦またはニュー・ブランズウィックの官公署と公衆の連絡〕 ① カナダのいかなる公衆も、英語またはフランス語で、連邦議会およびカナダ政府の機関の本庁または中央事務局と連絡し、利用可能なサーヴィスを受ける権利を有し、次に掲げるいずれかの場合は、これらの機関のその他の事務所においても同様の権利を有する。

(a) 英語またはフランス語によって当該事務所と連絡し、そこからサーヴィスを受けるについて重要な要求がある場合、もしくは、

(b) 当該事務所の性質上、英語およびフランス語の両言語でその事務所と連絡し、そこからサーヴィスを受けることが合理的である場合

② ニュー・ブランズウィックのいかなる公衆も、英語またはフランス語で、ニュー・ブランズウィックの立法府および政府の機関の事務所と連絡し、利用可能なサーヴィスを受ける権利を有する。

第二一条〔言語に関する従来の規定の継続〕 第一六条から第二〇条までのいかなる規定も、カナダ憲法の他の規定に基づき、英語およびフランス語、またはその一方の言語に関

して存在しまたは継続する権利、特権および義務を、廃止しまたは減少させるものではない。

第二二条〔英仏語以外の言語に関する権利または特権の存続〕　第一六条から第二〇条までのいかなる規定も、この憲章の施行の前後を問わず、英語またはフランス語以外の言語に関して取得されまたは享受されている法的もしくは慣習上の権利または特権を、廃止しまたは減少させるものではない。

少数派言語教育権

第二三条〔少数派言語教育権〕　①　カナダの市民で、次の各号のいずれかに該当する者は、当該州において、自己の子供に、当該言語による初等および中等学校教育を受けさせる権利を有する。

(a)　最初に学び、現在も使用している言語が、居住する州において、英語またはフランス語の少数派住民言語である者、または、

(b)　カナダにおける初等学校教育を英語またはフランス語で受け、教育を受けた言語が、英語またはフランス語の少数派住民言語である州に居住する者

②　カナダの市民で、カナダにおいて、その子供のうちの誰かが、英語またはフランス

語で、初等または中等学校教育を受けたかまたは現に受けている者は、そのすべての子供に、同じ言語で初等および中等学校教育を受けさせる権利を有する。

③ 第一項および第二項の規定に基づく、ある州における英語またはフランス語の少数派住民言語で、子供に初等および中等学校教育を受けさせるカナダの市民の権利は、

(a) 当該州において、その権利を有する市民の子供の数が、公費で少数派言語教育を提供するのに十分な場合に適用され、かつ、

(b) 子供の数が十分な場合は、子供たちに、公費による少数派言語教育施設における教育を受けさせる権利を含む。

権利の実現

第二四条〔権利および自由の実現、証拠排除の要件〕 ① 何人も、この憲章で保障する権利もしくは自由を侵害または否定された場合、管轄権を有する裁判所に対し、裁判所が事情に応じて適正かつ正当であると認める救済を求めることができる。

② 第一項の規定に基づく訴訟手続において、証拠がこの憲章で保障する権利もしくは自由を侵害または否定する方法で得られたものであると裁判所が決定した場合、すべての状況に鑑み、当該訴訟手続においてその証拠を採用すれば司法の信用が失墜する

ことが確証されたときは、その証拠は排除されなければならない。

一般規定

第二五条〔先住民族の権利および自由〕　この憲章における特定の権利および自由の保障は、次の各号に掲げるものを含むカナダの先住民族に付与された先住民族としての権利、条約上の権利またはその他の権利もしくは自由を、廃止しまたは減少させるものと解釈されてはならない。

(a)　一七六三年一〇月七日の国王布告によって認められた権利もしくは自由、および、
(b)　土地請求合意に基づき現に存在する権利もしくは自由、または、土地請求合意により獲得しうる権利もしくは自由

第二六条〔他の権利および自由〕　この憲章における特定の権利および自由の保障は、カナダに存在するその他の権利もしくは自由の存在を否定するものと解釈されてはならない。

第二七条〔多文化的伝統〕　この憲章は、カナダ国民の多文化的伝統の維持および発展と一致する方法によって解釈されなければならない。

第二八条〔両性の平等〕　この憲章のいかなる規定にかかわらず、この憲章が保障する権利

および自由は、男女に平等に保障される。

第二九条〔宗教系学校の権利〕 この憲章のいかなる規定も、宗派学校、ローマ・カトリックの教区学校または非国教派の学校に関し、カナダ憲法によって保障されている権利または特権を廃止しまたは減少させるものではない。

第三〇条〔準州への準用〕 この憲章における、州、州の立法議会もしくは立法府は、事情に応じ、ユーコン準州およびノースウェスト準州またはこれら準州におけるそれに相当する立法機関を含むものとみなす。

第三一条〔立法権限の不拡大〕 この憲章のいかなる規定も、いかなる組織または機関の立法権限を拡大するものではない。

憲章の適用

第三二条〔憲章の適用〕 ① この憲章は、次の各号に掲げる機関に適用される。

(a) ユーコン準州およびノースウェスト準州に関するすべての事項を含め、連邦議会の権限の範囲内にあるすべての事項に関しては、連邦議会およびカナダ政府、および、

(b) 各州の立法権限の範囲内にあるすべての事項に関しては、各州の立法府および政

府

② 第一項の規定にかかわらず、第一五条の規定は、本条施行後三年間は効力を有しない。

第三三条〔憲章の適用除外〕 ① 連邦議会または州の立法府は、連邦議会の法律または州の立法府の法律において、この憲章の第二条または第七条から第一五条の規定にかかわらず、当該法律またはその一つの条項が適用される旨、明示的に宣言することができる。

② 本条に基づき有効な宣言がなされた法律もしくはその一つの条項は、当該宣言で指摘されたこの憲章の規定がないものとして適用される。

③ 第一項の規定に基づいてなされた宣言は、それが施行されてから五年後、または、当該宣言においてそれよりも早い日が定められている場合はその日に、失効する。

④ 連邦議会または州の立法府は、第一項の規定に基づく宣言を再度行うことができる。

⑤ 第三項は、第四項の規定に基づく再度の宣言に対しても適用される。

引　用

第三四条〔引用〕 この章は、「権利および自由に関するカナダ憲章」と引用することができる。

第二章　カナダの先住民族の権利

第三五条〔先住民族としての権利および条約上の権利〕　① カナダの先住民族の現に存在する先住民族としての権利および条約上の権利は、ここに承認され確定される。

② この憲法において、「カナダの先住民族」は、カナダのインディアン、イヌイットおよびメティスをいう。*

③ より明確性を増すために付言すれば、第一項における「条約上の権利」には、土地請求合意に基づき現に存在する権利および土地請求合意により獲得しうる権利が含まれる。

④ この憲法の他のいかなる規定にかかわらず、第一項に掲げる先住民族としての権利および条約上の権利は、男女に平等に保障される。

* カナダ憲法には、インディアン、イヌイット、メティスの定義はない。イヌイットはかつてエスキモーと呼ばれていた北極地方の先住民族、メティスは先住民とヨーロッパ人の両方を祖先とする先住民族、そして、インディアンはイヌイットとメティス以外の先住民族で、カナダ・イ

ンディアンまたは北米インディアンと呼ばれている先住民族である。また、「インディアン」という呼称は最近では用いられておらず、「ファースト・ネーション」という語が使用されているが、憲法上・法律上の用語としては、現在も「インディアン」が用いられている。

第三五・一条〔先住民族に関する憲法改正手続〕　カナダ政府および州政府は、一八六七年憲法第九一条第二四号、この憲法の第二五条または本章に関し何らかの改正を加える前に、次の各号に掲げる原則に従うことを確約する。

(a)　カナダの首相および州の首相によって構成され、その議題のなかに当該憲法改正案に関する事項を含む憲法会議は、カナダの首相によって召集される。また、

(b)　カナダの首相は、当該改正案に関する討議への参加をカナダの先住民族の複数の代表に対し要請する。

第三章　平等化および地域的格差

第三六条〔平等な機会増進〕　①　連邦議会および州の立法府は、カナダ政府および州政府とともに、連邦議会および州の立法府の立法権限、または、これらの立法権限の行使に関する権利を変更することなく、次の各号に掲げることを確約する。

(a) カナダ国民の福祉に関する平等な機会を増進すること
(b) 機会の不均衡を是正するために経済発展を促進すること
(c) すべてのカナダ国民へ合理的な質の基本的公共サーヴィスを提供すること

② 連邦議会とカナダ政府は、州政府が、合理的範囲内の同等性を有する課税水準で、合理的範囲内の同等性を有する水準の公共サーヴィスを提供するに十分な歳入を確保できることを保障するため、平等化のための交付金を支出する原則を確約する。

第四章　憲法会議

第三七条　削除

第四・一章　憲法会議

第三七・一条　削除

第五章　カナダ憲法の改正手続

第三八条〔一般的憲法改正手続〕　①　カナダ憲法の改正は、次の各号の決議によって承認された場合、カナダの国璽を押印した、総督が公布する布告をもって行うことができる。

(a)　上院および下院それぞれの決議、かつ、

(b)　少なくとも全州の三分の二の州で、かつ、これらの州の人口の合計が最新の人口調査において少なくとも全州の人口の五〇パーセントを有する州の立法議会のそれぞれの決議

②　第一項の規定に基づく改正で、州の立法府または政府の立法権限、財産上の権利、その他の権利もしくは特権を減少させるものは、第一項の規定によって要求される上院、下院ならびに州の立法議会のそれぞれの議員の過半数の賛成による決議を必要とする。

③　第二項の規定に基づく改正は、その改正に関する布告が公布される前に、州の立法議会がその議員の過半数による決議によってその改正に反対を表明した州においては、

当該州の立法議会が事後にその議員の過半数による決議をもってその反対の決議を取消し、当該改正を承認しない限り、効力を有しない。

④　第三項の規定の目的のためになされる反対の決議は、その改正に関する布告の公布の前後を問わず、いつでも取消すことができる。

第三九条〔布告の制限〕　①　第三八条第一項の規定に基づく布告は、各州の立法議会がそれ以前に賛成または反対の決議をしている場合を除いて、同項の規定に基づく改正手続を開始する決議から一年が経過するまで、公布してはならない。

②　第三八条第一項の規定に基づく布告は、同項の規定に基づく改正手続を開始する決議から三年が経過したときは、公布してはならない。

第四〇条〔補償〕　第三八条第一項の規定に基づき、教育その他の文化的事項に関する州の立法権限を州の立法府から連邦議会に委譲する改正が行われた場合、カナダ政府は当該改正が適用されない州に対して合理的補償を与えなければならない。

第四一条〔連邦および全州一致による憲法改正手続〕　次の各号に掲げる事項に関するカナダ憲法の改正は、上院および下院ならびにすべての州の立法議会の決議により承認された場合にのみ、カナダの国璽を押印した、総督が公布する布告をもって行うことができる。

(a)　女王、総督および州の副総督の職
(b)　本章の施行時に認められている、州に割り当てられている上院議員の数を下回らない数の下院議員を選出する州の権利
(c)　第四三条の規定に従うことを条件とする英語またはフランス語の使用
(d)　カナダ最高裁判所の構成、および、
(e)　本章の改正

第四二条〔一般的憲法改正手続による改正〕　①　次の各号に掲げる事項に関するカナダ憲法の改正は、第三八条第一項の規定に従ってのみこれを行うことができる。
(a)　カナダ憲法が規定する下院における州の比例的代表の原則
(b)　上院の権限および上院議員の選出方法
(c)　州に割り当てられる上院議員の数および上院議員の居住資格
(d)　第四一条(d)号の規定に従うことを条件とするカナダ最高裁判所
(e)　既存の州の準州への領域拡大、および、
(f)　他のいかなる法および慣習にかかわらず、新たな州の設置

②　第三八条第二項から第四項までの規定は、本条第一項に掲げる事項に関する改正には適用しない。

第四三条〔一部の州のみに関する規定の改正〕 次の各号に掲げる事項を含め、一以上の州に適用されるが全州には適用されない規定に関するカナダ憲法の改正は、上院および下院ならびに当該改正が適用されるすべての州の立法議会の決議によって承認された場合にのみ、カナダの国璽を押印した、総督が公布する布告をもって行うことができる。

(a) 州間境界の変更

(b) 州内における英語またはフランス語の使用に関する規定の改正

第四四条〔連邦議会による改正〕 連邦議会は、第四一条および第四二条の規定に従うことを条件に、カナダ政府または上院および下院に関するカナダ憲法を改正する法を専属的に制定することができる。

第四五条〔州の立法府による改正〕 州の立法府は、第四一条の規定に従うことを条件に、州の憲法を改正する法を専属的に制定することができる。

第四六条〔憲法改正手続の発議〕 ① 第三八条、第四一条、第四二条および第四三条の規定に基づく改正手続は、上院、下院または州の立法議会のいずれかが、これを発議することができる。

② 本章の目的のためになされる賛成の決議は、それにより承認を受けた布告の公布前であれば、いつでも取消すことができる。

第四七条〔上院の決議を欠く改正〕　① 第三八条、第四一条、第四二条または第四三条の規定に基づく布告をもって行われるカナダ憲法の改正は、下院が当該布告の公布を承認する決議をした後一八〇日以内に上院が同様の決議をせず、かつ、その期間の経過後いずれかの時点で、下院が再び同様の決議をした場合は、布告の公布を承認する上院の決議を要することなく、これを行うことができる。

② 第一項で定める一八〇日の期間の計算にあたっては、連邦議会の閉会中または解散中の期間は、算入しない。

第四八条〔布告公布の勧告〕　カナダのための女王の枢密院は、本章に基づく布告をもって行われる改正に必要な決議がなされたときは、直ちに、総督に対し本章に基づく布告を公布するよう勧告しなければならない。

第四九条〔憲法会議〕　カナダの首相および州の首相によって構成される憲法会議は、本章施行後一五年以内に、本章の規定を再検討するために、カナダの首相によって召集されなければならない。

第六章　一八六七年憲法の改正*

第五〇条〔一八六七年憲法第九二A条の追加〕

第五一条〔一八六七年憲法別表第六の追加〕

＊　現在、第五〇・五一条の条文本文は憲法に記載されていない。

第七章　総括規定

第五二条〔カナダ憲法およびその最高法規性〕　①　カナダ憲法は、カナダの最高法規であって、憲法の規定に反するいかなる法も、その抵触する範囲において効力を有しない。

②　カナダ憲法は、次に掲げる法を含む。

(a)　この憲法を含む「一九八二年カナダ法」

(b)　別表に掲げる法律および命令

(c)　(a)号または(b)号に掲げる法律または命令の改正

③　カナダ憲法の改正は、カナダ憲法に含まれている権限に従ってのみ行われなければ

ならない。

第五三条〔名称変更〕　①　別表の第一欄に掲げる法令は、ここに、第二欄で指示する範囲内で廃止または改正され、廃止されない限り第三欄で表示する名称のもとカナダの法として存続する。

②　「一九八二年カナダ法」を除き、別表の第一欄にその名称を掲げられた法令を引用するすべての法令は、ここに、当該名称にかえて別表の第三欄に掲げる名称に置き換えるよう改正される。別表に掲げられていない英領北アメリカ法は、改正年および法律番号がある場合はそれを後につけて「憲法」と引用することができる。

第五四条〔削除および改正〕　第四章は、本章施行後一年を経過した日に削除され、カナダの国璽を押印した、総督が公布する布告をもって、本条を削除すること、また、第四章および本条の削除にともない、この憲法の条文番号の整理を行うことができる。

第五四・一条　削除

第五五条〔カナダ憲法のフランス語版〕　別表に掲げるカナダ憲法を構成する法令のフランス語版は、カナダの司法大臣ができる限りすみやかに作成し、その一部でも総督の行為を求めるのに十分な整備がなされたときは、カナダ憲法の同様の規定を改正するために適用される手続に従い、カナダの国璽を押印した、総督が公布する布告をもって制定の手続を進めなければならない。

第五六条〔特定の規定の英仏両言語版〕　カナダ憲法を構成するいずれかの部分が英語およびフランス語で既に制定されていたもしくは制定される場合、または、憲法を構成するいずれかの部分のフランス語版が第五五条の規定に従い制定される場合、憲法の当該部分の英語版とフランス語版は同等の権威を有する。

第五七条〔憲法の英仏両言語版〕　この憲法の英語版とフランス語版は、同等の権威を有する。

第五八条〔施行日〕　第五九条の規定に従うことを条件に、この憲法は、カナダの国璽を押印した、女王または総督が公布する布告によって定められた日*から施行される。

＊　一九八二年四月一七日施行。

第五九条〔第二三条第一項(a)号の施行日〕　①　第二三条第一項(a)号の規定は、ケベック州に関しては、カナダの国璽を押印した、女王または総督が公布する布告によって定められた日から施行される。

②　第一項の規定に基づく布告は、ケベックの立法議会または政府が承認する場合に限り、公布される。*

③　カナダの国璽を押印した、女王または総督が公布する布告をもって、本条は、第二

三条第一項(a)号の規定がケベックに関し施行される日に削除することができ、また、この憲法は、本条の削除にともない、改正し、条文番号の整理を行うことができる。

＊　第五九条の規定に基づく布告は、いまだ公布されていない。

第六〇条〔**略称**〕　この憲法は、「一九八二年憲法」と引用することができ、一八六七年憲法から一九七五年憲法（その二）までおよびこの憲法は、「一八六七年—一九八二年憲法」と一括して引用することができる。

第六一条〔**引用**〕　「一八六七年—一九八二年憲法」の引用は、「一九八三年憲法改正布告」の引用を含むものとみなされる。

別表　〔省略〕

出典　現行憲法の原文は、カナダ司法省のホームページ（http://laws-lois.justice.gc.ca/eng/Const/）に掲載されているものを利用した。条文見出しの訳は、原文よりも短く、簡潔にした。訳出には、初宿正典／辻村みよ子編『新解説　世界憲法集［第二版］』（三省堂、二〇一〇年、中村英訳）、阿部照哉／畑博行編『世界の憲法集［第三版］』（有信堂高文社、二〇〇五年、畑博行訳）、ジョン・セイウェル／吉田善明監修／吉田健正訳『カナダの政治と憲法 改訂版』(三省堂、一九九四年)一九七頁以下等を参照した。

ドイツ

石川健治 訳・解説

解　説

1　**経緯**　ウェストファリア条約以降、主権的な領邦国家として存立した数多くの王国や都市等を、ドイツ・ライヒという名の連邦国家《ブンデスシュタート》に仕立て上げたのは、プロイセン王国のO・ビスマルクという政治的天才であったが、それら領邦国家は、主権性を喪失し、連邦構成国として整理・再編を経験しながらも、国家《シュタート》の標識を維持して生き残った。その後、ドイツ・ライヒは、第一次世界大戦の敗戦とともに、帝国から共和国(いわゆるワイマール共和国)へと変貌し、すべての王侯が退位して共和制になった各構成国も、国家性を失いラントと呼ばれた。

一九四五年五月八日、ヒトラーが率いるドイツ・ライヒは無条件降伏し、英米仏ソ四カ国の分割統治の下におかれることになった。第二次世界大戦に破れた旧ライヒの廃墟のなかで、いちはやく戦後復興ののろしが立ち上ったのは、各地のラントからであった。それらの多くは、バイエルンに代表される、旧王公国に由来するものであるが、旧ハンザ同盟都市のハンブルク、ブレーメンの如き、都市国家も含まれている(そうしたラントの多様さやドイツ史特有の歴史的含意に配慮して、現在では、これらを邦や州とは訳さず、ラントと表示することが多い)。一九四六年五月一五日のハンブルク暫定憲法の制定を皮切りに、意欲的な条文を盛り込んで注目されたヘッセン憲法など、ラントごとに次々と憲法が制定され、各占領地域の占領軍によって承認された。

けれども、戦後ドイツ・ライヒの空間的再構築は、国際政治の力学によって規定されており、英米仏三カ国とソ連との溝は一向に埋まる気配がなかった。一九四八年二月二三日からは、西側の三カ国はソ連を除外してドイツ問題についての会議を開き、六月七日のロンドン協定で、三カ国の占領地域を統合して、西ドイツ地域に適用される新しい憲法を制定する方向での合意が成立した。後進的な東ドイツ地域を本拠としつつ、圧倒的な国力で旧ライヒのヘゲモニーを握ってきたプロイセンは、ソ連占領地域に属していたため、新生西ドイツは、近代的で勢力も拮抗する中小ラントによって、プロイセン抜きで人工的に構築された連邦共和国《ブンデスレプブリーク》として、新たに発足する運びとなった。

ロンドン協定を実施するために、当時一一あったラントの首相《ミニスタープレジデント》たちは、憲法制定会議を招集する権限を与えられたが、彼らは、憲法制定を将来のドイツ統一後に留保し、一九四八年七月、ラント議会の代表者からなる「議会評議会」を、暫定的な基本法制定のために招集することを決定した。同年九月には、大学都市ボンに、「議会評議会」が招集され、K・アデナウアーを議長に選出して、討議をスタートさせた。他方、ラント首相たちが先行して立ち上げた、いわゆる専門委員会は、一九四八年八月に、南ドイツのヘレンキームゼー湖畔で、新しい基本法の草案の起草を開始しており、この「ヘレンキームゼー草案」が、その後のボンでの審議のたたき台になる。

かくして、一九四九年五月八日、議会評議会において可決された草案が、同一二日には三カ国占領地域の軍政長官の同意を得て――その際、西ベルリンについては占領状態が継続することの確認を含む、一定の留保が付された――、同二二日までにバイエルンを除く各ラントの議会で採択され――三分の二以上のラントの議会で採択されればよかった――、同二三日にはドイツ連邦共和国基本法として公布されて、翌二四日に発効した。こうした経緯もあり、この、戦後西ドイツにおける実質的な憲法は、「ボン基本法」と呼び慣わされて、今日に至っている。

2 構成

ボン基本法は、「直接適用される法」であることを強く意識して起草されたために、対立する諸政治理念が整理されないまま盛り込まれたワイマール憲法に比べて、かなりすっきりした構成をもつ憲法典に仕上がった。たとえば、基本権条項は、実際に使える規定しかおかない方針で起草され、自由権条項中心の構成になっている。それゆえ、社会権については、権利規定をおくのではなく、国家目標規定として社会国家の理念を掲げる、という形になる。

また、憲法典は大きく二つのパートに分かれ、「一　基本権」が、国家と国民の法関係における、国家権力の内容的かつ実体的な拘束を定めているのに対して、「二」以降の条文群は、国家の統治機構についての形式的かつ手続的な定めからなっており、両者のコントラストがきわめてはっきりしている。さらに、後者の統治機構に関する条文についても、組織それ自体の制度設計について規定する組織規範(「三　連邦議会」「四　連邦参議院」「四a　合同委員会」「五　連邦大統領」「六　連邦政府」)と、かかる組織に配分される国家作用について定める作用規範(「七　連邦立法」「八　連邦法律の施行及び連邦行政」「九　裁判」「一〇　財政制度」)とに、截然と分けられている。それゆえ、この憲法の統治機構条項を読むためには、組織規範と作用規範の双方のパートに対する目配りを怠らないようにしなくてはならない。

ただし、こうした整理にあてはまらない条文群もある。「二　連邦及びラント」は、連邦国家としての国家構造にかかわる論点をまとめて扱っており、連邦とラントの関係についての、実体と手続の混合した規定ぶりとなっている。その冒頭には、連邦の性格付けをめぐって、国家目標規定(二〇条、二〇a条)が置かれ、国民主権や抵抗権はこれにあわせて規定されている。侵略戦争の禁止（二六条）などの対外的な基本原則や、国内政治の原動力たる政党についての規定（二一条）もここにある。連邦制度改革に伴って新設された「八a 共通事務、行政協働」は、今世紀に入ってから強化された。他方、「一一 経過規定及び終末規定」は、全体として雑則の趣ではあるが、国籍規定（一一六条）など、重要な規定も含まれている。「一〇a 防衛出動事態」は、一九六〇年代末の大連立政権のもとで、激しい反対をおして成立した、緊急事態法制に関する条文群である。

このような形式で構成されたボン基本法は、多くの点で、一八四八年の三月革命の折の、フランクフルト憲法に結実した、ドイツの中の自由主義の伝統に連なるという自己規定の下で、書き下ろされた憲法である。国旗の黒・赤・金が、ドイツの統一と自由を求めて一八一三年の解放戦争に参加した、イエナ大学の学生団の旗であることは象徴的である。

それは、ワイマール共和国の旗でもあって、これを継承したボン基本法には、ワイマール憲法の、所有権とその社会的拘束の思想、あるいは社会国家の理念なども、大きく取り込まれている。そこでは、社会的法治国家の理念が掲げられて、以前の夜警国家的な、自由主義的な法治国家（市民的法治国）とは一線を画しており、これが、経済原理としては、「社会的市場経済」のスローガンのもとで、戦後西ドイツ経済の奇跡の復興を演出することになった。

その一方で、ワイマール民主主義のただなかで誕生したナチズムの痛切な教訓から、戦後の他の憲法にはみられない体制擁護のための制度と装置を備えている点にも注目する必要がある。倒閣のためだけにナチスと共産党が多数派を形成して、中道左派のいわゆるワイマール連合による政権運営を不可能ならしめた苦い体験から、連邦宰相《カンツラー》の地位を強化するとともに（六四条ほか）、新政権の準備がある場合に限って内閣に不信任を突きつけることを許す「建設的不信任決議」の制度(六七条)が採用された(逆に、六八条で、解散権は制限されている)。

加えて、「自由で民主的な基本秩序」によって憲法体制を枠付ける「たたかう民主主義」の思想が、そこには新たに盛り込まれており、ナチズムに対してもコミュニズムに対しても憲法的価値を擁護すること(憲法忠誠)を国民に求めている。抽象的な違憲審査権を有する連邦憲法裁判所も、憲法保障のための装置としての役割を期待されて発足し(一八条、二一条二項)、緊急事態法制を追加した一九六八年の大改正で挿入された抵抗権条項(二〇条四項)は、圧政への抵抗という政治思想的伝統から変質して、東西冷戦下での反憲法的勢力への抵抗のための権利として位置付けられている。

戦後西ドイツの体制が建前として有する、これらの側面だけをいたずらに強調することは、ボン基本法の下での憲法現実を正しく伝えることにはならないが(たとえば、その後挿入された憲法異議の制度〔九三条一項四a〕の活性化による、連邦憲法裁判所の基本権保護機能への重点の移行)、ボン基本法に刻印された特有の「戦後性」として知っておいてよいことである。

3 改正

ボン基本法の下での戦後ドイツは、「自由で民主的な基本秩序」へのコミットメントが殊更に強調された「護憲」的体制であるが、反面で、法典としての憲法を頻繁にいじってきた点においても、特筆すべきものがある。

特に大規模で重要な改正とされているのは、旧西ドイツの再軍備に伴う一九五六年の第七回改正、一九六六年の大連立政権発足を承けて、非常事態法制の大幅な増補が、反対を押し切って行われた一九六八年の第一七回改正、財政制度の章に大きく変更を加え、俗に財政改革法と呼ばれる一九六九年の第二一回改正、ドイツ再統一に伴う「ドイツ連邦共和国とドイツ民主共和国との間のドイツ統一の樹立に関する条約」（いわゆる統一条約）を承けて、ドイツ全域へのボン基本法の適用を宣言した一九九〇年の第三六回改正、欧州連合設立に関するマーストリヒト条約批准に伴う改正を行った一九九二年の第三八回改正、統一条約第五条の勧告を承けて設置された憲法調査合同委員会の改正草案を審議して、環境保護規定の新設を含む大規模改正を行った一九九四年の第四二回改正、である。いずれも激動する国際社会の環境変化を承けてのものである。

そのほかに、外国人労働者問題の深刻化に関連して「庇護権」規定を改正した一九九三年の第三九回改正、住居の不可侵条項に手を入れて、裁判官の命令に基づき重大犯罪の被疑者の滞在する疑いのある住居を聴覚的に監視できるようにした一九九八年の第四五回改正、ラントとの関係で連邦議会の立法権限を変更するなど連邦制度改革を行った二〇〇六年の第五二回改正などが、記憶に新しい。近年も、財政再建、国際競争力の強化、相次ぐ経済危機への対応、ＩＴシステムの条件整備などの課題に機動的に対処できるよう、連邦制度の改革を繰り返している（二〇〇九・二〇一〇年の第五四―五八回改正）。

連邦国家の憲法としてのボン基本法は、あくまで第一義的には、連邦とラントの双方に対する権限配分規定の集積である。そこでは、従来ラントの自主性・自立性が尊重されてきたが、現代的課題に直面し、全体としてのドイツの観点から、連邦とラントの「協働」が要請されるに至った。かねて分権基調だった権限配分規定は、政策課題ごとにそのつど再編する必要があり、憲法改正の回数を増やした。そのたび膨張する八ａ章は、新たに「行政協働」の看板を掲げることになった。

ドイツ連邦共和国基本法〔ボン基本法〕

前文

ドイツ国民は、神及び人間の前での責任を自覚し、統合されたヨーロッパの対等の構成員として世界の平和に奉仕する意思に鼓舞されて、その憲法制定権力に基づき、この基本法を制定した。バーデン・ヴュルテンベルク、バイエルン、ベルリン、ブランデンブルク、ブレーメン、ハンブルク、ヘッセン、メクレンブルク・フォアポンメルン、ニーダーザクセン、ノルトライン・ヴェストファーレン、ラインラント・プファルツ、ザールラント、ザクセン、ザクセン・アンハルト、シュレスヴィヒ・ホルシュタイン及びテューリンゲンの各ラントのドイツ人は、自由な自己決定において、ドイツの統一と自由を完成させた。これにより、この基本法は、全ドイツ国民に適用されることになる。

一　基本権

第一条〔人間の尊厳、人権、基本権による拘束〕　①　人間の尊厳は不可侵である。これを尊重し、かつ、保護することは、すべての国家権力の義務である。

②　ドイツ国民は、それゆえ、世界におけるあらゆる人間共同体、平和及び正義の基礎として、不可侵かつ不可譲の人権に対する信念を表明する。

③　以下の基本権は、直接に適用される法として、立法、執行権、裁判を拘束する。

第二条〔人格の自由な発展、生命、身体の無瑕性への権利、人身の自由〕　①　何人も、他人の権利を侵害せず、かつ、合憲的秩序又は人倫法則に反しない限りにおいて、自己の人格を自由に発展させる権利を有する。

②　何人も、生命への権利及び身体の無瑕性への権利を有する。人身の自由は、不可侵である。これらの権利への侵害が許されるのは、法律の根拠に基づく場合に限られる。

第三条〔平等〕　①　すべて人間は、法律の前に平等である。

②　男性と女性は同権である。国は、女性と男性の同権が現実に達成されることを促進し、現に存在する不利益を除去すべく働きかけるものとする。

③　何人も、その性別、出自、人種、言語、故郷及び門地、信仰、宗教的又は政治的な見解を理由として、不利な取扱いを受け、又は有利に取り扱われてはならない。何人も、その障害を理由として、不利な取扱いを受けてはならない。

第四条〔信仰・良心の自由、宗教活動の自由、良心的兵役拒否〕 ① 信仰、良心及び宗教上若しくは世界観上の告白の自由は、これを侵してはならない。

② 妨害されることのない宗教活動は、これを保障する。

③ 何人も、その良心に反して、武器を伴う軍務を強制されてはならない。詳細は、連邦法律が、これを定める。

第五条〔表現の自由、出版の自由、放送、芸術の自由、学問の自由〕 ① 何人も、言語、文書及び図画によって、自己の意見を自由に表明し流布させる権利、並びに一般にアクセス可能な情報源から妨げられることなく知る権利を有する。出版の自由、並びに放送及び映画による報道の自由は、これを保障する。検閲は、これを行わない。

② これらの権利は、一般的法律の規定、青少年保護のための法律上の規定、及び人格的名誉権によって制限を受ける。

③ 芸術及び学問、研究及び教授は、自由である。教授の自由は、憲法に対する忠誠を免除しない。

第六条〔婚姻と家族〕 ① 婚姻及び家族は、国家的秩序により特別な保護を受ける。

② 子どもの保護及び教育は、親の自然の権利であり、まずもって親に課せられた義務である。この義務の遂行については、国家共同体がこれを監視する。

③　子どもは、親権者に故障があるとき、又は子どもがその他の理由から放置されるおそれがあるときには、法律の根拠に基づいてのみ、親権者の意思に反して、これを家族から引き離すことが許される。

④　すべて母親は、共同体の保護と扶助を請求することができる。

⑤　婚外子に対しては、立法によって、肉体的及び精神的発達について、並びに社会におけるその地位について、婚内子と同様の条件が与えられなければならない。

第七条〔学校制度〕　①　全学校制度は、国の監督の下にある。

②　親権者は、子どもを宗教の授業に参加させることについて、決定する権利を有する。

③　宗教の授業は、非宗教学校を除く公立学校において、正規の授業科目である。宗教の授業は、国の監督権を害しない限りにおいて、宗教共同体の教義に沿って行われるものとする。いかなる教員も、その意思に反して、宗教の授業を行うよう義務付けられてはならない。

④　私立学校を設立する権利は、これを保障する。公立学校の代用としての私立学校は、国の認可を要し、かつラント法律に服する。この認可は、私立学校がその教育目標及び施設並びにその教職員の学問上の養成において公立学校に劣らず、かつ親の資産状況による生徒の特別扱いが助長されない場合に、これを与えるものとする。この認可

は、教職員の経済的及び法的地位が充分に確保されない場合には、拒否されなければならない。

⑤ 私立の国民学校は、教育行政官庁が特別の教育的利益を承認する場合にのみ、又は、親権者の申立てに基づき、それを宗派共同学校として、又は、宗派学校若しくは世界観学校として設立することが求められ、かつ同種の公立の国民学校が市町村内に存在しない場合にのみ、これを認めるものとする。

⑥ 予備学校は、引き続き廃止されたままとする。

第八条〔集会の自由〕 ① すべてドイツ人は、届出又は許可なしに、平穏にかつ武器を伴わずに、集会する権利を有する。

② この権利は、屋外の集会については、法律により又は法律の根拠に基づいて、これを制限することができる。

第九条〔結社の自由〕 ① すべてドイツ人は、結社及び団体を結成する権利を有する。

② その目的若しくは活動が刑事法規に違反し、又は、合憲的秩序若しくは国際協調主義に反する団体等は、禁止される。

③ 労働条件及び経済的条件を維持し促進するために団体等を結成する権利は、何人に対しても、かつすべての職業に対して、これを保障する。この権利を制限し又は妨害

することを企図する合意は無効であり、これを目的とする措置は違法である。第一二a条、第三五条第二項及び第三項、第八七a条第四項、並びに第九一条による措置は、第一文の意味での団体等が労働条件及び経済的条件を維持し促進するために行う労働争議に対しては、これを行ってはならない。

第一〇条〔信書、郵便及び電気通信の秘密〕　①　信書の秘密並びに郵便及び電気通信の秘密は、これを侵してはならない。

②　制限は、法律の根拠に基づいてのみ、これを命ずることができる。その制限が、自由で民主的な基本秩序、又は連邦若しくはラントの存立若しくは安全の保障に資するときは、これについて関係者に通知しない旨、及び、裁判所への出訴に代えて、国民代表が選任した機関若しくは補助機関による事後審査に付する旨、法律でこれを指定することができる。

第一一条〔移転の自由〕　①　すべてドイツ人は、連邦の全領土内における移転の自由を享有する。

②　この権利は、法律によって又は法律の根拠に基づいてのみ、かつ、充分な生活基盤がなくその結果公共に特別の負担を生ぜしめる場合、又は、連邦若しくはラントの、存立若しくは自由で民主的な基本秩序に対する差し迫った危険を防止するために必要

な場合、伝染病の危険、自然災害若しくは特に重大な事故災害に対処するために必要な場合、青少年を非行化から保護し、若しくは犯罪行為を防止するために必要な場合にのみ、これを制限することが許される。

第一二条〔職業の自由〕 ① すべてドイツ人は、職業、職場及び養成所を自由に選択する権利を有する。職業活動については、法律により又は法律の根拠に基づいて、これを規制することができる。

② 何人も、伝統的で一般的な、すべての人に平等に義務付けられる公的な勤務の枠内にある場合を除き、特定の労働を強制されない。

③ 強制労働は、裁判によって命じられる自由の剝奪の場合にのみ、これを認めることができる。

第一二a条〔兵役及び代役義務〕 ① 男子に対しては、満一八歳より、軍隊、連邦国境警備隊又は民間防衛団体における役務に従事する義務を課することができる。

② 良心上の理由から武器を伴う軍務を拒否する者に対しては、代役に従事する義務を課することができる。この代役の期間は、兵役の期間を超過してはならない。詳細は、法律がこれを定めるが、良心の決定の自由を侵害してはならず、かつ、軍隊及び連邦国境警備隊に何らかかわることのない代役の可能性をも考慮したものでなくてはなら

ない。

③ 第一項又は第二項に定めた役務に徴用されていない兵役義務者に対しては、防衛出動事態において、法律により又は法律の根拠に基づいて、民間人の保護を含む防衛目的とする非軍事的な勤務のために、労働関係に入るよう義務付けることができるが、公法上の勤務関係に入るよう義務付けてよいのは、警察的任務、又は公法上の勤務関係においてのみ履行し得る公行政の高権的任務を引き受けさせる場合に、限られる。第一文の労働関係は、軍隊においてはその給養の分野で、公行政におけるのと同様に、これを認めることができるが、民間人の給養の分野において労働関係に入る義務を課すことは、民間人の生活に必要な需要を充たし、又は民間人の保護を確保するためにのみ許される。

④ 防衛出動事態において、民間の衛生施設及び医療施設並びに常駐の野戦病院における非軍事的勤務の需要が志願者のみによっては充たされないときは、法律により又は法律の根拠に基づいて、満一八歳から満五五歳までの女子をこの種の勤務に徴用することができる。女子は、いかなる場合にも、武器を伴う軍務を義務付けられてはならない。

⑤ 防衛出動事態の発生以前においては、第三項の義務は、第八〇ａ条第一項の基準に

従う場合にのみ、これを課すことができる。第三項の勤務で特別な知識又は熟練を要するものを準備する際には、法律により又は法律の根拠に基づいて、専門教育訓練の機会に参加する義務を課すことができる。その限りにおいて、第一文はこれを適用しない。

⑥ 防衛出動事態において、第三項第二文所定の分野における労働力需要が志願者のみによっては充たされない場合には、この需要を確保するために、法律により又は法律の根拠に基づいて、ドイツ人の職業活動や職場を放棄する自由を制限することができる。防衛出動事態が発生する以前には、第五項第一文を準用する。

第一三条〔住居の不可侵〕 ① 住居は、これを侵してはならない。

② 捜索は、裁判官によって命じられた場合にのみ、又は、危険が差し迫っている場合に法律の定めるその他の機関によって命じられ、かつ、その法律の定める形式によった場合にのみ、これを行うことが許される。

③ 特定の事実によって、だれかが法律上個別に定められた特に重大な罪を犯した旨の嫌疑が基礎づけられる場合、事件の追及が他の方法によっては過度に困難となり、又は見込みがなくなるものと考えられるときには、裁判官の命令の根拠に基づき、被疑者が滞在していると推測される住居を聴覚的に監視するための技術的手段を講じるこ

とが、許される。この措置は、期限付のものとする。当該命令は、三名の裁判官による合議体によって下される。危険が差し迫っている場合には、この命令は、一名の裁判官によっても、これを下すことができる。

④ 住居を監視するための技術的手段は、公衆の安全に対する差し迫った危険、特に公共の危険や生命の危険を防止するために、裁判官の命令の根拠に基づく場合にのみ、これを講じることができる。危険が差し迫っているときは、この措置は、法律が規定するその他の官署もこれを命じることができる。この場合には、事後に、遅滞なく裁判官の決定がなされるものとする。

⑤ 専ら技術的手段が、住居内に踏み入る際にそこにいる人々を保護するためだけに予定されている場合には、その措置は、法律が規定する官署がこれを命ずることができる。その際に得られた認識を他の方法で利用することは、刑事訴追又は危険防止の目的のためで、かつあらかじめその措置の適法性が裁判官によって確認されている場合にのみ、許される。危険が差し迫っている場合には、事後に、裁判官の決定が遅滞なくなされるものとする。

⑥ 第三項によって行われ、連邦の管轄内では第四項によって行われ、及び裁判官の審査が必要とされる限りで第五項によって行われた技術的手段の使用については、連邦

政府は、毎年、連邦議会に報告する。連邦議会によって選出された委員会は、この報告に基づき、議会による監査を遂行する。議会による同等の監査は、ラントにおいても、これを保障する。

⑦ 住居の侵害や制限は、右の場合を除いて、公共の危険又は個人の生命の危険を防止するためにのみ、これを行うことが許される。法律の根拠に基づく場合、公共の安寧秩序に対する差し迫った危険を予防するためにも、とりわけ必要な空間の確保や、伝染病の危険防止、及び危殆に瀕した青少年の保護のためには、これを行うことが許される。

第一四条〔所有権、相続権、公用収用〕 ① 所有権及び相続権は、これを保障する。その内容及び限界は、法律でこれを規定する。

② 所有権には義務が伴う。その行使は、同時に公共の福祉に資するものでなくてはならない。

③ 公用収用は、公共の福祉のためにのみ、認められる。公用収用は、法律により、又は補償の方法及び程度を規定する法律の根拠に基づいてのみ、これを行うことが許される。その補償は、公共の利益及び関係者の利益を正当に衡量して、決定されなくてはならない。補償額につき争いがあるときは、通常裁判所に出訴することができる。

第一五条〔社会化〕　土地、天然資源及び生産手段は、社会化の目的のために、補償の方法と程度を規定する法律により、これを公有又はその他の共同経済の形態に移行することができる。その補償については、第一四条第三項第三文及び第四文が準用される。

第一六条〔国籍剝奪、引渡〕　①　ドイツ国籍は、これを剝奪してはならない。国籍の喪失は、法律の根拠に基づいてのみ、かつ、当人の意思に反するときには、当人がそれによって無国籍にならない場合に限り、認められる。

②　ドイツ人は、何人も、外国に引き渡されてはならない。欧州連合構成国又は国際裁判所への引渡しについては、法治国原理が維持されている限りで、法律によりそれとは異なる定めをおくことができる。

第一六a条〔庇護権〕　①　政治的に迫害された者は、庇護権を有する。

②　欧州共同体を構成する国家から入国する者、又は難民の法的地位に関する協定並びに人権と基本的自由の保護のための条約の適用が保障されているその他の第三国から入国する者は、第一項を援用することができない。第一文の前提となる欧州共同体の外にある国家については、連邦参議院の同意を必要とする法律で、これを規定する。第一文の場合においては、滞在を終了させる措置は、これに対して申し立てられる法的救済手続とは独立に、これを執行することができる。

③　連邦参議院の同意を必要とする法律により、そこでは政治的迫害が行われておらず、かつ、残虐な若しくは屈辱的な処罰若しくは処遇も行われていないことが、その法状況、法適用及び一般的な政治関係を根拠として、保障されるとみられる一連の国家を、決定することができる。かかる国家の一つから来た外国人は、かかる推定を覆して政治的に迫害されているという想定を根拠付けるような事実が摘示されない限り、政治的に迫害されていない者と推定される。

④　第三項の場合、及び明らかに根拠がなく又は明らかに根拠がないとみなされるその他の場合には、滞在を終了させる措置の執行は、その措置の適法性に重大な疑義が存在する場合にのみ、裁判所がこれを停止する。審査の範囲は、これを制限することができ、時宜に遅れた申立ては、これを考慮に入れずにおくことができる。詳細は、法律でこれを規定するものとする。

⑤　第一項から第四項までの規定は、欧州共同体の構成国が、相互に、及び第三国との間で締結する国際法上の条約によって、締約国においてその適用が確保されるべき難民の法的地位に関する協定並びに人権と基本的自由の保護のための条約に基づく義務を遵守しつつ、庇護決定の相互承認を含む、庇護申請の審査権限を定めることを妨げるものではない。

第一七条〔請願権〕　何人も、個人で又は他人と共同して、所轄官署及び議会に対して、文書で請願又は訴願をなす権利を有する。

第一七a条〔服務に際しての基本権制限〕　①　兵役及び代役に関する法律は、軍隊及び代役に属している者に対して、兵役又は代役の期間中、言語、文書及び図画によって自己の意見を自由に表明し流布させる基本権（第五条第一項第一文前段）、集会の自由の基本権（第八条）、及び他人と共同して請願又は訴願を申し立てる権利を保障している限りでの請願の権利（第一七条）が制限される旨を、規定することができる。

②　民間人の保護を含めた防衛のための法律は、移転の自由（第一一条）及び住居の不可侵（第一三条）の基本権が制限される旨を、規定することができる。

第一八条〔基本権の喪失〕　意見表明の自由、特に出版の自由（第五条第一項）、教授の自由（第五条第三項）、集会の自由（第八条）、結社の自由（第九条）、信書、郵便及び電気通信の秘密（第一〇条）、所有権（第一四条）又は庇護権（第一六a条）を、自由で民主的な基本秩序に敵対するために濫用する者は、これらの基本権を喪失する。それらの喪失及びその程度については、連邦憲法裁判所がこれを宣告する。

第一九条〔基本権の制限、法人の基本権、出訴権の保障〕　①　この基本法に従い、基本権が、法律により又は法律の根拠に基づいて制限され得る範囲内において、その法律は、一般的に適用されるものでなければならず、単に個別事案にのみ適用されるものであってはならない。加えてその法律は、条項を示して当該基本権を引照しなければならない。

② 基本権は、いかなる場合であっても、その本質的内容において侵害されてはならない。

③ 基本権は、性質上内国法人に適用可能な限り、これに対しても適用される。

④ 何人も、公権力によって自己の権利を侵害されたときは、出訴することができる。他に管轄が定められていない限りにおいて、通常裁判所に出訴することが可能である。第一〇条第二項第二文は、これと抵触しない。

二　連邦及びラント

第二〇条〔国家目標規定、抵抗権〕 ① ドイツ連邦共和国は、民主的で社会的な連邦国家である。

② すべて国家権力は、国民から発する。国家権力は、国民が選挙及び投票において、又、立法、執行権及び裁判の個別機関を通じて行使される。

③　立法は合憲的秩序に、執行権及び裁判は法律及び法に拘束されている。
④　すべてドイツ人は、この秩序を排除することを企図する何人に対しても、その他の救済手段を用いることが不可能な場合には、抵抗する権利を有する。

第二〇a条〔自然的生活基盤〕　国は、将来世代に対する責任を果たすためにも、合憲的秩序の枠内で立法を通じて、又、法律及び法の基準に従って執行権及び裁判を通じて、自然的生活基盤及び動物を保護する。

第二一条〔政党〕　①　政党は、国民の政治的意思形成に協力する。政党の結成は、自由である。政党の内部秩序は、民主政の諸原則に合致していなくてはならない。政党は、その資金の出所及び用途並びにその財産について、公に報告しなくてはならない。
②　政党のうちで、その目的又はその支持者の行動により、自由で民主的な基本秩序を侵害若しくは除去し、又はドイツ連邦共和国の存立を危うくすることをめざしているものは、違憲である。その違憲性の疑いについては、連邦憲法裁判所がこれを決定する。
③　詳細は、連邦法律が、これを定める。

第二二条〔首都、連邦国旗〕　①　ドイツ連邦共和国の首都は、ベルリンである。首都において国家全体を代表するのは、連邦の任務である。詳細は、連邦法律で、これを定める。

② 連邦国旗は、黒・赤・金である。

第二三条〔欧州連合〕 ① ドイツ連邦共和国は、統合されたヨーロッパを実現するために、民主的、法治国的、社会的及び連邦制的な諸原則、並びに補完性の原則を実現するよう義務づけられ、又、概ねこの基本法に匹敵する基本権保障を有している欧州連合の発展に対して、協力する。連邦は、連邦参議院の同意を得て、法律により、諸々の高権を欧州連合に委譲することができる。欧州連合の創設に関して、及び、その条約上の根拠の変更やこれに匹敵する定めで、この基本法をその内容において変更若しくは補充し、又はかかる変更若しくは補充を可能とするものに関しては、第七九条第二項及び第三項が適用される。

①a 連邦議会と連邦参議院は、欧州連合の立法行為が補完性原理に違反することを理由に、欧州連合裁判所に提訴する権利を有する。連邦議会議員の四分の一の申立てがあれば、連邦議会は、これに関し提訴しなければならない。欧州連合の条約上の根拠において連邦議会と連邦参議院に認められた権利の主張については、連邦参議院の同意を要する法律で、第四二条第二項第一文及び第五二条第三項第一文の規定の特例を設けることができる。

② 欧州連合に関する事務について、連邦議会は協力し、また諸ラントも連邦参議院を

通じて協力する。連邦政府は、連邦議会及び連邦参議院に対し、包括的に、かつ可能な限り早期に、情報を提供しなくてはならない。

③　連邦政府は、欧州連合の法制定行為に協力するに先立って、連邦議会に態度決定の機会を与える。連邦政府は、交渉に際して、連邦議会の態度決定に配慮する。詳細は、法律が、これを定める。

④　連邦参議院は、連邦の意思形成に対応する国内的措置に協力しなくてはならない場合、又は諸ラントが国内的に権限を有している場合には、その限りにおいて、連邦の意思形成に参加するものとする。

⑤　連邦が専属的権限を有している分野でラントの利害に影響がある場合、又はその他連邦が立法の権利を有している場合には、その限りにおいて、連邦政府は連邦参議院の態度決定に配慮する。ラントの立法権、その官庁の設置、又はその行政手続が重要な点でかかわっているときは、その限りで、連邦の意思形成に際し、連邦参議院の見解を、権威あるものとして、これを配慮するものとするが、その場合、連邦の国家全体に対する責任は、維持されるものとする。連邦にとっての支出の増加又は収入の減少をもたらす可能性のある事務については、連邦政府の同意が必要である。

⑥　学校教育、文化、又は放送の分野におけるラントの専属的立法権が重要な点でかか

わっている場合には、欧州連合の構成員としてのドイツ連邦共和国に帰属している権利の主張は、連邦から連邦参議院の指定する諸ラントの代表に、委譲されるものとする。かかる権利の主張は、連邦政府の参加の下で、かつ連邦政府との意見調整の上で、これを行うが、その場合、連邦の国家全体に対する責任は維持されるものとする。

⑦　第四項から第六項までの規定についての詳細は、連邦参議院の同意を必要とする法律が、これを定める。

第二四条〔諸高権の委譲〕　①　連邦は、法律により、諸々の高権を国際機関に委譲することができる。

①a　ラントは、国家的権能の行使し及び国家的任務の遂行につき権限を有している限度において、連邦政府の同意を得て、境界を接している諸組織に、諸高権を委譲することができる。

②　連邦は、平和を維持するために、互恵的な集団安全保障の制度に加入することができる。この場合、連邦は、自らの諸高権を制限し、ヨーロッパ及び世界の諸国民の間に平和で永続的な秩序をもたらし、かつ保障することに、同意するであろう。

③　国際紛争を規制するために、連邦は、一般的、包括的及び義務的な国際仲裁裁判に関する協定に加入するであろう。

第二五条〔国際法と連邦法〕　国際法の原則は、連邦法の構成要素である。それらは、法律に優先し、連邦の領土内の住民に対して、直接に権利及び義務を発生させる。

第二六条〔侵略戦争の禁止、兵器〕　① 諸国民が平和のうちに共生することを妨げ、とりわけ侵略戦争の遂行準備に資するとともに、そのような意図をもってなされる行為は、違憲である。かかる行為は、これを処罰するものとする。

② 戦争遂行のための兵器は、連邦政府の許可を得られた場合にのみ、これを製造し、運搬し、及び取引することが許される。詳細は、連邦法律が、これを定める。

第二七条〔商船隊〕　すべてのドイツ商船は、一体として商船隊を形成する。

第二八条〔ラント憲法、地方自治〕　① ラントの合憲的秩序とは、この基本法の意味における、共和的、民主的及び社会的な法治国の諸原則に、適合していなくてはならない。ラント、郡及び市町村において、国民は、普通選挙、直接選挙、自由選挙、平等選挙及び秘密選挙に基づいて構成される議会を有していなくてはならない。郡及び市町村における選挙に際しては、欧州共同体を構成する国家の国籍を有している者も、欧州共同体法の基準に従って、選挙権及び被選挙権を有する。市町村においては、選挙された団体の代わりに、市町村総会を設けることができる。

② 市町村には、法律の範囲内において、地域共同体のすべての事務を、自己責任にお

いて定める権利が、保障されていなくてはならない。市町村連合も又、その法律上の任務分野の範囲内において、法律の基準に従い、自治行政の権利を有する。自治行政の保障には、自己責任による財政基盤も又、含まれる。税率決定権を有する市町村に帰属する、経済力ある税財源も、そこにいう財政基盤の一部をなす。

③ 連邦は、ラントの合憲的秩序が、基本権並びに第一項及び第二項の規定に適合することを、保障する。

第二九条〔連邦領土の新編成〕 ① 連邦領土は、ラントの規模及び能力に応じた実効的な任務遂行を保障するために、これを新たに編成することができる。その場合には、同郷人の結束、歴史的、文化的連関、経済的合目的性、並びに地域開発計画及び国土計画の要請に、配慮しなくてはならない。

② 連邦領土を新たに編成するための措置は、住民表決によって追認されることを要する連邦法律によって、行われる。関係するラントの意思は、これを聴聞するものとする。

③ 住民表決が行われるのは、その領土又は領土の一部から新設の、又は新たに境界を引き直されるラントである。採決は、ラントが従前と変わらず存続すべきか、又は新設の、若しくは新たに境界を引き直されたラントが形成されるべきか、という問題に

ついてなされるものとする。新設の、若しくは新たに境界を引き直されたラントを形成することについての住民表決は、将来の領土において、及び、同じくラント所属の変更がもたらされる、関係するラントの領土若しくはその部分、の総体において、そのつど多数が変更に同意する場合に、成立する。住民表決は、関係するラントのうち一のラントの領土において多数が変更を拒絶するときには成立しないが、かかる拒絶は、ラント所属が変更されることになる領土の部分において、三分の二の多数が変更に同意するときは、顧慮されない。ただし、関係するラントの全領土において三分の二の多数が変更を拒絶したときは、この限りではない。

④　関連性を有するが、区域としては境界が区切られた居住地域・経済地域で、その部分が複数のラントに所属し、少なくとも人口一〇〇万人を有するところにおいて、その地域の連邦議会の有権者の一〇分の一による住民請願によって、かかる地域に統一的なラント所属がもたらされるよう要求がなされたときは、連邦法律によって、二年以内に、第二項によるラント所属の変更がなされるか、又は関係するラントにおいて住民投票が行われるか、を決定しなくてはならない。

⑤　住民投票は、法律において提案されるべきラント所属の変更が、同意を得られるか否かを確認することを、目的とする。法律は、住民投票についての異なる提案をする

ことができるが、提案は二つを超えることができない。ラント所属の変更提案に多数が賛成したときは、連邦法律によって、二年以内に、第二項によるラント所属の変更につき、決定をしなくてはならない。住民投票に付された提案が、第三項第三文及び第四文の基準に従った同意を得られたときは、住民投票の実施後二年以内に、提案されたラントを形成するための連邦法律を公布しなくてはならない。その場合においては、住民評決による追認は、もはや必要的ではない。

⑥ 住民評決及び住民投票における多数とは、連邦議会選挙の有権者の少なくとも四分の一を含む投票における、過半数をいう。その他住民表決、住民請願及び住民投票についての詳細は、連邦法律で、これを定める。法律は、五年の期間内は住民請願を繰り返すことができない旨を定めることもできる。

⑦ ラントの領土のその他の変更は、ラント所属が変更されることになる領土が五万人以上の人口を有しないときには、関係するラント間の協約により、又は連邦参議院の同意を得た連邦法律により、これを行うことができる。詳細は、連邦参議院の同意及び連邦議会議員の多数の同意を必要とする連邦法律が、これを定める。その場合においては、連邦法律には、関係する市町村及び郡の意見を聴聞することが、予定されていなければならない。

⑧　ラントは、第二項から第七項までの規定にかかわらず、ラント間の協約により、ラントにその時点で包括されている領土若しくは領土の部分について、新たに編成することを規定できる。その場合においては、関係する市町村及び郡の聴聞が行われるものとする。協約は、それに参加するすべてのラントにおいて、住民表決による承認を必要とする。協約がラントの領土の部分に関するものであるときは、承認を、当該部分の住民表決によるものに限定することが可能であり、第五文後段はここでは適用されない。住民表決においては、投票総数が連邦議会選挙の有権者の少なくとも四分の一の投票を含むときは、その過半数で決定がなされることとし、詳細は、連邦法律が、これを定める。その場合において、協約には、連邦議会の同意が必要である。

第三〇条〔ラントの権限〕　国家的権能の行使及び国家的任務の遂行は、この基本法が異なる定めをおき又は許容していない限りにおいて、ラントが行うべき事項である。

第三一条〔連邦法の優位〕　連邦法は、ラント法を破る。

第三二条〔外交関係〕　①　外交関係の処理は、連邦が行うべき事項である。

②　一のラントの特別な事情に関する条約は、その締結に先立ち、当該ラントの意見を適時に聴取しなくてはならない。

③　ラントは、立法について権限を有している限りにおいて、連邦政府の同意を得て、

外国と条約を締結することができる。

第三三条〔国家公民としての権利と義務、公務員〕 ① すべてドイツ人は、いずれのラントにおいても、ひとしく国家公民としての権利を有し義務を負う。

② すべてドイツ人は、その適性、能力及び専門に応じて、ひとしく公職に就くことができる。

③ 国民一般の権利及び国家公民としての権利の享受、公職への就任、並びに公務を通じて取得された権利については、宗教上の信仰の如何によって左右されない。何人も、一の信仰又は世界観への帰属、非帰属を理由として、不利益を被ってはならない。

④ 高権にかかわる権限の行使は、常勤的任務として、公法上の勤務関係及び忠誠関係にある公務員に委託するのを通例とする。

⑤ 公勤務法は、職業官僚制の伝統的諸原則への配慮のもとに、定められ、かつ継続されるものとする。

第三四条〔職務上の義務違反に対する責任〕 自己に委託された公務の遂行において、第三者に対して負っている職務上の義務違反を犯した者について、その責任は、原則として、その者が服務している国家又は団体が負う。故意又は重過失がある場合には、求償することを妨げない。損害賠償請求権及び求償については、通常裁判所への出訴可能性が排除されてはならない。

第三五条〔司法共助及び職務共助、災害救助〕　①　連邦及びラントのすべての官庁は、相互に司法共助及び職務共助を行う。

②　公共の安寧秩序を維持し又は回復するために、ラントは、特別に重要な事案において、ラント警察が連邦国境警備隊の支援なしに任務を遂行できず又は任務の遂行が著しく困難である場合には、連邦国境警備のための実力及び設備をラント警察の支援のために出動するよう、要請することができる。自然災害又は特に重大な災難事故の場合に救助を受けるために、ラントは、他のラントの警察力、他の行政官庁の実力と設備、並びに連邦国境警備隊及び軍隊の実力と設備を出動するよう、要請することができる。

③　自然災害又は災難事故が二つ以上のラントにまたがる領土に危険を及ぼすときは、連邦政府は、これに有効に対処するために必要な限りにおいて、ラント政府に対して、他のラントのために警察を使用させるよう、訓令を与えることができ、また警察を支援するために、連邦国境警備隊及び軍隊の部隊を出動させることができる。第一文による連邦政府の措置は、連邦参議院の要求がある場合には何時でも、その他の場合には危険が除去されてから遅滞なく、これを中止するものとする。

第三六条〔連邦官庁の職員配置〕 ① 連邦の最上級官庁においては、公務員は、すべてのラントから、適当な割合で、これを任用するものとする。その他の連邦官庁に勤務する職員は、通常は、その者が活動しているラントから採用しなければならない。

② 国防法は、連邦におけるラント編成及びそこにおける特別な同郷的関係をも、配慮しなくてはならない。

第三七条〔連邦強制〕 ① 基本法又はその他の連邦法律によって負っている連邦義務を履行しないラントがあるときは、連邦政府は、連邦参議院の同意を得て、連邦強制の手段によってそのラントに義務を履行させるために必要な措置をとることができる。

② 連邦強制を実行するために、連邦政府又はその受託者は、すべてのラント及びその官庁に対して訓令を行う権利を有する。

三 連邦議会

第三八条〔選挙の諸原則、全国民の代表と命令的委任、選挙権〕 ① ドイツ連邦議会の議員は、普通選挙、直接選挙、自由選挙及び秘密選挙によって、これを選挙する。議員は全国民の代表であって、委任及び訓令に拘束されることはなく、自己の良心にのみ従う。

② 一八歳に達した者は、選挙権を有し、成人になる年齢に達した者は、被選挙権を有する。

③ 詳細は、連邦法律が、これを規定する。

第三九条〔被選期、選挙後の集会〕 ① 連邦議会は、次に規定するところを条件として、四年ごとに選挙される。被選期は、新たな連邦議会の集会とともに終了する。新たな選挙は、被選期の開始後、早くとも四六カ月目、遅くとも四八カ月目に行う。連邦議会が解散されたときには、新たな選挙は六〇日以内に行う。

② 連邦議会は、選挙の後遅くとも三〇日目に集会する。

③ 連邦議会は、会議の終了及び再開について、決定する。連邦議会議長は、それよりも前に連邦議会を招集することができる。議員の三分の一、連邦大統領又は連邦宰相の要求があるときは、連邦議会議長は連邦議会を招集する義務を負う。

第四〇条〔議長団、議事規則〕 ① 連邦議会は、その議長、副議長及び書記役員を選挙する。連邦議会は、議院規則を定める。

② 議長は、連邦議会議事堂内における議事堂管理権及び警察権を行使する。議長の許諾がなければ、連邦議会の構内において、いかなる捜索又は押収も行ってはならない。

第四一条〔選挙審査〕 ① 選挙の審査は、連邦議会が行うべき事項である。連邦議会は、連邦議会議員がその資格を喪失したかどうかについても決定を行う。
② 連邦議会の決定に対しては、連邦憲法裁判所に異議を申し立てることができる。
③ 詳細は、連邦法律が、これを定める。

第四二条〔公開原則及び多数決原則〕 ① 連邦議会は、公開で議事を行う。その議員の一〇分の一又は連邦政府の申立てに基づいて、三分の二の多数をもって、非公開の決定ができる。この申立てについては、非公開の会議で、これを決する。
② 連邦議会の議決には、この基本法に特別の定めがある場合を除き、投票の過半数を必要とする。連邦議会が行うべき選挙については、議事規則によって例外を認めることができる。
③ 連邦議会及びその委員会の公開の会議についての、事実に忠実な報告に対しては、いかなる責任も問われない。

第四三条〔出席要求、出席・発言権〕 ① 連邦議会及びその委員会は、連邦政府のいかなる構成員に対しても、出席を要求することができる。
② 連邦参議院及び連邦政府の構成員並びに専門員は、連邦議会及びその委員会のすべての会議に出席することができる。これらの者は、何時でも発言を認められなければ

ならない。

第四四条〔調査委員会〕　① 連邦議会は、公開の議事において必要な証拠を取り調べる調査委員会を設置する権利を有し、議員の四分の一の申立てがあるときは、これを設置する義務を負う。公開は、これをしないことができる。

② 証拠調べには、刑事訴訟に関する規定を類推適用する。信書、郵便及び電気通信の秘密は、これによって影響されない。

③ 裁判所及び行政官庁は、司法共助及び職務共助を行う義務を負う。

④ 調査委員会の決議は、裁判による審査を受けない。裁判所は、調査の基礎となっている事情の評価及び判断については、自由である。

第四五条〔欧州連合委員会〕　連邦議会は、欧州連合の事務のための委員会を選任する。連邦議会は、この委員会に対し、第二三条に基づき連邦議会が連邦政府に対して有する権利の主張を、授権することができる。又、連邦議会は、この委員会に対し、連邦議会が欧州連合の条約上の根拠において認められる権利の主張を、授権することができる。

第四五a条〔外務委員会、国防委員会〕　① 連邦議会は、外務に関する委員会及び国防に関する委員会を選任する。

② 国防委員会は、調査委員会の権利をも有する。国防委員会は、その委員の四分の一の申立てがあるときは、問題の事項をその調査対象とする義務を負う。

③ 第四四条第一項は、国防の分野には適用しない。

第四五b条〔連邦議会の国防専門員〕 基本権を保護するため、及び連邦議会が議会による監査を行う際の補助機関として、連邦議会の国防専門員を任命する。詳細は、連邦法律が、これを定める。

第四五c条〔請願委員会の設置〕 ① 連邦議会は、第一七条により連邦議会に対する請願及び訴願を処理することを任務とする請願委員会を選任する。

② 訴願を審査する委員会の権能は、連邦法律で、これを定める。

第四五d条〔議会設置審査会〕 ① 連邦議会は、連邦の諜報活動を審査するために審査会を設置する。

② 詳細は、連邦法律が、これを定める。

第四六条〔刑事免責及び不逮捕特権〕 ① 議員は、いかなるときであっても、連邦議会又はその委員会の一において行った表決又は発言を理由として、裁判上又は服務上、訴追され又はその他連邦議会外において責任を問われてはならない。ただし、誹謗中傷を含む侮辱行為に関しては、この限りではない。

② 議員は、連邦議会の許諾があった場合でなければ、刑罰を科せられるべき行為を理由として、責任を問われ又は逮捕されない。ただし、現行犯で又はその翌日中に逮捕されるときは、この限りではない。

③ 連邦議会の許諾は、さらに議員の人身の自由を制限するその他すべての場合においても、又は第一八条に基づく手続を議員に対して開始する場合にも、必要である。

④ 議員に対する刑事手続及び第一八条に基づく手続、勾留及びその他の議員の人身の自由の制限は、いかなる場合にも、連邦議会の要求があるときは、これを停止するものとする。

第四七条〔証言拒否権〕 議員は、その議員としての資格において事実を打ち明けられ、又は議員としての資格において事実を打ち明けた場合は、その相手方について及びこれらの事実それ自体について、証言を拒否する権利を有する。この証言拒否権が及ぶ限りにおいては、書類の押収は許されない。

第四八条〔議員関連の諸権利〕 ① 連邦議会における議席のために立候補しようとする者は、選挙準備のために必要な休暇を請求する権利を有する。

② 何人も、議員の職務を引き受け、かつ、これを行使することを、妨げられてはならない。このことを理由とする解約告知又は免職は、許されない。

③　議員は、その独立を保障するに足る相当額の報償金を、請求する権利を有する。議員は、すべての国の交通手段を無償で利用する権利を有する。詳細は、連邦法律が、これを定める。

第四九条　削除

四　連邦参議院

第五〇条〔任務〕　ラントは、連邦参議院を通じて、連邦の立法及び行政並びに欧州連合に事務に対して協力する。

第五一条〔構成〕　①　連邦参議院は、ラント政府が任免する、ラント政府構成員によって、これを組織する。これらの者については、当該ラント政府のその他の構成員が代理することができる。

②　ラントは各々少なくとも三票、二〇〇万人以上の住民を擁するラントは四票、六〇〇万人以上の住民を擁するラントは五票、七〇〇万人以上の住民を擁するラントは六票を、票決のために投票する権利を有する。

③　ラントは各々投票権と同数の構成員を派遣することができる。一のラントの投票は、

一括してのみ、かつ出席議員又はその代理人によってのみ、これを行うことができる。

第五二条〔議長、議事規則〕　① 連邦参議院が選出する議長の任期は一年である。

② 議長は、連邦参議院を招集する。議長は、少なくとも二つのラントの代表者又は連邦政府の要求があるときは、その招集を決定しなくてはならない。

③ 連邦参議院は、少なくとも過半数による票決をもって、議決を行う。連邦参議院は、議事規則を定める。連邦参議院の議事は、公開である。ただし、秘密会を開くことができる。

③a 欧州連合の事務のために、連邦参議院は、欧州専門部会を組織することができる。その議決は、これを連邦参議院の議決とみなす。票決に際しては一括して行われるべきラントの投票数については、第五一条第二項によって規定される。

④ ラント政府のその他の構成員又は専門員は、連邦参議院の委員会に所属することができる。

第五三条〔連邦政府の議事参加〕　連邦政府の構成員は、連邦参議院及びその委員会の議事に参加する権利を有し、求められたときは、これに参加する義務を負う。これらの者は、何時でも発言することができなくてはならない。連邦参議院は、事務の処理については、常に連邦政府から報告を受けるものとする。

四a　合同委員会

第五三a条〔構成、手続〕　①　合同委員会は、その三分の二を連邦議会議員によって、三分の一を連邦参議院構成員によって組織する。連邦議会議員については、院内諸会派の議員数の割合に応じて連邦議会がこれを決定するが、議員は連邦政府に所属してはならない。ラントについては、選任した連邦参議院構成員によって代表されるが、構成員は訓令によって拘束されない。合同委員会の組織及び手続は、連邦議会が議決し連邦参議院の同意を必要とする委員会規則で、これを定める。

②　連邦政府は、防衛出動自体に対する政府の計画について、合同委員会に報告しなければならない。第四三条第一項による連邦議会及びその委員会の権利は、これに影響されない。

五　連邦大統領

第五四条〔選出と任期〕　①　連邦大統領は、連邦会議が、討議手続を経ずに、投票によりこれを選出する。連邦議会選挙の選挙権を有し、かつ四〇歳に達したすべてのドイツ人は、被選挙権を有する。

② 連邦大統領の任期は、五年とする。連続して再選が認められるのは、一回に限られる。

③ 連邦会議は、連邦議会議員と、ラント議会が比例代表選挙の諸原則に従って選任した、これと同数の議員とで組織する。

④ 連邦会議は、遅くとも、連邦大統領の任期満了の三〇日以前に、また、任期満了前に職務を終えた場合は、このときから遅くとも三〇日が経過する以前に、集会する。連邦会議は、連邦議会の議長がこれを招集する。

⑤ 第四項第一文の期間は、被選期が経過して後は、連邦議会の第一回の集会によって開始される

⑥ 連邦大統領に選任されるのは、連邦会議構成員の過半数の票を得た者である。二回の選挙でも候補者いずれもが過半数を得られないときは、さらに一回の投票を行い、最多数の票を得た者が、選出される。

⑦ 詳細は、連邦法律が、これを定める。

第五五条〔兼職禁止〕 ① 連邦大統領は、連邦又はラントの、政府にも立法部にも所属す

ることができない。

② 連邦大統領は、他のいかなる有給の公務及びいかなる営業及び職業にも従事してはならず、並びに営利を目的とする企業の執行部及び監査役会に所属してはならない。

第五六条〔公務就任宣誓〕 連邦大統領は、その公務就任に際し、参集した連邦議会及び連邦参議院の構成員の面前で、以下の宣誓を行う。

「私は、自らの力をドイツ国民の福祉のためにささげ、その福利を増大させ、国民を災厄から免れしめ、連邦の基本法及び法律を遵守かつ擁護し、私の義務を良心的に遂行し、何人にも正義を行うことを誓約する。天なる神も御照覧あれ。」

この宣誓は、宗教上の誓言なしに行うこともできる。

第五七条〔代理〕 連邦大統領の権能は、連邦大統領に事故があったとき、又はその職務を任期満了前に終了したときは、連邦参議院議長が代理してこれを行使する。

第五八条〔副署〕 連邦大統領の命令及び処分は、それが通用するためには、連邦宰相又は所管連邦大臣による副署を要する。連邦宰相の任命及び罷免、第六三条による連邦議会の解散、及び第六九条第三項による要請については、この限りでない。

第五九条〔国際法上の代表、条約締結に対する議会の同意〕 ① 連邦大統領は、国際法上、連邦を代表する。連邦大統領は、連邦の名において、外国と条約を締結する。連邦大統領は、外国使節を信認し接受する。

② 連邦が結ぶ政治的関係を定め、又は連邦立法の対象にかかわる条約には、当該連邦立法を所管する部局が、連邦法律の形式で同意又は協働することを要する。行政協定については、連邦行政に関する規定を準用する。

第五九a条 削除

第六〇条〔任命、恩赦、免責〕 ① 連邦大統領は、法律に特別の定めのある場合を除き、連邦裁判官、連邦公務員、将校及び下士官を、任命し罷免する。

② 連邦大統領は、連邦に関する個別の事案について、恩赦権を行使する。

③ 連邦大統領は、この権能を、他の官庁に委譲することができる。

④ 第四六条第二項から第四項までの規定は、連邦大統領にこれを準用する。

第六一条〔大統領弾劾〕 ① 連邦議会又は連邦参議院は、連邦大統領が基本法又はその他連邦法律に故意に違反したことを理由として、これを連邦憲法裁判所に訴追することができる。弾劾のための訴追を求める動議は、少なくとも、連邦議会議員の四分の一又は連邦参議院の投票数換算で三分の二をもって、提出しなければならない。弾劾のための訴追を求める議決は、連邦議会議員の三分の二又は連邦参議院の投票数換算で三分の二の多数を必要とする。訴追は、訴追を行う部局の専門員が、代表して行う。

② 連邦憲法裁判所は、連邦大統領が基本法又はその他連邦法律に故意に違反したことにつき有責であることを確定したときは、連邦大統領にその公職の喪失を宣告することができる。連邦憲法裁判所は、弾劾のための訴追の後、仮の命令によって、連邦大統領の公務遂行は停止される旨の決定を行うことができる。

六　連邦政府

第六二条〔構成〕　連邦政府は、連邦宰相及び連邦大臣で、これを構成する。

第六三条〔連邦宰相の選出と任命〕　① 連邦宰相は、連邦大統領の提案に基づき、連邦議会が、討議手続にかけずに、投票によりこれを選出する。

② 選出されるのは、連邦議会議員による過半数の投票を得た者である。被選出者は、連邦大統領によって任命されるものとする。

③ 大統領が提案した者が選出されないときは、連邦議会は、投票後一四日以内に、その半数以上の議員によって連邦宰相を選出することができる。

④ 当該期間内に選出されないときは、遅滞なく新たな投票が行われ、この場合には、最も多くの投票を得た者が選出される。被選出者が連邦議会議員の過半数の投票を得

たときには、連邦大統領は、選挙後七日以内に、この者を連邦宰相に任命しなければならない。被選出者の得票が過半数に達しないときは、連邦大統領は、七日以内にこの者を任命するか、又は連邦議会を解散するかのいずれかを、行わなければならない。

第六四条〔連邦大臣、公務就任宣誓〕　①　連邦大臣は、連邦宰相の提案に基づき、連邦大統領がこれを任命し罷免する。

②　連邦宰相及び連邦大臣は、公務就任に際して、連邦議会の面前で第五六条に定める宣誓を行う。

第六五条〔方針決定権限、所轄制、合議制〕　連邦宰相は、政治の基本方針を決定し、これについて責任を負う。この基本方針の範囲内において、連邦大臣は、独立して、かつ自らの責任において、自己の所轄事務を指揮する。所管連邦大臣の間で意見の対立があった場合には、連邦政府がこれを決定する。連邦政府の職務については、連邦政府が決定し、かつ連邦大統領が認可した執務規定に従い、連邦宰相がこれを行う。

第六五ａ条〔軍隊の指揮監督〕　①　連邦国防大臣は、軍隊に対する指揮監督権を有する。

②　削除

第六六条〔兼職禁止〕　連邦宰相及び連邦大臣は、他のいかなる有給の公務、いかなる営業及び職業に従事してはならず、また、営利を目的とする企業において、執行部に所属したり、連邦議会の同意なしに監査役会に所属したりしてはならない。

第六七条〔不信任投票〕 ① 連邦議会が連邦宰相に対して不信任を表明できるのは、その議員の過半数をもって後任を選出するとともに、連邦大統領に対しては連邦宰相の罷免を要請した場合に限られる。連邦大統領は、この罷免要請に応じるとともに、被選出者に対する任命を行わなければならない。

② 動議手続と選出手続の間には、四八時間おかなければならない。

第六八条〔信任問題〕 ① 自己に対する信任の表明を求める連邦宰相の動議が、連邦議会議員の過半数の同意を得られないときは、連邦大統領は、連邦宰相の提案に基づいて、二一日以内に連邦議会を解散することができる。連邦大統領の解散権は、連邦議会がその過半数をもって他の連邦宰相を選出した場合は、直ちに失効する。

② 動議手続と選出手続の間には、四八時間おかなければならない。

第六九条〔連邦宰相の代理〕 ① 連邦宰相は、連邦大臣一人を自らの代理に任命する。

② 連邦宰相及び連邦大臣の公務は、いずれも、新たな連邦議会の集会とともに終了し、連邦大臣の公務は又、連邦宰相の公務が終了するその他のすべての場合にも、終了する。

③ 連邦大統領の要請に基づき連邦宰相が、連邦宰相又は連邦大統領の要請に基づき連

邦大臣が、その後任が任命されるまでの間、その職務を遂行する義務を負う。

七　連邦立法

第七〇条〔連邦とラントの立法〕　①　ラントは、この基本法が連邦に立法権限を付与していない限りで、立法を行う権利を有する。

②　連邦とラントの管轄の境界は、専属的立法と競合的立法に関するこの基本法の諸規定に従って、画定される。

第七一条〔専属的立法〕　連邦の専属的立法の分野においてラントが立法権限を有するのは、連邦法律においてこれを明文で授権される場合であり、かつその場合に限られる。

第七二条〔競合的立法〕　①　競合的立法の分野においてラントが立法権限を有するのは、連邦が法律によってその立法管轄を利用しようとしない場合であり、又その場合に限られる。

②　連邦が、第七四条第一項の第四号、第七号、第一一号、第一三号、第一五号、第一九a号、第二〇号、第二二号、第二五号及び第二六号の分野において立法を行う権利を有しているのは、連邦領土内での均質な生活関係の創出のため、又は国家全体の利

益のための法的統一若しくは経済的統一の維持のために、連邦法律による定めが必要とされている場合であり、かつその場合に限られる。

③ 連邦が自らの立法管轄を利用しようとした場合、ラントが法律によりそれとは異なる規定をおいてよいのは、次の分野である。

一 狩猟制度（狩猟免許法制を除く）

二 自然保護及び景観保護（自然保護の一般的諸原則、種の保存に関する法制又は海洋自然保護法制を除く）

三 土地分配

四 国土計画

五 水質保全（汚染物質又は工場施設に関する規制は除く）

六 大学入学許可及び大学修了認定

これらの分野における連邦法律は、連邦参議院の同意を得て別段の規定がおかれていない限り、早ければ公布から六カ月後には効力を生ずる。第一文の分野については、連邦法とラント法は、その時点での後法が優先する。

④ 第二項にいう必要性がもはや存在しなくなった連邦法律上の定めについては、ラント法をもってこれに代えることができる旨の規定を、連邦法律が規定することができ

る。

第七三条〔専属的立法の対象〕　①　連邦は、次の分野について、専属的立法権を有する。

一　外交事務、及び民間人の保護を含む国防

二　連邦における国籍

三　移転の自由、旅券制度、住民登録制度及び身分証明制度、出入国及び犯罪人引渡し

四　通貨、金融及び貨幣制度、度量衡並びに標準時

五　関税・通商区域の統一、通商航海条約、商品取引の自由、及び関税・国境保護を含む外国との商品・支払流通

五a　国外流出に対抗するドイツ文化財の保護

六　航空交通

六a　完全に又は半分以上が連邦所有になっている鉄道（連邦鉄道）の交通、連邦鉄道の路線建設、維持及び経営、並びに路線利用に対する対価の徴収

七　郵便制度及びテレコミュニケーション

八　連邦及び連邦直属の公法上の社団に勤務する人の法関係

九　営業上の権利保護、著作権及び出版権

九a　ラントの境界を超える危険が存在する場合、一のラント警察官庁の管轄が認め

られていない場合、又はラントの最上級庁が要請している場合における、連邦刑事警察による国際テロリズムの危険の予防

一〇　次に掲げる事項に関する連邦とラントの協働、並びに、連邦刑事警察庁の設立及び国際的な犯罪予防

ア　刑事警察

イ　自由で民主的な基本秩序、連邦又はラントの存立及び安全の保障（憲法保障）

ウ　暴力の行使によって、又は暴力の行使を目的とする準備行為によって、ドイツ連邦共和国の対外的利益を脅かす、連邦領土内での企てに対抗するための保障

一一　連邦目的のための統計

一二　武器法及び爆発物法

一三　戦傷者及び戦争遺族の援護、並びにかつての戦争捕虜に対する扶助

一四　平和目的のための原子力の生産及び利用、平和目的の施設の建設及び運用、原子力の放出又は電離放射線によってもたらされる危険に対抗する保護、並びに放射性物質の除去

②　第一項第九ａ号による法律は、連邦参議院の同意を必要とする。

第七四条〔競合的立法の対象〕　①　競合的立法は、次の分野に及ぶ。

一　民法、刑法、裁判所構成法、裁判上の手続（未決拘禁の執行に関する法制を除く）、弁護士制度、公証人制度及び法律相談
二　戸籍制度
三　結社法
四　外国人の滞在及び居住の権利
四a　削除
五　削除
六　引揚者及び難民に関する事務
七　公的扶助（療養施設法制を除く）
八　削除
九　戦争被害及び補償
一〇　戦没者墓苑、並びにその他の戦争犠牲者及び暴力支配の犠牲者のための墓地
一一　経済法（鉱業、工業、エネルギー管理、手工業、営業、商業、銀行・証券取引所制度、私法上の保険制度）、ただし、閉店、飲食店、室内ゲームセンター、興業、見本市、展覧会及び市場に関する法を除く
一一a　削除

一二　経営協議会、労働保護及び職業紹介を含む労働法、並びに失業保険を含む社会保険

一三　職業訓練の特別扶養手当の規定及び学問研究の助成

一四　第七三条及び第七四条の分野において考慮される限りでの公用収用法

一五　土地、天然資源及び生産手段の、公有又はその他の共同経済の形態への移行

一六　経済上の優越的地位の濫用防止

一七　農林産物の生産促進（耕地整理法制を除く）、食糧確保、農林産物の輸出入、遠洋・沿岸漁業、及び沿岸保護

一八　都市計画上の土地取引、土地法（開発事業分担金法制を除く）、並びに住宅手当に関する法、旧債務補助法、住宅建設促進奨励金、鉱山労働者住宅建設法及び鉱員入植法

一九　公衆の危険を伴う、又は伝染性の、人畜の病気に対する措置、医師その他の医療福祉専門職及び医療福祉業に対する許可、並びに薬局制度、薬剤、医薬品、治療薬、麻酔及び毒薬に関する法制

一九ａ　病院の経済的安定及び診療介護報酬の規制

二〇　食料獲得に資する動物を含む食品法制、嗜好品、生活必需品及び飼料に関する

法制、並びに農林業向けの種苗取引の保護、植物の病害虫に対抗する保護、並びに動物保護

二一　遠洋及び沿岸航海並びに航路標識、内水航行、気象業務、海洋航路及び一般運輸に供される内国水路

二二　道路交通、自動車交通制度、及び遠距離交通に供される陸路の建設及び維持、並びに自動車の公道利用に対する手数料又は料金の徴収及び分配

二三　登山鉄道を除く、連邦鉄道以外の鉄路

二四　廃棄物管理、大気汚染防止、及び騒音防止（人間の行動に伴う騒音からの保護を除く）

二五　国家責任

二六　生殖補助医療、遺伝情報の研究及び人工的変更、並びに臓器、組織及び細胞の移植に対する規制

二七　ラント、市町村及びその他の公法上の社団の公務員並びにラントの裁判官が有する、経歴、給料及び年金を除く、身分的な権利・義務

二八　狩猟制度

二九　自然保護及び景観保護

三〇　土地分配

三一　国土計画

三二　水質保全

三三　大学入学許可及び大学修了認定

② 第一項第二五号及び第二七号による法律には、連邦参議院の同意を必要とする。

第七四a条　削除

第七五条　削除

第七六条〔法律案の提出〕　① 法律案は、連邦政府、連邦議会の議員団又は連邦参議院が、連邦議会にこれを提出する。

② 連邦政府の法律案は、初めに連邦参議院に送付するものとする。連邦参議院は、六週間以内に当該法律案に対する態度決定を行う権限を有する。連邦参議院が、重要な理由、とりわけ法律案の規模への配慮を理由として、期限の延長を要求するときは、その期限は、九週間までとされる。連邦政府は、法律案を連邦参議院に送付するに際して例外的に大至急と表示した場合には、連邦参議院の態度決定がいまだ連邦議会に到達していないときにも、三週間後には、又は連邦参議院が第三文により要求した場合でも六週間後には、その法律案を連邦議会に送付することができる。連邦政府は、

連邦参議院の態度決定が到達した後は、遅滞なくこれを連邦議会に追加提案しなければならない。この基本法を改正するための法律案、及び第二三条、第二四条により高権を委譲するための法律案については、態度決定のための期限は九週間であるが、第四文は適用されない。

③　連邦参議院の法律案は、連邦政府を通じて、六週間以内に連邦議会に送付するものとする。連邦政府は、その送付に際して、その見解を提示するものとする。連邦政府が重要な理由とりわけ法律案の規模への配慮を理由として期限の延長を要求するときは、その期限は九週間までとされる。連邦参議院が法律案を例外的に大至急と表示した場合、その期間は、三週間に、又は連邦政府が第三文により要求した場合は六週間になる。この基本法を改正するための法律案、及び第二三条、第二四条により高権を委譲するための法律案については、態度決定のための期限は九週間であるが、第四文は適用されない。連邦議会は、その法律案について、相当な期間内に審議し議決しなければならない。

第七七条〔**立法手続、連邦参議院の協働**〕①　連邦法律は、連邦議会がこれを議決する。連邦法律は、それが採択された後、連邦議会議長を通じて、遅滞なく連邦参議院に送付されるものとする。

② 連邦参議院は、法律の議決が届いてから三週間以内に、法律案を合同で審議するために連邦議会と連邦参議院の構成員から組織される委員会の招集を、要求することができる。この委員会の構成及び手続を定める議事規則は、連邦議会がこれを議決し、連邦参議院の同意を必要とする。この委員会に派遣される連邦参議院の構成員は、訓令に拘束されない。法律が連邦参議院の同意を必要とするものであるときは、連邦議会及び連邦政府も招集を要求することができる。委員会が法律の議決の修正を提案したときは、連邦議会はあらためて議決を行わなければならない。

②a 法律が連邦参議院の同意を必要とするものである限りにおいて、連邦参議院は、第二項第一文による要求が提出されておらず、又は協議手続が、法律案を修正するための提案が提出されることなく終了しているときは、相当の期間内に、同意について議決をしなければならない。

③ 法律が連邦参議院の同意を必要としない限りにおいて、連邦参議院は、第二項による手続が終了しているときは、連邦議会によって議決された法律に対して、二週間以内に不服を申し立てることができる。不服申立ての期間は、第二項末文の場合には、連邦議会によってあらためて行われた議決の到達を始期とし、その他すべての場合には、第二項で規定された委員会の手続が終了した旨の、委員会の通知の到達を始期と

する。

④　不服申立てが連邦参議院の投票数換算で過半数をもって議決されたときは、その不服申立ては、連邦議会議員の過半数の決議で、これを却下することができる。連邦参議院がその不服申立てを少なくとも三分の二の多数をもって議決したときは、連邦議会によってこれを却下するためには、投票数の三分の二の多数で、かつ、少なくとも連邦議会議員数の過半数を必要とする。

第七八条〔連邦法律の成立〕　連邦議会によって議決された法律は、連邦参議院が、同意したとき、第七七条第二項による申立てをしなかったとき、第七七条第三項所定の期間内に不服を申し立てず若しくはこれを撤回したとき、又はその不服申立てが連邦議会によって否決されたときに、成立する。

第七九条〔基本法の改正〕　①　基本法は、基本法の文言を明示的に変更又は補充する法律によってのみ、これを変更することができる。講和を規定し、講和の規定を準備し、若しくは占領法秩序の除去を対象とし、又は連邦共和国の国防に資するべく規定されている国際法上の条約については、基本法の規定がそれらの条約の締結及び発効を妨げないことを明らかにするためには、これを明定することに限定して基本法の文言を補充するだけで充分である。

② かかる法律は、連邦議会議員の三分の二及び連邦参議院の投票数換算で三分の二の同意を必要とする。

③ この基本法の変更によって、連邦の諸ラントへの編成、立法に際しての諸ラントの原則的協働、又は第一条及び第二〇条に記録された基本原則に抵触することは、許されない。

第八〇条〔法規命令〕 ① 法律により、連邦政府、連邦大臣又はラント政府に対し、法規命令を発する権限を与えることができる。その際、与えられる権限の内容、目的及び程度は、法律でこれを規定しなければならない。法的根拠については、その命令のなかで、これを示すものとする。権限がさらに委譲され得る旨、法律に規定されているときは、その権限の委譲には、法規命令が必要である。

② 郵便・テレコミュニケーションの設備利用についての諸原則及び料金、連邦鉄道の設備利用に対する対価徴収の諸原則、又、鉄道の建設及び経営に関して行われる、連邦政府又は連邦大臣の法規命令、並びに連邦参議院の同意を必要とする連邦法律に基づく法規命令、又はラントが連邦の委託に基づき若しくは固有事務として施行する連邦法律の根拠に基づき発布する法規命令は、連邦法律に特別の定めのある場合を除き、連邦参議院の同意を必要とする。

③　連邦参議院は、連邦政府に対し、連邦参議院の同意を必要とする法規命令を発するように求める提案を、送付することができる。

④　連邦法律により又は連邦法律の根拠に基づいて、ラント政府が法規命令を発する権限を与えられる限度において、ラントは法律によってこれを定める権限をも有する。

第八〇a条〔緊迫事態〕　①　この基本法、又は民間人の保護を含む国防に関する連邦法律において、本条の基準に従った法適用のみが許容される旨の規定が存することがあるが、その場合、かかる法規定の適用は、防衛出動事態の場合を除いては、連邦議会が緊迫事態の発生を確定した場合、又は連邦議会が特別にその適用に同意した場合にのみ許される。緊迫事態の確定、並びに第一二a条第五項第一文及び第六項第二文の事案における特別の同意については、投票数の三分の二の多数を必要とする。

②　第一項に依拠した法規定に基づく措置は、連邦議会の要求があるときは、これを廃止するものとする。

③　第一項にかかわらず、国際機関が連邦政府の同意を得て同盟条約の枠内で行う決定に基づき、かつその決定に準拠して、かかる法規定を適用することもできる。本項による措置は、連邦議会がその議員の過半数による要求をしているときは、これを廃止するものとする。

第八一条〔立法緊急状態〕 ① 連邦大統領は、連邦政府がある法律案を至急と表示したにもかかわらず連邦議会がこれを否決したときは、第六八条の場合において連邦議会が解散されない限り連邦政府の申立てに基づき、連邦参議院の同意を得て、立法緊急状態を宣言することができる。このことは、連邦宰相がある法律案と第六八条の動議とを連結させていたにもかかわらず否決されてしまった場合にも、同様に妥当する。

② 立法緊急状態の宣言後に、連邦議会がその法律案を再び否決し、又は連邦政府が受け容れ難いような文言によってこれを採択したときは、政府提案法律は、連邦参議院がこれに同意する限りにおいて、成立したものとみなす。このことは、法律案が再提出されたのち四週間以内に連邦議会が可決しない場合にも、同様に妥当する。

③ 連邦宰相の任期中は、立法緊急状態が最初に宣言された後六カ月の期間内であれば、連邦議会が否決したその他いかなる法律案であっても、第一項及び第二項に従ってこれを可決させることができる。その期間が経過した後は、同一の連邦宰相の任期中、再度の立法緊急状態を宣言することはできない。

④ 第二項によって成立する法律によって、基本法を変更し、その全部若しくは一部を失効させ又はその適用を停止することはできない。

第八二条〔法律の認証、公布、発効〕 ① この基本法の規定に従って成立した法律は、副署の後、連邦大統領によって認証され、連邦官報に公布される。法規命令は、これを発布する官署によって認証され、法律に特別の定めのある場合を除き、連邦官報に公布される。

② いかなる法律及び法規命令も、発効の日を規定しなければならない。かかる規定がないときは、いずれの法律及び法規命令も、連邦官報が発行された日から数えて一四日目に効力を生ずる。

八　連邦法律の施行及び連邦行政

第八三条〔ラントによる連邦法律の施行〕　ラントは、この基本法が、ほかに特別の定めをおかず、又は認めていない限りにおいて、連邦法律を固有事務として施行する。

第八四条〔連邦監督のもとでのラント行政〕　① ラントがその固有事務として連邦法律を施行するときは、ラントは、官庁の組織及び行政手続について定めをおく。ラントは、連邦法律に何か特別の定めがあるときは、これと異なる定めをおくことができる。ラントが第二文による異なる定めをおいた場合、官庁の設置及び行政手続についてのその後の関連する連邦法律による定めは、連邦参議院の同意を得て特別の定めがおかれない限り、早ければ当該ラントによる公布の六カ月後には、当該ラントにおいて効力を生ずる。第七二条第三項第三文は、これに準用する。例外的な事案においては、連邦は、連邦に統一的な定めをおく特別な必要を根拠として、ラントに代わって、逸脱可能性のない行政手続を定めることができる。かかる法律は、連邦参議院の同意を必要とする。連邦法律によって、市町村及び市町村連合に任務を委譲することはできない。

② 連邦政府は、連邦参議院の同意を得て、一般行政規則を発布することができる。

③ 連邦政府は、ラントが連邦法律を現行法に従って施行することについて、監督を行う。連邦政府は、この目的のために、ラントの最上級官庁に専門員を派遣することができ、又、ラントの最上級官庁の同意を得て、若しくはこの同意が拒否されたときは連邦参議院の同意を得て、下級官庁にも専門員を派遣することができる。

④ 連邦政府が、ラントにおいて連邦法律を施行する際に瑕疵があることを確認し、その瑕疵が除去されないときは、連邦政府又はラントの申立てに基づき、連邦参議院は、ラントが法に違反したかどうかを、決定する。連邦参議院のこの決定に対しては、連邦憲法裁判所への出訴が可能である。

⑤ 連邦政府に対し、連邦参議院の同意を必要とする連邦法律によって、連邦法律を施

行するために、特別な事案につき個別指示を与える権限を付与することができる。その指示は、連邦政府が至急とみなす場合を除き、ラントの最上級官庁に対して向けられるものとする。

第八五条〔ラントの委託行政〕　①　ラントが連邦の委託を受けて連邦法律を施行する場合において、連邦参議院の同意を得た連邦法律が異なる規定をおいている場合を除き、官庁の組織を定めることはラントの事務である。連邦法律によって、市町村及び市町村連合に任務を委譲することはできない。

②　連邦政府は、連邦参議院の同意を得て、一般行政規則を発布することができる。連邦政府は、公務員及び一般職員の統一的な職業訓練をルール化することができる。中級官庁の長は、連邦政府の了解を得て、これを任命するものとする。

③　ラントの官庁は、連邦の所管官庁の指示に服する。その指示は、連邦政府が至急とみなした場合の他は、ラントの最上級官庁に対して向けられるものとする。指示の遂行は、ラントの最上級官庁がこれを担保する。

④　連邦監督は、施行の適法性及び合目的性に及ぶ。連邦政府は、この目的のために、報告及び公文書の原本を要求し、かつ専門員をすべての官庁に派遣することができる。

第八六条〔連邦固有行政〕　連邦が、連邦固有行政によって、又は連邦直属の公法上の社団若しくは営造物によって、法律を施行する場合においては、連邦政府は、法律が特別の規定を設けていない限りにおいて、一般行政規則を発布する。連邦政府は、法律に特別の定めのある場合を除き、官庁の組織について定めをおく。

第八七条〔連邦固有行政の対象〕 ①　自らの行政下部組織を要する連邦固有行政として遂行されるのは、外交事務、連邦財務行政、並びに第八九条の基準に従う連邦水路行政及び航行行政である。連邦法律により組織することができるものは、連邦国境警備官庁、警察情報・通報制度のための中央官庁、刑事警察のための中央官庁、並びに、憲法保障を目的として、及び、連邦領土における、暴力行使若しくは暴力行使をめざす準備行為によって、ドイツ連邦共和国の対外的利益を危うくする企てに対する保護を目的として、必要な資料収集を行う中央官庁である。

②　管轄区域が一のラント領土を越えてまたがっている社会保険庁は、連邦直属の公法上の社団として運営される。管轄区域が一のラント領土を越えてまたがってはいるが三以上のラントを越えてはいない社会保険庁は、監督を担当するラントが関係する諸ラントによって決定されているときは、第一文にかかわらず、ラント直属の公法上の社団として運営される。

③　連邦に立法権が与えられているその他の事務については、独立の連邦上級官庁及び

新たな公法上の連邦直属の社団及び営造物を、連邦法律によって設立することができる。連邦に立法権が与えられている分野において連邦に新たな任務が生じた場合において、急を要するときは、連邦参議院の同意と連邦議会議員の過半数の同意を得て、連邦固有の中級官庁及び下級官庁を設立することができる。

第八七a条〔軍隊の設置、出動〕　①　連邦は、防衛のために軍隊を設置する。軍隊の数字に即した勢力及びその組織の大綱は、予算からこれが明らかになるようにしなければならない。

②　軍隊は、防衛のために出動する場合以外には、この基本法が明文で認めている限りでのみ、出動することが許される。

③　軍隊は、防衛出動事態及び緊迫状態において、軍隊の防衛任務を遂行するのに必要な限りで、民間の物件を保護し、交通規制の任務を引き受ける権限を有する。その他、防衛出動事態及び緊迫状態において、軍隊は、警察による措置を支援するためにも、民間の物件を保護する任務を委譲されることがあり得る。その場合には、軍隊は、管轄官庁と協働する。

④　連邦若しくはラントの、存立又はその自由で民主的な基本秩序に対する差し迫った危険を防止するために、連邦政府は、第九一条第二項の前提が存在し、かつ警察力及

び連邦国境警備隊が充分でない場合には、民間の物件を保護するにあたって、及び組織され軍事的に武装した反乱者を鎮圧するにあたり、警察及び連邦国境警備隊の支援のために、軍隊を出動させることができる。軍隊の出動は、連邦議会又は連邦参議院の要求があれば、中止するものとする。

第八七b条〔連邦国防行政〕 ① 連邦国防行政は、自己の行政下部組織を伴う連邦固有行政としてこれを行う。連邦国防行政は、軍隊の人的組織の任務及び軍需品を直接補給する任務に、従事する。傷害を負った者の扶助及び土木建築の任務は、連邦参議院の同意を必要とする連邦法律によってのみ、連邦国防行政に委譲することができる。さらに、法律が第三者の権利を侵害する権利を連邦国防行政に与える限りにおいて、かかる法律には連邦参議院の同意が必要であるが、このことは、人的組織の分野における法律については、適用されない。

② その他、国防代役制度及び民間人の保護を含む防衛のための連邦法律は、連邦参議院の同意を得て、その全部又は一部が、自己の行政下部組織を伴う連邦固有行政として施行され、又は、連邦の委託を受けてラントによって施行される旨を規定することができる。連邦の委託を受けてラントが施行する場合には、その法律は、連邦参議院の同意を得て、第八五条の根拠に基づいて連邦政府及び所管連邦最上級官庁に与えら

れている権限の全部又は一部を、連邦上級官庁に委譲する旨を規定することができる。その場合、これら官庁が、第八五条第二項第一文に従って一般行政規則を発布する際には、連邦参議院の同意を要しない旨を規定することができる。

第八七c条〔原子力〕　第七三条第一項第一四号の根拠に基づいて発布される法律は、連邦参議院の同意を得て、これを連邦の委託を受けたラントが施行する旨を規定することができる。

第八七d条〔航空交通行政〕　①　航空交通行政は、連邦固有行政として行う。航空交通安全の任務は、欧州共同体の法によって認められた国外の航空航法安全機構が、遂行することもできる。詳細は、連邦法律が、これを定める。

②　連邦参議院の同意を必要とする連邦法律によって、航空交通行政の任務を委託行政としてラントに委託することができる。

第八七e条〔鉄道〕　①　連邦鉄道に対する鉄道交通行政は、連邦固有行政として施行される。連邦法律により、鉄道交通行政の任務をラントに固有事務として委譲することができる。

②　連邦は、連邦法律によって連邦に委託された、連邦鉄道の範囲を越える鉄道交通行政の任務を、引き受ける。

③　連邦鉄道は、私法的形態における経済企業として行う。これら鉄道は、経済企業の活動が鉄道路線の建設、維持及び経営を包括している限りで、連邦の所有に属する。第二文によって企業に対する連邦の持分を譲渡することは、法律の根拠に基づいてなされるが、当該企業に対する二分の一を越える持分は連邦に留保される。詳細は、連邦法律で、これを定める。

④　連邦は、連邦鉄道の路線網を拡張し及び維持するにあたり、並びに近距離鉄道旅客運輸にかかわらない限りで連邦鉄道をこの路線網に供給するにあたり、公共の福祉とりわけ交通の需要が考慮されることを、保障する。詳細は、連邦法律で、これを定める。

⑤　第一項から第四項までの規定に基づく法律には、連邦参議院の同意を必要とする。さらに、連邦鉄道の企業の解散、合併及び分割、連邦鉄道の路線の第三者への譲渡、並びに連邦鉄道の路線の廃止を定め、又は近距離旅客鉄道へ影響を及ぼす法律についても、連邦参議院の同意を必要とする。

第八七f条〔郵便制度とテレコミュニケーション〕　①　連邦は、連邦参議院の同意を必要とする連邦法律の基準に従って、郵便制度及びテレコミュニケーションの分野において、地域間格差が生じないよう、適切かつ充分なサーヴィスを保障する。

② 第一項のいうサーヴィスは、私経済的活動として、特別財産としての連邦郵便に由来する企業を通じて、及びその他の私的プロバイダを通じて行われる。郵便制度及びテレコミュニケーションの分野における高権的任務は、連邦固有行政として施行される。

③ 第二項第二文にもかかわらず、連邦は、連邦直属の公法上の営造物の法形式において、特別財産としてのドイツ連邦郵便に由来する企業に関する任務を、連邦法律の基準に従って施行する。

第八八条〔連邦銀行、欧州中央銀行〕 連邦は、通貨・発券銀行を連邦銀行として設置する。その任務及び権限は、欧州連合の枠内で、独立した欧州中央銀行に委譲され、欧州中央銀行は価格安定の確保という優先的な目的によって拘束される。

第八九条〔連邦水路〕 ① 連邦は、従来のドイツ国の水路の所有者である。

② 連邦は、自らの官庁によって、連邦水路を管理する。連邦は、一のラントの領域を越える内水航行の国家的任務、及び法律によって連邦に委託される海洋航行の任務を引き受ける。連邦は、連邦水路が一のラントの領土内に存在する限りで、申立てにより、委託行政として、その行政を当該ラントに委託することができる。水路が複数のラントを通過している場合には、連邦は、関係する諸ラントの申請したラントに対し

て、これを委託することができる。

③ 水路の管理、改修及び新設にあたっては、土地改良及び治水の需用は、ラントの了解を得て協働して保持するものとする。

第九〇条〔連邦道路〕 ① 連邦は、従来のドイツ国アウトバーン及びドイツ国道路の所有者である。

② ラント、又は、ラントの法によって管轄を有する自治行政団体は、連邦の委託を受けて、連邦アウトバーン及びその他の遠距離交通用の連邦道路を管理する。

③ 連邦は、ラントの申請に基づき、連邦アウトバーン及びその他の遠距離交通用道路が、当該ラントの領土内に存在している限りで、これを連邦固有行政へ移管することができる。

第九一条〔国内的緊急状態〕 ① 連邦若しくはラントの、存立又はその自由で民主的な基本秩序に対する差し迫った危険を防止するために、ラントは、他のラントの警察力並びに他の行政官庁及び連邦国境警備隊の実力と設備を要請することができる。

② 危険が差し迫っているラントにおいて、かかる危険と自ら戦う準備がなく、又は戦える状態にないときは、連邦政府は当該ラントの警察及び他のラントの警察力を連邦の指示に従わせ、並びに連邦国境警備隊の部隊を出動させることができる。命令は、

危険が除かれた後や、それ以外の場合でも連邦参議院の要求があれば何時でも、これを廃止するものとする。危険が一のラントを越える領土にまで及ぶ場合は、連邦政府は、実効的に戦うために必要な限度において、ラント政府に指示を与えることができる。この際、第一文及び第二文は、影響を受けない。

八a　共同事務、行政協働

第九一a条〔ラントの任務における連邦の協働〕　①　連邦は、次に掲げる分野において、ラントの任務が全体のために重要な意義を有し、かつ連邦の協働が生活環境を改善するために必要であるときは、それらラントの任務に協働する（共同事務）。

一　地域的経済構造の改善

二　農業構造及び沿岸保護の改善

②　共同事務及び個別の協調の仕方の詳細は、連邦参議院の同意を得た連邦法律で、これを規定する。

③　連邦は、第一項第一号の場合には、いかなるラントにおける負担も、その半額を負う。第一項第二号の場合には、連邦は少なくとも半額を負担するが、その割合は、す

べてのラントにつき統一的に確定するものとする。詳細は、法律が、これを定める。資金の準備については、連邦及びラントの予算における確定をまって、これを定める。

第九一b条〔学術・研究助成における協働〕 ① 連邦及びラントは、地域の枠を越えた意義を有している案件において、協定に基づき、次の事項の助成について協働することができる。

一　大学以外での学術的研究の設備及び計画
二　大学における学術及び研究の計画
三　大規模施設を含む大学の研究用建物

第一文第二号による協定には、すべてのラントの同意を必要とする。

② 連邦及びラントは、協定に基づき、教育制度の業績能力を国際比較によって査定するため、並びにこれに関する報告及び勧告に際して、協働することができる。

③ 費用負担については、協定でこれを定める。

第九一c条〔ITシステム、基幹回線網〕 ① 連邦及びラントは、その任務遂行に必要な情報技術システムの策定、構築、稼働に際し、協力することができる。

② 連邦及びラントは、協約に基づき、情報技術システム間の通信に必要不可欠な技術標準やセキュリティー・ポリシーを確定することができる。第一文により協働の基礎

を定める協約は、内容及び程度を個別に特定された任務につき詳細を定め、それらが、協約で定められるべき特別多数の同意を得れば、連邦及びラントに対して効力を生ずる旨、予め定めておくことができる。協約には連邦議会と参加ラント議会の同意を必要とするが、当該協約についての解約権を排除することはできない。費用負担についても、協約でこれを定める。

③　ラントは、さらに、情報技術システムの共同稼働、及びそのために指定された組織の構築について、協約を締結することができる。

④　連邦は、連邦及びラントの情報技術網を結合するために、基幹回線網を構築する。基幹回線網の構築及び稼働の詳細は、連邦参議院の同意を必要とする連邦法律が、これを定める。

第九一ｄ条〔ベンチマーキング〕　連邦及びラントは、ネットワーク管理の遂行能力を確認及び助成するために、ベンチマークテストによる性能比較を実施し、その結果を公表する。

第九一ｅ条〔求職者のための基礎保障についての協力〕　①　求職者のための基礎保障の領域における連邦法律の施行に際し、連邦及びラント若しくはラント法により権限を有する市町村及び市町村連合は、共通の制度において協力するのが原則である。

② 連邦は、一定限度の市町村及び市町村連合が、その申立てとラント最上級官庁の同意に基づき、第一項による任務を独自に遂行しようとする場合、これを認めることができる。第一項による法律の施行に際しては、それが連邦の遂行すべき任務である限り、行政経費を含む必要不可欠な経費は、連邦がこれを負うものとする。

③ 詳細は、連邦参議院の同意を必要とする連邦法律が、これを定める。

九　裁判

第九二条〔裁判権〕　裁判権は、裁判官に委ねられており、連邦憲法裁判所、この基本法で予め定められている連邦裁判所、及びラントの裁判所によって行使される。

第九三条〔連邦憲法裁判所の管轄〕　① 連邦憲法裁判所が決定するのは、次の事項である。

一　一の連邦最上級機関の権利及び義務の範囲に関する紛争、又は、この基本法によって若しくは連邦最上級機関の職務規則によって固有権を付与されている他の関係諸機関の権利及び義務の範囲に関する紛争に際しての、この基本法の解釈について

二　連邦政府、ラント政府、又は連邦議会議員の三分の一の申立てに基づき、連邦法若しくはラント法が形式的にも実質的にもこの基本法と適合するかどうか、又はラ

ント法がその他の連邦法と適合するかどうか、について、意見の対立又は疑義がある場合

二a　連邦参議院、ラント政府又はラント議会の申立てに基づき、法律が第七二条第二項の前提にあてはまるかどうか、について、意見の対立がある場合

三　連邦及びラントの権利及び義務について、意見の対立がある場合、とりわけ、ラントによる連邦法の施行、及び連邦監督の遂行に際して、両者の権利及び義務について、意見の対立がある場合

四　他に裁判で争う方法が与えられていない限りで、連邦とラントとの間、異なるラントの間、又は一のラント内部における、その他公法上の争訟について

四a　何人も、公権力によって自己の基本権の一つ、又は第二〇条第四項、第三三条、第三八条、第一〇一条、第一〇三条及び第一〇四条に含まれている権利の一つを侵害されている、と主張して提起され得る憲法異議について

四b　一の法律によって第二八条の自治権が侵害されたことを理由とする、市町村及び市町村連合の憲法異議について。ただし、ラントの法律が問題となる場合は、ラントの憲法裁判所に異議を申し立てることができない場合に限られる

五　その他この基本法が予定する案件について

② 連邦憲法裁判所は、さらに、連邦参議院、ラント政府又はラント議会の申立てにより、第七二条第四項の場合において連邦法律上の定めにつき第七二条第二項による必要性がもはや存在しないかどうか、又は、第一二五a条第二項第一文の場合において連邦法を公布することがもはや不可能かどうかについて、裁判を行う。その必要性が存在しない、又は連邦がもはや公布できないことが確定されれば、第七二条第四項又は第一二五a条第二項第二文による連邦法律は変更される。第一文による申立てが許容されるのは、第七二条第四項又は第一二五a条第二項第二文による法律案が連邦議会において否決され、又は、これにつき一年以内に審議され又は議決されなかった場合、若しくはこれに相応する法律案が連邦参議院において否決された場合、に限られる。

③ さらに連邦憲法裁判所は、その他連邦法律によって指定されている場合にも、活動する。

第九四条〔連邦憲法裁判所の構成〕 ① 連邦憲法裁判所は、連邦裁判官及びその他の構成員で構成される。連邦憲法裁判所の構成員は、それぞれ半数ずつ連邦議会及び連邦参議院によって選出される。構成員は、連邦議会、連邦参議院、連邦政府のいずれにも、またこれらに相当するラントの諸機関にも、所属することは許されない。

② 連邦法律は、連邦憲法裁判所の機構及び手続を定めるとともに、同裁判所の決定がいかなる場合に法律ランクの効力を有するかについても規定をおく。連邦法律は、憲法異議に際して、裁判で争う方途をあらかじめすべて試みていることを中立ての前提条件とするとともに、特別の受理手続を定めることができる。

第九五条〔連邦裁判所〕 ① 通常裁判権、行政裁判権、財政裁判権、労働裁判権及び社会裁判権の諸分野について、連邦は、最高裁判所として、連邦通常裁判所、連邦行政裁判所、連邦財政裁判所、連邦労働裁判所及び連邦社会裁判所を設置する。

② これらの裁判所の裁判官の任命は、それぞれの専門分野を所管する連邦大臣が、それぞれの専門分野を所管するラントの大臣及び連邦議会によって選出されこれらと同数の委員で構成される裁判官選出委員会と協働して、決定する。

③ 裁判の統一性を維持するために、第一項に掲げる裁判所の一の合同法廷を設置するものとする。詳細は、連邦法律が、これを定める。

第九六条〔それ以外の連邦裁判所〕 ① 連邦は、営業上の権利保護のために、連邦裁判所を設置することができる。

② 連邦は、軍隊に対する軍刑事裁判所を連邦裁判所として設置することができる。軍刑事裁判所は、防衛出動事態においてのみ、及び、海外に派遣され又は軍艦に乗船さ

せられている軍隊の所属者についてのみ、刑事裁判権を行使することができる。詳細は、連邦法律が、これを定める。これらの裁判所は、連邦法務大臣が分掌する。そこにおける専任裁判官は、裁判官職に就任する資格を有していなければならない。

③ 第一項及び第二項に掲げた裁判所にとっての最高裁判所は、連邦通常裁判所である。

④ 連邦は、連邦に対して公法上の勤務関係を結ぶ者に対して、懲戒手続及び苦情処理手続に関連する決定を行うための連邦裁判所を設置することができる。

⑤ 次の分野の刑事手続については、連邦参議院の同意を得た一の連邦法律で、ラントの裁判所が連邦の裁判権を行使する旨を規定することができる。

一 大量殺戮

二 人道に対する国際刑法上の犯罪

三 戦争犯罪

四 諸国民の平和的共存を妨げる目的に適合的で、かつそのような意図をもってなされるその他の行為

五 国家体制保護

第九七条〔裁判官の独立〕 ① 裁判官は独立であり、法律にのみ従う。

② 専任でかつ正規の定員として終局的に任用された裁判官は、裁判官の裁判によって

のみ、かつ、法律の特定する理由及び方式においてのみ、その意に反して、任期満了以前に罷免し、又は、継続的若しくは一時的に停職させ、又は、転職若しくは退職させることができる。立法により定年を確定し、終身任用の裁判官は、その年齢に達した時に退職するものと定めることができる。裁判所の組織又は管轄区域を変更する場合には、裁判官を他の裁判所へ転任させ、又は退職させることができるが、俸給の全額が支払われることが条件である。

第九八条〔裁判官の法的地位〕　① 連邦裁判官の法的地位は、特別の連邦法律がこれを定める。

② 連邦裁判官が、職務上又は職務外において、基本法の諸原則又はラントの合憲的秩序に違反したときは、連邦憲法裁判所は、連邦議会の申立てに基づき、三分の二の多数をもって、その裁判官が転職させられ、又は退職させられるべきことを、命ずることができる。故意による違反の事案では、罷免を宣告することができる。

③ ラントにおける裁判官の法的地位は、第七四条第一項第二七号に特段の定めがない限り、特別のラント法律によってこれを定める。

④ ラントは、ラントの裁判官の任用について、ラントの法務大臣が裁判官選出委員会と共同で決定する旨を規定することができる。

⑤　ラントは、ラントの裁判官について、第二項に相当する定めをおくことができる。現行のラント憲法は、この点で影響を受けない。裁判官弾劾に関する決定は、連邦憲法裁判所の権限に属する。

第九九条〔ラント法に基づく連邦裁判所の管轄〕　ラントの法律によって、一のラント内の憲法紛争の決定を連邦憲法裁判所に行わせ、又、ラント法の適用が問題となっている事件における決定を、終審として、第九五条第一項に掲げる最高裁判所に、行わせることができる。

第一〇〇条〔規範統制〕　①　裁判所が、決定に際してある法律の効力が問題になっている事案で、その法律が違憲であると思料するときは、その手続を中止し、かつ、あるラントの憲法に対する違反が問題になっているときには憲法上の紛争について管轄を有するラント裁判所の決定を、又、この基本法に対する違反が問題になっているときは連邦憲法裁判所の決定を、求めるものとする。このことは、ラント法による基本法違反、又はラント法律と連邦法律の不一致が問題になっている事案においても、同様である。

②　一の法的争訟において、国際法上の原則が連邦法の構成部分であるかどうか、及びそれが個々人に対して直接に権利義務を生ぜしめるもの（第二五条）であるかどうかに

ついて疑義があるときは、裁判所は連邦憲法裁判所の決定を求めるものとする。

③　ラントの憲法裁判所が、基本法の解釈に際し、連邦憲法裁判所又は他のラントの憲法裁判所の決定と見解を異にしているときは、連邦憲法裁判所の決定を求めなければならない。

第一〇一条〔例外裁判所の禁止〕　①　例外裁判所は、許されない。何人も、法律の定める裁判官を、奪われない。

②　特別の専門分野についての裁判所は、法律によってのみ設置することができる。

第一〇二条〔死刑廃止〕　死刑は、廃止されているものとする。

第一〇三条〔法的聴問、可罰性〕　①　裁判所の前では、何人も、法的聴問を請求する権利を有する。

②　ある行為がなされる以前にその可罰性が法律によって明定されていた場合にのみ、その行為を罰することができる。

③　何人も、一般刑法上の根拠に基づいて、同一の行為につき重ねて処罰されてはならない。

第一〇四条〔自由の制限と剝奪〕　①　人身の自由は、正式の法律上の根拠に基づいてのみ、かつ、その法律に規定されている方式を遵守してのみ、制限することができる。抑留されている者は、精神的にも身体的にも虐待されてはならない。

② 自由剝奪の許容及びその継続については、裁判官のみが決定するものとする。裁判官の命令に基づかないすべての自由剝奪の場合には、遅滞なく裁判官の決定がなされるものとする。何人に対しても、警察が、逮捕した日の翌日一杯を超えて、独断において署内に留置することは、許されない。詳細は、法律により、これを定めるものとする。

③ 何人も、可罰的行為の嫌疑のゆえに一時的に逮捕された場合、遅くとも逮捕された日の翌日には、裁判官の面前に引致されるものとし、その際、裁判官は、逮捕の理由を告げ、尋問し、及び異議申立ての機会を与えなければならない。裁判官は、遅滞なく、理由を付記した書面による勾留命令を発するか、又は釈放を命じなければならない。

④ 自由剝奪の命令又は継続についての裁判官のすべての決定は、遅滞なく、被抑留者の親族又はその信頼すべき者に、これを通知するものとする。

一〇 財政制度

第一〇四a条〔経費負担、財政援助、責任〕　①　連邦及びラントは、この基本法に特別の定めのある場合を除き、その任務の遂行から生ずる経費を、別々に負担する。

②　ラントが連邦の委託によって行動するときは、それによって生ずる経費は連邦が負担する。

③　金銭給付を伴い、かつラントによって施行された連邦法律は、その金銭給付の全部又は一部を連邦が負担する旨を定めることができる。連邦がその経費の半分又はそれ以上を負担する旨を法律が定めるときは、その法律は連邦の委託によって執行される。

④　第三者に対し金銭給付、金銭的価値のある現物給付又はそれに匹敵する役務給付をなすよう、ラントを義務付けるとともに、固有事務として又は第三項第二文に従い連邦の委託によって、ラントがこれを施行するところの連邦法律は、そこから生ずる支出がラントによって負担されることとなる場合には、連邦参議院の同意を必要とする。

⑤　連邦及びラントは、その官庁において生ずる行政経費を負担し、かつ、秩序に適合的な行政については、相互に責任を負う。詳細は、連邦参議院の同意を必要とする連邦法律が、これを定める。

⑥　連邦及びラントは、国内における権限及び任務の分担に従って、超国家的又は国際法的な義務違反に対するドイツの負担を分担する。欧州連合の財政修正が諸ラントに及ぶ場合は、連邦とラントはこの負担を一五対八五の割合で分担する。第二文の場合においては、全負担の三五パーセントを、一般基準に従って、ラント全体が連帯して担うことになるが、負担の原因を作ったラントは、得られた資金額に応じて、全負担の五〇パーセントを担うものとする。詳細は、連邦参議院の同意を必要とする連邦法律が、これを定める。

第一〇四b条〔**連邦による財政援助**〕　① この基本法が連邦に立法権限を付与している限りにおいて、連邦は、ラント及び市町村(市町村連合)の、

一　経済全体の均衡が乱れるのを防止するために必要な、又は、

二　連邦領土内における経済力の格差を調整するために必要な、又は、

三　経済成長を促進するために必要な、

特別に重要な投資のために、ラントに対する財政援助を行うことができる。激甚自然災害の事例、若しくは国家の監査能力を超え国家の財政状況を著しく損なう想定外の緊急事態の事例では、連邦は、第一文にもかかわらず、立法権限を有しない場合でも財政支援を行うことができる。

②　詳細、特に援助の対象となる投資の種類についての細則は、連邦参議院の同意を必要とする連邦法律で、又は連邦予算法律に基づく行政協定で、これを定める。この資金は時限的に与えるものとし、その利用はこれを定期的に審査するものとする。財政援助は、時の経過とともに年額が低下するように、これを構築するものとする。

③　連邦議会、連邦政府及び連邦参議院に対しては、要求に応じて、措置の遂行及び達成された改善につき、情報提供が行われるものとする。

第一〇五条〔立法管轄〕　①　連邦は、関税及び財政専売について、専属的立法権を有する。

②　連邦は、その他の税収の全部又は一部が連邦に帰属する場合、又は、第七二条第二項の前提を充たす場合には、これらの租税について、競合的立法権を有する。

②a　ラントは、地域的な消費税及び奢侈税が連邦法律で定められた税と同種のものでない間、又その限りにおいて、これらの租税について立法を行う権限を有する。ラントは、不動産取得税の税率を定める権限を有する。

③　税収の全部又は一部がラント又は市町村（市町村連合）に入る租税に関する連邦法律には、連邦参議院の同意を必要とする。

第一〇六条〔財政高権、財政交付金〕　①　財政専売の収益及び次の各号に掲げる租税の収入は、連邦に帰属する。

一　関税
二　消費税。ただし、第二項によってラントに、第三項によって連邦及びラントに共通して、又は第六項によって市町村に、それぞれ帰属しない限りにおいて
三　道路貨物運送税、自動車税及びその他原動機付き交通手段に係る流通税
四　資本取引税、保険税及び手形税
五　一回的な財産課税、及び負担調整を実施するために徴収される調整課税
六　所得税及び法人税に対する付加税
七　欧州共同体内での課税

②　次の各号に掲げる租税の収入は、ラントに帰属する。
一　財産税
二　相続税
三　流通税。ただし、第一項によって連邦に、又は第三項によって連邦及びラントに共通して、それぞれ帰属しない限りにおいて
四　ビール税
五　カジノ税

③　所得税、法人税及び売上税は、所得税の収入が第五項によって、及び、売上税の収

入が第五a項によって、市町村に配分されない限りにおいて、連邦とラントに共通して帰属する（共同税）。連邦及びラントは、所得税及び法人税の収入を、各々半分ずつ取得する。売上税に対する連邦及びラントの取得分は、連邦参議院の同意を必要とする連邦法律で、これを確定する。確定にあたっては、次の各号に掲げる諸原則を踏まえるものとする。

一　経常収入の範囲内で、連邦及びラントは、ひとしく、その必要経費の補塡を求める請求権を有する。その際、経費の範囲は、多年にわたる財政計画に配慮しつつ、算出されるものとする。

二　連邦及びラントによる経費補塡の要求については、衡平な調整が実現し、納税義務者の過重負担は回避され、かつ連邦領土における生活関係の一体性が保持されるように、相互に調和させるものとする。

一九九六年一月以降に、子どもを考慮して所得税法上発生するラントの税収減は、売上税に対する取得分の連邦・ラント間での確定に際して、付加的に算入される。詳細は、第三文による連邦法律が、これを規定する。

④　売上税に対する連邦及びラントの取得分は、連邦及びラントの収支関係が著しく変動したときは、あらためて確定されるものとするが、その際、第三項第五文によって

売上税の取得分の確定において付加的に算入される税収減は、引き続き配慮しないままとする。連邦法律によってラントに対し付加的経費が課され、又はラントから収入が取り上げられる場合には、超過負担は、それが短期間に限定されているときには、連邦参議院の同意を必要とする連邦法律により、連邦の財政交付金をもって調整することもできる。この法律は、この財政交付金の算定及びそのラントへの配分に関する原則を定めるものとする。

⑤ 市町村は、所得税収入につき、その市町村住民の所得税納付の基礎資料に基づいてラントが市町村に分与すべき分を、取得する。詳細は、連邦参議院の同意を必要とする連邦法律が、これを規定する。この法律は、市町村が市町村取得分に対する税率を確定する旨を、定めることができる。

⑤a 市町村は、一九九八年一月一日以降は、売上税収入に対する取り分を取得する。この取得分は、場所及び経済に関連する基準率に基づいて、諸ラントからその市町村に分与される。詳細は、連邦参議院の同意を必要とする連邦法律で、これを規定する。

⑥ 不動産税及び営業税の収入は、市町村に帰属し、地域的消費税・奢侈税の収入は、市町村に、又はラント立法の基準に従って市町村連合に帰属する。市町村は、法律の範囲内において不動産税及び営業税の税率を確定する権利が与えられるものとする。

ラント内に市町村が存在しないときは、不動産税及び営業税並びに地域的消費税・奢《しゃ》侈《し》税の収入はラントに帰属する。連邦及びラントは、納付金により、営業税の収入にあずかることができる。納付金に関する詳細は、連邦参議院の同意を必要とする連邦法律が、これを定める。ラント立法の基準に従って、不動産税及び営業税、並びに所得税及び売上税の収入に対する市町村の取得分を、納付金に関する算定の基礎資料とすることができる。

⑦　共同税の全収入に対するラントの取得分のうち、市町村及び市町村連合に対し、全体で、ラント立法によって定められる百分率が与えられる。その他、ラント立法は、ラント税の収入が市町村（市町村連合）に分配されるかどうか、又それはどの程度かについて定める。

⑧　連邦が、個々のラント又は市町村（市町村連合）において、これらのラント又は市町村（市町村連合）に支出増又は収入減（特別負担）の直接の原因となるような特別の施設を誘致するときは、連邦は、ラント又は市町村（市町村連合）にその特別負担をかけることを要求できない場合、その限りでの必要な調整を行う。第三者による補償給付、及び当該施設の結果としてこれらのラント又は市町村（市町村連合）に生ずる財政上の収益は、調整に際して考慮される。

⑨　市町村（市町村連合）の収入及び支出も、本条の意味におけるラントの収入及び支出とみなされる。

第一〇六a条〔近距離旅客交通に対するラントの取得分〕　公共の近距離旅客輸送に関して、連邦の税収の一定価額は、一九九六年一月一日以降、ラントに帰属する。詳細は、連邦参議院の同意を必要とする連邦法律が、これを定める。第一文による税収は、第一〇七条第二項による財政力の評価に際しては考慮しない。

第一〇六b条〔自動車税のための調整〕　自動車税が連邦に委譲されるため、連邦の税収の一定価額は、二〇〇九年七月一日以降、ラントに帰属する。詳細は、連邦参議院の同意を必要とする連邦法律が、これを定める。

第一〇七条〔地域的収入、ラント間の財政調整、連邦補充交付金〕　①　ラント税の収入並びに所得税及び法人税の収入に対するラントの取得分は、租税が税務官庁によってラントの領土内で収受される限度で、各ラントに帰属する（地域的収入）。法人税及び給与所得税については、連邦参議院の同意を必要とする連邦法律で、地域的収入の限度並びに配分の方法及び範囲に関する詳細の規定をおくものとする。この法律は、その他の租税の地域的収入の限度及び配分についても、定めることができる。売上税の収入に対するラントの取得分は人口数に応じて各ラントに帰属するものの、ラントの取得分の一部を、その四分の一を上限として、ラント税の収入並びに所得税及び法人税の収入並びに第一〇六b条による収入の、住民一人当たりの額が平均を下回るラントに対し、補充取得分として補填することを、連邦参議院の同意を必要とする連邦法律で、予め定めることができるが、不動産取得税については租税調達力に配慮するものとする。

② 法律は、ラントの財政力の格差が適正に調整されるよう確保しなければならず、その際、市町村（市町村連合）の財政力及び財政需要を考慮するものとする。財政調整を求める権利を有するラントの調整請求権及びこれに応じる義務を有するラントの調整義務の成立要件、並びに調整給付額の基準は、法律でこれを定めるものとする。連邦が、その資金から、給付能力の弱いラントに対し、その一般的財政需要を補充するための交付金（補充交付金）を与える旨を、法律で定めることもできる。

第一〇八条〔財務行政、財政裁判所〕 ① 関税、財政専売、連邦法律で定められた輸入売上税を含む消費税、二〇〇九年七月一日以降は自動車税及びその他原動機付き交通手段に係る流通税、並びに欧州共同体の枠内での公課は、連邦税務官庁がこれを管理する。連邦税務官庁の組織は、連邦法律で、これを定める。中級官庁が設置されている限りにおいて、その長は、ラント政府と協議してこれを任命する。

② その他の租税は、ラント税務官庁によって管理される。ラント税務官庁の組織及び公務員の統一的養成は、連邦参議院の同意を必要とする連邦法律によって、これを定めることができる。中級官庁が設置されている限りにおいて、その長は、連邦政府と協議して、これを任命する。

③ ラント税務官庁が、全部又は一部が連邦の収入となる租税を管理するときは、ラント税務官庁は、連邦の委託を受けて活動する。第八五条第三項及び第四項は、連邦政府を連邦財務大臣と読み替えて、これを適用する。

④ 租税法律の執行が著しく改善又は簡易化される場合及びその限りにおいて、連邦参議院の同意を必要とする連邦法律により、租税を連邦税務官庁とラント税務官庁が共同で管理すること、並びに第一項に定める租税をラント税務官庁が管理する旨、及びその他の租税を連邦税務官庁が管理する旨を定めることができる。市町村(市町村連合)のみの収入となる租税について、ラントは、ラント税務官庁に属する管理の全部又は一部を市町村(市町村連合)に委託することができる。

⑤ 連邦税務官庁によって適用される手続は、連邦法律で定める。ラント税務官庁によって適用される手続及び第四項第二文の場合の市町村(市町村連合)によって適用される手続は、連邦参議院の同意を必要とする連邦法律で、これを定めることができる。

⑥　財政裁判権は、連邦法律によって統一的に定める。

⑦　連邦政府は、一般的行政規則を発布することができるが、ただし、ラント税務官庁又は市町村(市町村連合)が管理の義務を負う場合は、連邦参議院の同意を必要とする。

第一〇九条〔連邦及びラントの財政運営〕　①　連邦と諸ラントは、財政運営において自立し、相互に依存しない。

②　連邦及びラントは、欧州共同体設立条約第一〇四条に基づく欧州共同体の財政規律維持のための法的行為によって課せられた、ドイツ連邦共和国の義務を協力して遂行するとともに、この枠内において、経済全体の均衡の要請を考慮する。

③　連邦及びラントの予算は、原則として信用調達からの収入によることなく、収支を均衡させなければならない。連邦及びラントは、通常の状態から逸脱した景気動向の影響を、好況及び不況いずれの場合においても均等に考慮に入れるため、並びに激甚自然災害又は国家の監査能力を超え国家の財政状況を著しく毀損する想定外の非常事態の場合のために、予め特例規定を設けておくことができる。特例規定には、これに対応する弁済規定を、予め設けるものとする。連邦予算につき詳細な内容構成は、第一一五条が、これを定めるが、信用調達からの収入が名目国内総生産の一〇〇分の〇・三五を超えない限り、本条第一文に相当する基準に適合するものとする。ラント

予算につき詳細な内容構成は、各ラントが憲法上の権限の枠内で定めるが、本条第一文の基準に適合するのは、信用調達からの収入が一切認められていない場合に限られる。

④ 連邦参議院の同意を必要とする連邦法律により、連邦は、財政法、景気に即応した財政運営及び複数年度にわたる財政計画のための、連邦及びラントに共通して妥当する原則を、策定することができる。

⑤ 欧州共同体設立条約第一〇四条の諸規定に関して行われる、財政規律維持のための欧州共同体の制裁措置は、連邦及びラントが六五対三五の比率でこれを負担するものとする。ラントに基づく欧州共同体の法律行為から生ずる、予算規律遵守のための連邦共和国の義務は、連邦とラントが共同して履行するものとする。欧州共同体の制裁措置は、連邦とラントが六五対三五の割合で負担する。ラントに割り当てられる負担の一〇〇分の三五は、ラントの住民数に応じ、ラント全体が連帯して負担し、ラントに割り当てられる負担の一〇〇分の六五は、負担原因への寄与度に応じて、各々のラントが負担する。詳細は、連邦参議院の同意を必要とする連邦法律が、これを定める。

第一〇九a条〔財政非常事態の回避、財政安定化評議会〕 財政非常事態を回避するために、連邦参議院の同意を必要とする連邦法律は、次の各号に掲げる事項につき定めをおく。

一　共通の協議会（財政安定化評議会）を通じた、連邦及びラントによる財政運営の継続的な監視
二　財政非常事態の逼迫を確認するための前提及び手続
三　財政非常事態の回避に向けて財政再建計画を策定及び実施するための原則
財政安定化評議会の決議やその基礎となる審議状況については、公表されなくてはならない。

第一一〇条〔予算〕　①　連邦のすべての歳入及び歳出は、予算に計上するものとし、連邦企業及び特別財産については、繰入れ又は引出しのみの計上をもって足りるものとする。予算は、歳入及び歳出を均衡させるものとする。

②　予算は、一会計年度又は複数の会計年度につき、各年度ごとに、最初の会計年度が始まる前に、予算法律でこれを確定する。予算法律は、予算案が部分によっては、会計年度ごとに異なる期間執行されることを、予め定めることができる。

③　第二項第一文による法律案、並びに、予算法律の改正案及び予算の修正案は、連邦参議院に送付するのと同時に連邦議会に提出され、連邦参議院は、六週間以内に、又、修正案については三週間以内に、その提出案に対する態度を決定する権限を有する。

④　予算法律には、連邦の歳入及び歳出、並びに、当該予算法律の時限に関する規定の

みをおくことができる。予算法律は、次の予算法律の公布をまって初めて、又は、第一一五条による授権があるときはこれより遅い時点で、効力を失うことを定めることができる。

第一一一条〔緊急支出〕 ①　会計年度の終了までに、次年度の予算が法律によって確定されないときは、連邦政府は、当該法律が効力を発生するまで、次の目的のために必要な一切の支出を行う権限を有する。

ア　法律に基づく施設を維持し、及び法律で定められた措置を実施すること

イ　連邦の法的根拠を有する義務を履行すること

ウ　前年度の予算によってすでに承認を得た金額の範囲内で、建築、調達及びその他の給付を継続し、又はこれらの目的に対して補助を継続すること

②　特別の法律に基づく租税、公課その他の財源からの収入、又は事業経営資金積立金が、第一項の支出を充足できないときに限り、連邦政府は、財政運営に必要な資金を、前年度予算の最終総額の四分の一を上限として、起債の方法によって調達することができる。

第一一二条〔予算超過〕　予算の超過支出及び予算外支出は、連邦財政大臣の同意を必要とする。この同意は、予見不可能かつ不可避の必要性がある場合に限り許される。詳細

は、連邦法律で、これを定めることができる。

第一一三条〔支出増額法律と収入減少法律〕　①　連邦政府が提案した予算の支出を増額し、又は新たな支出を含み若しくは将来新たな支出を生じさせる法律は、連邦政府の同意を必要とする。収入の減額を含み又は将来減額を生じさせる法律についても同様とする。連邦政府は、連邦議会がこのような法律について議決することを中止するように要求することができる。この場合、連邦政府は、六週間以内に、連邦議会に態度決定を送付しなければならない。

②　連邦政府は、連邦議会が法律を議決した後四週間以内に、連邦議会が議決し直すことを要求することができる。

③　法律が第七八条によって成立した場合は、連邦政府は、六週間以内に、かつ事前に第一項第三文及び第四文又は第二項による手続をとっていたときに限り、同意を拒否することができる。この期間の経過後は、同意は与えられたものとみなす。

第一一四条〔会計監査、免責〕　①　連邦財政大臣は、連邦政府の責任を免除するために、すべての歳入及び歳出並びに資産及び負債についての決算書を、翌会計年度中に連邦議会及び連邦参議院に提出しなければならない。

②　連邦会計検査院は、その構成員が裁判官的独立性を有し、決算、並びに予算執行及

び財政運営の経済性及び秩序適合性を審査する。連邦会計検査院は、連邦政府のほか、毎年直接に、連邦議会及び連邦参議院に報告しなければならない。連邦会計検査院の権限に関するその他の事項は、連邦法律でこれを定める。

第一一五条〔信用調達、担保引受〕 ① 将来の会計年度における支出をもたらす可能性のある信用調達、並びに人的及び物的保証その他の保証の引受けは、その価額が特定されるか又は特定され得るような、連邦法律による授権を必要とする。起債による収入は、予算中に見積られている投資支出の総額を超えてはならず、ただし、経済全体の均衡を乱すことを防止するためのものは、その例外とする。詳細は、連邦法律で、これを定める。

② 収入及び支出は、原則として信用調達からの収入によることなく、均衡させなくてはならない。この原則に適合するといえるのは、名目国内総生産との比率が一〇〇分の〇・三五を超えない場合である。加えて、通常の状態から逸脱して景気が推移する場合、その財政への影響は、好況及び不況いずれの場合においても均等に考慮されなくてはならない。本項第一文から第三文までの原則によって認められる信用調達の上限を、債務負担行為が事実において逸脱した場合、それは要監査項目として勘定科目上に記録され、名目国内総生産との比率が一〇〇分の一・五の限界値を超える負担に

ついては、景気の状況に応じて解消しなければならない。詳細、特に金融取引に関する収支決済、並びに景気動向を考慮しつつ会計基準に基づき年度ごとに行われる実質債務残高の上限規制の手続、通常の限度から事実において逸脱した債務負担行為の監査及び財政調整についての細則は、連邦法律が、これを定める。激甚自然災害若しくは国家の監査能力を超え国家の財政状況を著しく毀損する想定外の非常事態の場合、かかる信用調達の上限は、連邦議会議員の過半数の議決に基づき、超過することができる。当該議決には、弁済計画が伴わなくてはならない。本条第六文によって負担された債務の償還は、相当の期間内に行わなくてはならない。

一〇a　防衛出動事態

第一一五a条〔防衛出動事態とその確定〕　①　連邦領土が武力によって攻撃され、又はかかる攻撃の直接の脅威が存することの確定（防衛出動事態）は、連邦議会が、連邦参議院の同意を得て、これを行う。この確定は、連邦政府の申立てにより行われ、その際、投票数の三分の二の多数で、かつ、少なくとも連邦議会議員数の過半数を必要とする。

②　事態が即時の行動を不可避的に要求する状況で、かつ、連邦議会が適時に集会する

には克服し難い障害があり、又は連邦議会が議決不能のときは、合同委員会が、投票数の三分の二の多数で、かつ、少なくとも委員数の過半数をもって、この確定を行う。

③ 確定は、連邦大統領により、第八二条に従って連邦官報で、公布される。これが適時に可能でないときは、他の方法によって公布されるが、事態がそれを許すに至ったときには、速やかに連邦官報で追完しなければならない。

④ 連邦領土が武力によって攻撃され、かつ、権限を有する連邦機関が第一項第一文による確定を即時に行うことができる状況にないときは、この確定は行われたものとみなされ、かつ、攻撃が開始された時点で公布されたものとみなされる。連邦大統領は、事態がそれを許すに至ったときには、速やかにその時点を周知せしめる。

⑤ 防衛出動事態の確定が公布され、かつ連邦領土が武力で攻撃されたとき連邦大統領は、連邦議会の同意を得て、防衛出動事態の存在についての国際法上の宣言を発することができる。第二項の前提を充たす場合は、合同委員会が、連邦議会に代わるものとする。

第一一五b条〔命令権の移行〕 防衛出動事態の公布とともに、軍隊に対する指揮命令権は、連邦宰相に移行する。

第一一五c条〔立法及び行政権限、財政制度〕 ① 連邦は、防衛出動事態に対しては、ラントの立法管轄に属する分野においても、競合的立法権を有する。これらの法律は、連邦参議院の同意を必要とする。

② 防衛出動事態の間、事態が必要とする限りにおいて、連邦は、連邦法律により、防衛出動事態に対して、

一　公用収用の際には、第一四条第三項第二文にはよらずに、補償につき暫定的な定めをおくことができる。

二　自由の剝奪について、裁判官が平時に適用される期間内に活動することができなかった場合のために、第一〇四条第二項第三文及び第三項第一文とは異なる期間を、しかし四日間を上限として、定めることができる。

③ 連邦は、防衛出動事態において、現在の又は直前に差し迫っている攻撃を防御するために必要な限りで、連邦参議院の同意を必要とする連邦法律により、連邦及びラントの行政及び財政制度について、第八章、第八a章及び第一〇章とは異なる定めをおくことができるが、この場合、ラント、市町村及び市町村連合の生活能力を、特に財政的な観点からも、維持するものとする。

④ 第一項及び第二項第一号による連邦法律は、その執行の準備のためには、防衛出動事態の発生前の時点において、すでに適用することが許される。

第一一五d条〔防衛出動事態における立法手続〕 ① 連邦の立法に関して、防衛出動事態においては、第七六条第二項、第七七条第一項第二文及び第二項ないし第四項、第七八条並びに第八二条第一項によらずに、同条第二項及び第三項の規定を適用する。

② 至急と表示された連邦政府の法律案は、連邦議会に提出されるのと同時に連邦参議院にこれを送付するものとする。連邦議会と連邦参議院は、遅滞なく、法律案を合同で審議する。法律が連邦参議院の同意を必要とする限り、その法律の成立には、その投票の過半数による同意を必要とする。詳細は、連邦議会で議決されかつ連邦参議院の同意を必要とする議事規則が、これを定める。

③ 法律の公布については、第一一五a条第三項第二文を準用する。

第一一五e条〔連邦議会及び連邦参議院の代行機関〕 ① 合同委員会が、防衛出動事態において、投票数の三分の二の多数、少なくとも委員数の過半数により、連邦議会の適時の集会に克服し難い障害があり、又は連邦議会が議決不能であることを確定したときは、合同委員会は、連邦議会及び連邦参議院の地位を有し、かつ、その諸権利を一体として行使する。

② 合同委員会による法律によって基本法を改正し、基本法の全部若しくは一部を失効させ、又はその適用を停止することは、許されない。第二三条第一項第二文、第二四

条第一項及び第二九条による法律を発布する権限については、合同委員会は、これを有しない。

第一一五f条〔連邦政府の権限拡大〕　①　連邦政府は、防衛出動事態において、事態がそれを必要とする限りで、

一　連邦国境警備隊を連邦の全領土に出動させることができる。

二　連邦行政の他、ラント政府に対して、さらに、連邦政府が緊急と認めるときはラントの諸官庁に対しても、指示を与え、かつ、この権限を、連邦政府によって指定されるラント政府の構成員に委譲することができる。

②　連邦議会、連邦参議院及び合同委員会は、第一項によってとられた措置につき、遅滞なく報告を受けるものとする。

第一一五g条〔連邦憲法裁判所の存続と作用〕　連邦憲法裁判所及びその裁判官の憲法上の地位、又は憲法上の任務の遂行は、これを侵害してはならない。連邦憲法裁判所法を合同委員会の法律によって改正することが許されるのは、それが、連邦憲法裁判所の見解によっても、連邦憲法裁判所の作用能力の維持のために必要である、とされる場合に限られる。連邦憲法裁判所は、かかる法律が発布されるまで、裁判所の活動能力の維持のために必要な措置をとることができる。連邦憲法裁判所は、出席裁判官の過半

数をもって、第二文及び第三文による決定を行う。

第一一五h条〔被選期及び任期の延長〕 ① 防衛出動事態中に満了する連邦議会又はラント議会の被選期は、防衛出動事態の終了後、六カ月で終了する。防衛出動事態中に満了する連邦大統領の任期、及び、その職務が任期満了前に終了した場合の連邦参議院議長による職務の代行は、防衛出動事態の終了後、九カ月で終了する。防衛出動事態中に満了する連邦憲法裁判所の構成員の任期は、防衛出動事態終了後、六カ月で終了する。

② 合同委員会が連邦宰相を新たに選出する必要が生じたときは、合同委員会は、その委員数の過半数をもって新たな連邦宰相を選出するものとし、この場合は、連邦大統領が、合同委員会に提案を行う。合同委員会は、委員数の三分の二の多数で後任を選出することによってのみ、連邦宰相に対し不信任を表明することができる。

③ 防衛出動事態の継続中は、連邦議会の解散はこれを行わない。

第一一五i条〔ラント政府の特別権限〕 ① 管轄を有する連邦機関が、危険を防止するための必要な措置をとることができず、かつ、状況が不可避的に要求するところにより、連邦領土の個別部分において即時の自主的行動が求められるときは、ラント政府又はラント政府の指定する官庁若しくは専門員が、その管轄区域において、第一一五f条第一項の意味での措置をとる権限を有する。

② 第一項による措置は、連邦政府により、ラント官庁及び連邦下級官庁との関係ではラントの総理大臣によっても、何時でも廃止することができる。

第一一五k条〔規範の通用性〕 ① 第一一五c条、第一一五e条及び第一一五g条による法律、並びにこれらの法律の根拠に基づいて発布された法規命令は、それらが適用されている期間中は、これに反する法の適用を排除する。第一一五c条、第一一五e条及び第一一五g条の根拠に基づいて、従前に発布された法律については、この限りでない。

② 合同委員会が議決した法律及びこれらの法律に基づいて発布された法規命令は、防衛出動事態の終了後、遅くとも六カ月後には失効する。

③ 第九一a条、第九一b条、第一〇四a条、第一〇六条及び第一〇七条とは異なる定めを含む法律は、遅くとも、防衛出動事態の終了に引き続く二度目の会計年度の年度末までしか、通用しない。かかる法律は、防衛出動事態の終了後、連邦参議院の同意を得た連邦法律によって改正され、第八a章及び第一〇章に基づく規定に移行させることができる。

第一一五l条〔合同委員会による法律の廃止、防衛出動事態の終了〕 ① 連邦議会は、何時でも、連邦参議院の同意を得て、合同委員会の法律を廃止することができる。連邦参議院は、連邦議会がこのことにつき議決を行うように、要求することができる。合同委員会又は連邦政府が危険防止のためにとったその他の措置は、連邦議会及び連邦参議院による廃止のための議決が行われた場合には、廃止しなければならない。

② 連邦議会は、何時でも、連邦参議院の同意を得て、連邦大統領が公布すべき議決により、防衛出動事態の終了を宣言することができる。連邦参議院は、連邦議会がこのことにつき議決を行うように、要求することができる。防衛出動事態は、これを確定する前提がもはや失われたときは、遅滞なく、その終了を宣言しなければならない。

③ 講和条約の締結については、連邦法律でこれを決定する。

一一　経過規定及び終末規定

第一一六条〔ドイツ国籍〕 ① この基本法の意味でのドイツ人とは、法律に特別の定めのある場合を除き、ドイツ国籍を有している者、又は、ドイツ民族に属する引揚者若しくは難民として、若しくは、その配偶者若しくは卑属として、一九三七年一二月三一日時点でのドイツ国領土に受け容れられていた者をいう。

② 従前のドイツ国籍保有者で、一九三三年一月三〇日から一九四五年五月八日までの間、政治的、民族的又は宗教的な理由により、ドイツ国籍を剥奪されていた者、及びその卑属は、申立てにより、再び国籍を回復するものとする。これらの者は、一九四五年五月八日以降住所をドイツにおき、かつ反対の意思を表明してこなかった限り、国籍を喪失しなかったものとみなす。

第一一七条〔第三条第二項及び第一一条に関する経過規定〕 ① 第三条第二項に反する法は、基本法のこの規定に適合するに至るまでの間、効力を維持するが、それは、遅くとも一九五三年三月三一日までの間とする。

② 現在の住宅難を考慮して移転の自由を制限する法律は、連邦法律による廃止までの間、効力を維持する。

第一一八条〔南ドイツ地域におけるラントの新編成〕 バーデン、ヴュルテンベルク＝バーデン及びヴュルテンベルク＝ホーエンツォレルンの諸ラントを含む領土の新たな編成は、第二九条の定めにもかかわらず、関係諸ラントの協約によって行うことができる。協約が成立しないときは、新たな編成を連邦法律によって定めるが、そこでは、住民投票が予定されていなければならない。

第一一八a条〔ベルリン、ブランデンブルクの新編成〕 ベルリン及びブランデンブルク両ラントを包括する地域の新たな編成は、第二九条の定めにもかかわらず、有権者の参加して行われる、両ラントの協約によって行うことができる。

第一一九条〔引揚者と難民についての経過措置〕／第一二〇条〔戦後処理負担及び社会保険負担の財政措置〕／第一二〇a条〔負担調整の実施〕 〔省略〕

第一二一条〔多数の概念〕 この基本法の意味における連邦議会及び連邦会議の構成員の多数とは、法律に定める構成員数の多数をいう。

第一二二条〔従前の立法権限の廃止〕 〔省略〕

第一二三条〔前憲法的法の存続〕 ① 連邦議会が集会する前の時代の法は、それがこの基本法と抵触しない限り、引き続き通用する。

② 旧ドイツ国が締結した条約で、この基本法によればラント立法が所管する対象にかかわるものは、それが一般的法原則に照らして有効であり、かつ引き続き通用する場合には、この基本法において権限を有する機関によって新しい条約が締結されるか、又は、元の条約に含まれている規定に基づいて、その他の仕方で条約が効力を失うまでの間、関係当事者のすべての権利及び異議を留保して、なおその効力を有する。

第一二四条〔連邦の専属的立法事項に属する従来の法の存続〕 連邦の専属的立法の対象にかかわる法は、その通用範囲内において、連邦法となる。

第一二五条〔連邦の競合的立法事項に属する従来の法の存続〕　連邦の競合的立法の対象にかかわる法は、

一　一又は二以上の占領地区内において統一的に通用している限り

二　旧ドイツ国の法を一九四五年五月八日より後に改正した法が、問題になっている限り

その通用範囲内において、連邦法となる。

第一二五a条〔実際に公布されたが、その後の憲法改正のために今後はそのようではありえない連邦法の存続〕／第一二五b条〔憲法改正前に、別段の定めを許容した旧規定に基づき制定された連邦法の存続〕／第一二五c条〔旧規定に基づき、大学建設、市町村交通の融資及び社会政策的住宅助成のために制定された連邦法の存続〕／第一二六条〔連邦法の存続をめぐる意見対立と連邦憲法裁判所〕／第一二七条〔旧統合経済地区の行政法の存続〕／第一二八条〔ラントに対する指示権の存続〕／第一二九条〔法規命令等の授権規定の存続〕／第一三〇条〔行政及び司法の旧組織についての経過規定〕／第一三一条〔旧公務員の勤務関係〕／第一三二条〔旧公務従事者の処遇〕／第一三三条〔旧統合経済地区の権利承継〕／第一三四条〔旧ドイツ国財産についての経過規定〕／第一三五条〔旧ラントの領土変更又は解消に伴う財産の移転〕　〔省略〕

第一三五a条〔旧債務の履行〕　①　連邦は、第一三四条第四項及び第一三五条第五項によ

って留保された連邦の立法によって、次に掲げる債務を履行しない又は完全には履行しない旨を、定めることもできる。

一　旧ドイツ国の債務、並びに旧プロイセン・ラント及びその他のもはや現存しない公法上の社団及び営造物の債務

二　第八九条、第九〇条、第一三四条及び第一三五条による財産価値の移転に関連する、連邦又はその他の公法上の社団及び営造物の債務、並びに、それらの債務で、第一号所掲の権利主体の措置に基づくもの

三　ラント及び市町村(市町村連合)の債務で、一九四五年八月一日以前に、占領軍の命令を実施するために、又は戦争による困窮状態を除去するために、旧ドイツ国に課せられた、又は旧ドイツ国から委譲された行政任務の範囲内で、これらの権利主体がとった措置から生じたもの

②　第一項は、ドイツ民主共和国又はその権利主体の債務、並びに、連邦、ラント及び市町村へのドイツ民主共和国の財産価値の移転に関連する、連邦又はその他の公法上の社団及び営造物の債務、及びドイツ民主共和国又はその権利主体の措置に基づく債務にも、準用する。

第一三六条〔連邦参議院の第一回集会に関する経過規定〕／第一三七条〔旧公務員等の被選挙権の制

限〕／第一三八条〔公証人制度の改正〕／第一三九条〔国民解放規定の存続〕　〔省略〕

第一四〇条〔ワイマール憲法の国家教会法規定の承継〕　一九一九年八月一一日のドイツ国憲法の第一三六条、第一三七条、第一三八条、第一三九条及び第一四一条の規定は、この基本法の構成要素である。*

*　本章末に掲載。

第一四一条〔宗教教育（いわゆるブレーメン条項）〕　第七条第三項第一文は、一九四九年一月一日時点でラント法による特別の定めが存在していたラントにおいては、適用しない。

第一四二条〔ラント憲法における基本権〕　第三一条の規定にもかかわらず、ラント憲法の諸規定も、この基本法の第一条ないし第一八条に一致して基本権を保障している限りで、引き続き効力を有する。

第一四二a条　削除

第一四三条〔ドイツ再統一に伴う経過規定〕　①　統一条約第三条所掲の領土における法が、それぞれ異なる事情のために、基本法の秩序への完全な適合がなお達成され得ないとき、及びその限りにおいて、遅くとも一九九二年一二月三一日までの間、この基本法の諸規定から逸脱することができる。かかる逸脱は、第一九条第二項に違反してはならず、かつ、第七九条第三項所掲の諸原則と合致していなければならない。

② 第二章、第八章、第八a章、第九章、第一〇章及び第一一章からの逸脱は、遅くとも一九九五年一二月三一日までは、許容される。

③ 第一項及び第二項とは別に、統一条約第四一条及びその施行規則も、この条約第三条所掲の領土における所有権への侵害が、もはや原状回復されない旨を定めている限りにおいて、存続する。

第一四三a条〔**連邦鉄道の組織改変**〕 ① 連邦は、連邦固有行政として運営してきた連邦鉄道が、経済的企業に変更されることに伴うすべての事務に関して、専属的立法権を有する。第八七e条第五項の規定は、これを準用する。連邦鉄道の公務員に対しては、法律により、その法的地位を維持しつつ、かつ、雇用当局の責任の下に、私法的に組織される連邦鉄道に服務すべく配属することができる。

② 第一項による法律は、連邦がこれを施行する。

③ 従前の連邦鉄道の、近距離旅客鉄道交通の分野での任務の遂行は、一九九五年一二月三一日までは、連邦の事務である。このことは、これに相当する鉄道交通行政の諸任務についても、同様である。詳細は、連邦参議院の同意を必要とする連邦法律で、これを定める。

第一四三b条〔**連邦郵便の組織改変**〕 ① 特別財産たるドイツ連邦郵便は、連邦法律の基準に従って私法形式の企業に変更される。連邦は、この企業から生じるすべての事務について、専属的立法権を有する。

② この変更以前に存在した連邦の専属的諸権利は、連邦法律によって、過渡期において、ドイツ連邦郵便「郵便局」及びドイツ連邦郵便「電信電話局」に由来する企業に、付与することができる。ドイツ連邦郵便「郵便局」を承継する企業の資本のうち二分の一を越える資本は、連邦が、早ければ法律の発効から五年後には、放棄することが許される。このためには、連邦参議院の同意を得た連邦法律を必要とする。

③ ドイツ連邦郵便に勤務する連邦公務員は、その法的地位を維持しつつ、かつ雇用当局の責任の下に、私企業に勤務する。この企業は、雇用当局としての権限を、行使する。詳細は、連邦法律が、これを定める。

第一四三c条〔連邦の出資地域の廃止に伴う経過規定〕／**第一四三d条**〔一〇九条及び一一五条に関する経過規定、財政再建支援〕〔省略〕／**第一四四条**〔基本法の採択〕／**第一四五条**〔基本法の公布〕〔省略〕

第一四六条〔基本法の失効〕　この基本法は、ドイツの統一と自由の達成後は全ドイツ国民に対して通用するが、ドイツ国民が自由な決断で決議した憲法が施行される日に、その効力を失う。

一九一九年八月一一日のドイツ国《ライヒ》憲法*
〔ワイマール憲法〕

* 以下の条文は、ボン基本法第一四〇条により、現行法として通用している。

第一三六条〔信教の自由〕 ① 一般国民及び国家公民としての権利義務は、宗教の自由の行使のために、条件付けられ又は制限されることはない。

② 一般国民の権利及び国家公民の権利の享有、並びに公職への就任は、宗派によっては、左右されない。

③ 何人も、自己の宗教的確信を公表することを、義務付けられない。官庁が宗教団体への帰属について問う権利を有するのは、権利義務がその事実に依存しているか又は法律上命じられた統計的調査がこれを要求する場合に限られる。

④ 何人も、教会の儀式若しくは祭典、宗教的勤行への参加、又は宗教的宣誓形式の使用を、強制されてはならない。

第一三七条〔国教会の廃止、制度体保障〕 ① 国教会は、存在しない。

② 宗教団体結成の自由は、これを保障する。ドイツ国の領内における宗教団体の連合は、いかなる制限をも受けない。

③ いかなる宗教団体も、万人に通用する法律の範囲内で、その事務につき、独立に、命令を制定し行政を執行する。それは、国家又は市町村の参与なしに、職位を付与する。

④ 宗教団体は、民法の一般規定に従い、権利能力を取得する。

⑤ 宗教団体は、それが従来そうであった限りにおいて、引き続き公法上の社団である。他の宗教団体についても、その内部規約及び構成員数のために、存続することが確実であるときには、その申立てによって、同等の権利をこれに付与するものとする。多くの同種の公法上の宗教団体が連合する場合には、この連合団体も又、一の公法上の社団である。

⑥ 公法上の社団である宗教団体は、官公署の租税台帳に基づき、ラント法の定める基準に従って、租税を徴収する権利を有する。

⑦ 世界観を共同で保護育成することを自らの使命とする結社も、宗教団体と同様に取り扱われる。

⑧ これらの規定の実施のために細則が必要である限りにおいて、ラントの立法には、

細則の制定義務が課せられる。

第一三八条〔従来の国家給付の有償廃止、宗教団体の所有権〕 ① 法律、契約その他の特別な権原に基づく、宗教団体に対する国家給付は、ラントの立法によって、これを有償廃止する。これに関する原則は、国がこれを定める。

② 宗教団体及び宗教的結社が、祭祀、教化及び慈善の目的のために供する営造物、財団その他の財産に対して有する、所有権及びその他の権利は、これを保障する。

第一三九条〔日曜日の保障〕 日曜日及び国家的に承認された祭日は、労働の安息及び魂の向上のための日として、引き続き法律上保護される。

第一四一条〔公の営造物における宗教的行為〕 軍隊、病院、刑務所及びその他の公の営造物において、礼拝及び司牧への要望が存在する限りにおいて、宗教団体が宗教上の儀式を行うことは、これを許可するものとするが、その際、いかなる強制も行われてはならない。

出典 本訳稿は、二〇一一年八月末を基準時として作成してあり、二〇一〇年七月二一日に成立した第五八回の憲法改正までが反映されている。なお、条文の見出しは、原則として、ボン基本法には本来付されていないものであるが、本書の編集方針に従い、訳者が適宜記したものである。例外は、二〇〇九年七月一七日の第五五回改正で入った第四五d条であるが、テロ対策を背景として、連邦政府のインテリジェンス機能(情報機関・諜報機関による情報収集)の強化が叫ばれるなか、議会の監督委員会を憲法上の存在に格上げしたもので、本条で創設された合議体の名称を示すために、見出し様の体裁になっている(実定法が自ら付した見出しであるので、日本での法制執務の例に倣い、この箇所だけ見出しに(　)を付した)。翻訳に際し、条文見出しを含めて底本としたのは、Vgl. P. Kirchhof/Ch. Kreuter-Kirchhof, *Staats-und Verwaltungsrecht Bundesrepublik Deutschland*, 50. Aufl., 2011. ボン基本法には、つとに山田晟の古典的な訳業があり(宮沢俊義編『世界憲法集[第四版]』[岩波文庫、一九八三年])、最新のものとしては、初宿正典・辻村みよ子編『新解説　世界憲法集[第二版]』(三省堂、二〇一〇年、初宿正典訳)がすぐれている。

フランス

高橋和之 訳・解説

解　説

フランスは、一七八九年の大革命で旧体制を打倒して新たに近代的な憲法を制定しようとした。その憲法が依拠すべき原理を宣言したのが、有名な一七八九年の「人および市民の権利の宣言」であり、そこには自然権としての人権の保障、国民主権、権力の分立など、近代立憲主義を構成する諸原理が謳われている。これに基づき一七九一年憲法が制定されるが、アメリカ諸邦が独立に際して制定した諸憲法と並ぶ世界初の立憲主義的な成文憲法であった。国民主権を基礎にしており、君主制ではあったが議会優位の構造を特徴としていた。その後のフランスは、安定した体制を確立することができず、議会優位をさらに徹底させたジャコバンの共和制、その反動として成立するナポレオンの帝政、帝政の崩壊による王政復古というサイクルを描き、さらに第二共和制から第二帝政へと類似の第二サイクルを描いて第三共和制にたどり着く。その間に十数個の成文憲法を生み出した。

第三共和制は、出発時点では王党派が議会の多数を制して君主制の確立をめざすが、ブルボン家とオルレアン家のいずれの末裔を王位に就けるか対立して決着がつかず、とりあえず共和制を採用することで出航するが、その後共和派が多数を制するに至り、ようやく安定的な体制を確立する。しかし、君主制待ちの暫定的共和制として出発したために、第三共和制憲法は、単一の成文憲法典として制定されるのではなく、必要最小限の統治機構を定めるだけの、改正の容易な三つの憲法的法律という形式で定められ、人権規定をもたなかった。それでも、大革命以降、二つのサイクルを経過する中で人権思想は徐々に国民の意識に定着し、第三共和制が安定する中で人権保障も大いに進展した。憲法は人権規定を欠いたものの、法律により様々な領域で人権保障を発展させて時代の要求に応え、後に第四共和制憲法前文で「共和制の法律が承認する基本原理」と呼ばれることになる人権保障の諸原理を確立するのである。

この第三共和制は、ナチスの侵略により崩壊するが、レジスタンス運動を経て第二次世界大戦後に第四共和制憲法が制定される。この制定過程で、レジスタンスを指導したドゴールは「強い政府」を確立する憲法を求めたが、左派が多数を占めた憲法制定議会は、議会優位の憲法案を採択した。しかし、この憲法案は、所有権を大幅に制約する人権条項を含んでいたことなどが原因となり、国民投票により否決されてしまう。そこで、人権保障規定を憲法本文に組み込むことをあきらめ、憲法前文で一七八九年の人権宣言と「共和制の法律が承認する基本原理」に言及するにとどめた憲法案を作り、これが国民投票で承認されて第四共和制憲法となる。

しかし、この憲法は政府の強力なリーダーシップを可能とするものでなかったために、独立を求める植民地の問題を適切に処理することができず、それをドゴールに委ねる。政界に復帰したドゴールは、かねての構想通り「強い政府」を可能とする憲法の制定に着手する。その最も特徴的な構造は、議会権力の徹底的な封じ込めであった。こうして、一九五八年の第五共和制憲法（ドゴール憲法）は、議会優位から「強い政府」へと画期的な転換を図ったのである。しかし、この憲法も、制定後幾多の改正を経験し、「強い政府」の構造は基本的には維持されているものの、さまざまな側面で制定当初のものとは異なる性格を発展させてきている。特に二〇〇八年に行われた憲法改正は、量的には最大の改正であり、質的に最大かどうかは今後の運用に依存する面があるものの相当重要な内容を含んでいる。そこで、最初に二〇〇八年改正前の憲法の実態がどのような特徴を有するに至っていたかを要約した後、二〇〇八年改正の特徴を簡単にまとめて参考に供したい。

まず、二〇〇八年改正前の特徴は、次のような点にあった。

第一に、制定当初は大統領は間接選挙で選ばれていたが、ドゴール亡き後も大統領が政治の中心となりうる権威を確立するために、一九六二年に直接公選制に改正された。ゆえに、基本的には大統領制的な政治体制といってよい。しかし、同時に、首相の下に構成される政府が国民議会に責任を負う議院内閣制的構造も維持しており、大統領と国民議会多数派が対立するコアビタシオン(共存体制)という状況が発生した場合には、両者の調整をどのように行っていくかという困難な問題を内包している。

第二に、法律の違憲審査を行う憲法院の設置と、今日におけるその劇的な発展である。もともと憲法院は議会を封じ込めるための機構として設置された。憲法が議会の権限を厳しく制限し、それを逸脱しないように憲法院に監視させようとしたのである。その目的で、憲法院には法律が発効する前に合憲性を抽象的に審査する権限が与えられたが、提訴権者は、当初、大統領、首相、両院議長に限定され、人権保障のための裁判所というより政治機関の性格が強いと指摘されていた。ところが、この憲法院が、一九七〇年代以降、人権保障の観点から法律の審査を行い始め、これが国民の広範な支持を受けると、憲法改正により各議院の議員六〇名の署名による提訴を認めた。これにより少数派による提訴が可能となり、憲法院が政治勢力の均衡に影響を与える重要な機能を果たすようになった。

第三に、人権規定が憲法上の法的効力を獲得した。第五共和制憲法は、人権規定に関しては第四共和制憲法を踏襲して、前文で過去の人権的文書に言及したに留まったために、法的効力をもつかどうかも明確ではなかった。ところが、右で述べたように憲法院が前文で言及された人権文書を根拠にして法律の審査をするに至り、一七八九年の人権宣言や「共和制の法律が承認する基本原則」等に言及する第四共和制憲法前文が憲法的効力をもつ規定として甦ることになったのである。さらに、二〇〇五年には環境憲章が前文に挿入され、これもまた憲法的効力をもつことになった。そこで、ここでもこれらの三文書を第五共和制憲法を構成するものとして訳出してある。

次に、二〇〇八年憲法改正であるが、これは憲法八九条三項に基づき同年七月二一日に両院合同会議において一票の僅差で可決され、二三日に公布された。第五共和制憲法は、先に触れたように、これまで数次の改正を経てきており、本改正は二四回目にあたる。これらの憲法改正をもたらした要因としては、一方で、欧州連合（EU）の発展への対応という対外的なものがある。EUへの国家主権の部分的移譲やEUからの様々な要請に対応するために憲法改正を必要としたのである。他方で、対内的要因としては、権力バランスの再編成が主要なものといってよいであろう。フランスの統治機構は、伝統的に議会優位の構造をもち、特に第三、第四共和制においては、政府はたえず議会による問責にさらされ、安定的・持続的政権をつくることが困難であった。もちろん、それには、極端な多党制というフランス政治の特質もあずかっていた。憲法の定める議院内閣制が多党制の下で運用されるときの弊害が典型的に現れたのである。第五共和制憲法は、この弊害を除去し、安定的な「強い政府」の形成を課題とし、そのために、一方で政府の安定化の核心に大統領を据えるとともに、他方で議会の活動を徹底的に統制し、政府に対する安易な問責を行いえないような仕組みを憲法に書き込んだ。これは、多分に、フランスに特有の多党制が第五共和制憲法下においても継続するであろうことを前提に作られた仕組みであった。ところが、その後の政党状況は、小選挙区二回投票制および一九六二年の大統領公選化の影響もあって、二党制化とまではいかないまでも、諸政党の提携を通じて二極化する傾向をみせる。このために、憲法により強化された政府の立場が、連携する政党の強固な支持により増幅されてしまい、議会(野党)によるコントロールが困難と感じられるほどの弊害を示すようになる。このために、議会の「復権」が憲法改正の課題として主張されるとともに、三度のコアビタシオンを経験するなかで、執行府における大統領と首相の関係の再構成の必要が意識され、大統領を中心にする「大統領制化」の方向を展望する議論も強くなってくる。これが、二〇〇八年改正に至る流れであったといえよう。

議会や野党の地位の強化の点では、政府の行為のコントロールと政策評価の権限を明記し(二四条一項)、そのための手段として議院に調査委員会を設置することを認めた(五一条の二)こと、政府が支配していた議事日程の決定権を議院にある程度取り戻したこと(四八条)、第五共和制議会手続の要と評されていた政府提出案に信任をかける制度につき、その適用範囲を原則的に財政関連の法律案に限定したこと(四九条三項)、大統領の官職任命権の一定の統制を可能にしたこと(一三条五項)、野党や少数会派の地位の保護を図ったこと(五一条の一)などが注目される。しかし、大統領と首相の権限関係の再編に関しては、大統領が両院合同会議において所信表明を行う制度(一八条二項)を新設した程度で、今回の改正では大きな進展は見られなかった。以前の改正で大統領の任期を議員の任期と同じ五年とし、両者の選挙を同時期に行うことにしたので、コアビタシオンが生じる可能性は減少したものの、無くなったわけではないので、問題は将来に残されたと言えよう。

二〇〇八年改正でもう一つ注目されるのは、広い意味では国家と国民の間の権力関係の再編成ということができるが、いくつかの点で国民の権利の拡張がなされていることである。第一に、職業等社会的関係における男女平等参画(一条二項)、諸意見の多元的表明(四条三項)、メディアの自由・独立と多元主義(三四条一項)、地域言語(七五条の一)等の保障を掲げた。これらの理念の表明が今後どのように具体化されていくのか、興味あるところである。第二に、国民投票の機会の拡充を図った(一一条三項)。有権者の一〇分の一の支持により国民発案を可能としたのである。もっとも、一〇分の一を集める困難さを別にしても、発案が認められるためには、さらに国会議員の五分の一の賛成が必要であり、かつ、憲法院による事前審査が予定されているから、真の国民発案とは言えないだろう。第三に、権利擁護官の創設(七一条の一)。いままでもメディアトールや子ども擁護官などのオンブズマン的制度が存在したが、すべて法律上のものであった。今回の権利擁護官は、憲法上規定された初めてのものである。第四に、最も注目される改正として、国民が自己の訴訟の中で違憲の争点を提起し、破棄院あるいはコンセイユ・デタからの移送により憲法院の判断を受ける道が開かれた(六一条の一)。憲法院は、もともとは議会が憲法を逸脱して権限強化を図らないように監視する目的で導入された政治的機関であり、法律が制定されたとき、その発効前に、大統領、首相、あるいは、各院議長の提訴により違憲審査をするという、事前の抽象的な違憲統制機関に過ぎなかったが、一九七〇年代初頭に憲法院が憲法前文(人権条項を含む)に裁判規範性を認めて人権侵害の審査を始め、さらに、各院六〇名の議員に出訴権を拡大する憲法改正がなされて、憲法院の審査が活発化し、次第に裁判所的な性格に変身を遂げてきたが、それでも、通常の憲法裁判所や最高裁判所では認められているような、法律施行後に一般国民が人権侵害を主張して違憲審査を求めるということは認められてこなかった。それを今回の改正により、ようやく導入したのであり、フランスの法の支配(法治国家)が質的に変化する可能性を開いたものと言える。これにより憲法院の重要性が増大するであろうことに対処するために、そのメンバーの任命に対する国会のコントロールを導入したことも指摘しておくべきであろう(一三条五項、五六条一項)。もう一つ、大統領の非常事態権力の行使の憲法院による統制が導入されたことも重要な改正である(一六条六項)。

改正は多方面にわたっており、施行のためには組織法律の制定・改正、議院規則の改正等々の準備が必要であったために、公布と同時にすべてが施行されたわけではなかったが、現在ではほぼすべての改正につき施行が完了している(一一条の改正については、未施行)。

一九五八年憲法

前文

フランス人民は、一七八九年宣言により規定され、一九四六年憲法前文により確認かつ補完された人の諸権利と国民主権の諸原理に対する至誠、および、二〇〇四年環境憲章により規定された権利と義務に対する至誠を厳粛に宣言する。

これらの原理および諸人民の自由な決定の原理の名において、共和国は、加盟意思を表明する海外諸領に対し、自由・平等・友愛の共通理念に基礎づけられ、諸領の民主的発展をめざして構想されたところの新制度を提供する。

第一条〔**共和国の基本理念**〕 ① フランスは、不可分の、非宗教的、民主的かつ社会的な共和国である。フランスは、出自、人種あるいは宗教の区別なく、すべての市民の法の前の平等を保障する。フランスは、あらゆる信条を尊重する。フランスは、地方分権的に組織される。

② 法律は、選挙で選ばれる代表者的任務、選挙により就任する職務、および、職業あるいは社会における責任ある地位への男女の平等な参画を促進する。

第一編　主権について

第二条〔共和国の言語・国旗・国歌・標語・原理〕 ① 共和国の言語は、フランス語とする。
② 共和国の紋章は、青、白、赤の三色旗とする。
③ 国歌は、ラ・マルセイエーズとする。
④ 共和国の標語は、自由・平等・友愛とする。
⑤ 共和国の原理は、人民の人民による人民のための統治である。

第三条〔主権の帰属・選挙・平等参画〕 ① 国民の主権は人民に帰属し、人民はそれを代表者を通じておよび国民投票の方法で行使する。
② 人民のいかなる部分も、いかなる個人も、その行使を占奪してはならない。
③ 選挙は、憲法の定める条件内で、直接的あるいは間接的なものとすることができる。選挙は、常に、普通、平等、秘密とする。
④ 選挙人となるのは、法律の定める条件に従い、民事上および政治上の権利を享有す

るすべての成年男女フランス国民である。

第四条〔政党の任務〕　①　政党および政治団体は、投票による意思表明に向け協働する。それらの結成と活動は自由である。それらは国民主権と民主政治の原理を尊重しなければならない。

②　政党および政治団体は、法律の定める条件に従い、第一条第二項に表明された原理の実施に貢献する。

③　法律は、諸意見の多元的表明ならびに政党および政治団体の民主的国家生活への公平な参加を保障する。

第二編　共和国大統領

第五条〔大統領の任務〕　①　共和国大統領は、憲法の遵守を監視する。大統領は、その裁定により、公権力の規則正しい活動および国家の持続を確保する。

②　共和国大統領は、国家の独立、領土の無傷、条約の遵守の保障者である。

第六条〔大統領の任期・選挙〕　①　共和国大統領は、任期五年で直接普通選挙により選出する。

② 誰も連続二期を超えて大統領職に就くことはできない。

③ 本条施行の諸態様は、組織法律により定める。

第七条〔大統領の選挙手続と職務代行〕 ① 共和国大統領は、表明された票の絶対多数により選出する。絶対多数が第一回投票において得られなかった場合には、その一四日後に第二回投票を行う。第二回投票に立候補しうるのは、第一回投票における高順位得票者のうち、辞退者がある場合には辞退者を除いた後の最上位二候補者のみとする。

② 投票は、政府による招集に基づき開始される。

③ 新大統領の選挙は、現職大統領の任期満了から最低二〇日、最大三五日前に行う。

④ 共和国大統領が理由は何であれ不在となった場合、あるいは、政府の申し立てを受けて憲法院が絶対多数の決定により執務不能を確認した場合には、共和国大統領の職務は、第一一条及び第一二条に規定する職務を除き、暫定的に元老院議長が行使し、元老院議長もそれを行使することができない場合には、政府が行使する。

⑤ 不在の場合、あるいは、執務不能が憲法院により確定的と宣言された場合には、新大統領の選挙のための投票は、憲法院が不可抗力を確認した場合を除き、不在の開始もしくは執務不能の確定性の宣言から最低二〇日、最大三五日後に行う。

⑥ 立候補届出締切日前三〇日以内に立候補することを公表していた者が、締切日の前

七日の間に死亡もしくは執務不能となった場合には、憲法院は選挙の延期を決定することができる。

⑦　第一回投票の前に候補者の一人が死亡もしくは執務不能となった場合には、憲法院は選挙の延期を宣告する。

⑧　第一回投票における、辞退が行われる前の上位二名の最高得票者の一人が死亡もしくは執務不能となった場合には、憲法院は選挙全体を最初から新たに行うべきことを宣言する。第二回投票の候補者として残った者の一人が死亡もしくは執務不能となった場合も同様とする。

⑨　以上すべての場合に、憲法院への申し立ては、第六一条第二項に定める条件あるいは第六条の規定する組織法律により定められた立候補の条件に従って行われる。

⑩　憲法院は、第三項および第五項に定める期間を延期することができる。ただし、投票を憲法院の決定日から三五日より後に行うことはできない。本項の適用により選挙を現職大統領の任期満了後に延期することになる場合には、現職大統領は後任者が宣告されるまで職務に留まる。

⑪　共和国大統領が不在の間、または、共和国大統領の執務不能の確定性の宣言から後任者の選挙までの期間の間は、憲法第四九条および五〇条も、憲法第八九条も、適用

することができない。

第八条〔首相等の任免権〕 ① 共和国大統領は、首相を任命する。共和国大統領は、首相からの政府辞職の申し出に基づき首相を解任する。

② 共和国大統領は、首相の提案に基づき、他の政府構成員を任免する。

第九条〔閣議の主宰〕 共和国大統領は、閣議を主宰する。

第一〇条〔法律の審署と再審議要請〕 ① 共和国大統領は、採択された法律が政府に送付されてから一五日以内にこれを審署する。

② 共和国大統領は、この期間が経過する前に、国会に対し当該法律あるいはその条文のいくつかの再審議を求めることができる。この再審議は、拒否することができない。

第一一条〔法律の国民投票〕 ① 共和国大統領は、官報に公布された国会会期中の政府提案もしくは両院共同提案に基づき、公権力の組織に関する法律案、国の経済的・社会的・環境的政策とそれに連動する公役務とに関連した諸改革に関する法律案、または、違憲ではないが諸制度の運用に影響を及ぼしうる条約の批准を承認するための法律案のどれでも国民投票に付すことができる。

② 国民投票が政府提案に基づき行われる場合には、政府は各議院において声明を行い、それに続けて討論が行われる。

③　第一項の規定する対象に関する国民投票は、国会議員の五分の一により発案し選挙人名簿に登録された選挙人の一〇分の一の支持を得て行うことができる。この発案は、議員提出法律案の形で行われ、また、審署後一年に満たない法律規定の廃止を目的とすることはできない。

④　その提案の諸条件、および、憲法院が前項の諸規定の遵守を審査する場合の諸条件は、組織法律により定める。

⑤　この議員提出法律案が組織法律の定める期間内に両議院により審議されなかった場合には、共和国大統領はその法律案を国民投票にかける。

⑥　この議員提出法律案がフランス国民により採択されなかったときには、その投票日から二年が経過するまでは、同一主題に関する国民投票の新たな提案は一切許されない。

⑦　国民投票により政府提出もしくは議員提出の法律案の採択が決定されたときは、共和国大統領は投票結果の宣言後一五日以内にその法律を審署する。

第一二条〔**国民議会の解散と総選挙・特別国会**〕　①　共和国大統領は、首相および両議院議長の意見を聴いた後、国民議会の解散を宣告することができる。

②　総選挙は、解散から最低二〇日、最大四〇日後に行う。

③　国民議会は、選挙後の第二木曜日に、法上当然に集会する。この集会が通常会期に充てられた期間外に行われる場合には、法上の会期継続期間は一五日とする。
④　総選挙後の一年間は新たに解散することができない。

第一三条〔命令の署名と公務員の任命〕　①　共和国大統領は、閣議で審議されたオルドナンス（特殊な政令）およびデクレ（政令）に署名する。
②　共和国大統領は、国の文官および武官を任命する。
③　コンセイユ・デタ評議官、賞勲局総裁、大使、特使、会計検査院検査官、知事、第七四条により規律される海外諸領およびニュー・カレドニアにおける国の代表、将官、大学区長、中央行政省庁の長は、閣議で任命する。
④　閣議で任命するその他の公務員、および、共和国大統領の任命権を委任するための諸条件は、組織法律で定める。
⑤　第三項の規定するもの以外の職もしくは地位で、それが権利と自由の保障あるいは国家の経済的・社会的活動にとって重要なために共和国大統領の任命権が各議院の権限を有する常任委員会の公開勧告後に行使されるべきものは、組織法律で定める。共和国大統領は、各委員会の反対票の合計が二つの委員会の投票数の少なくとも五分の三に達するときには、任命を行うことができない。権限を有する常任委員会について

は、関係する職もしくは地位に応じて法律により定める。

第一四条〔大使・特使の信任状の付与と受理〕 共和国大統領は、外国に派遣する大使及び特使を信任する。外国の大使および特使は共和国大統領により信任を受ける。

第一五条〔軍隊の長〕 共和国大統領は、軍隊の長である。共和国大統領は、国防の上級諸会議・諸委員会を主宰する。

第一六条〔非常事態権力〕 ① 共和国の諸制度、国の独立、領土の保全あるいは国際的約束の履行が重大かつ切迫した脅威にさらされ、憲法上の公権力の正常な運営が妨げられた場合には、共和国大統領は、首相、両議院議長および憲法院長に公式に諮問した後、状況により必要とされる諸措置を採る。

② 共和国大統領は、教書を発してこれを国民に伝える。

③ これらの措置は、憲法上の公権力機関にその任務を果たすための手段を最短期間のうちに確保させる意思の表われたものでなければならない。憲法院は、それに関して諮問を受ける。

④ 国会は、法上当然に集会する。

⑤ 国民議会は、非常事態権力の行使中は、解散することができない。

⑥ 非常事態権力が三〇日間行使された後には、国民議会議長、元老院議長、六〇名の

国民議会議員もしくは六〇名の元老院議員は、第一項に規定された諸条件の充足が継続しているのかどうかを審査するために憲法院に訴え出ることができる。憲法院は、最短期間の内に公開意見により、その判断を表明する。憲法院は、非常事態権力行使六〇日後には、法上当然にこの審査を行って同じ要件の下にその判断を表明し、また、この期間を超えた後にはいつでもそれを行うことができる。

第一七条〔恩赦〕 共和国大統領は、特定個人に対して恩赦を行う権利をもつ。

第一八条〔大統領の教書〕 ① 共和国大統領は、国会の両議院に意思を伝達するために教書を読み上げさせるが、それに続けて討論は行わない。

② 大統領は、本項の目的で合同集会する国会の両院合同会議において、発言することができる。大統領の声明は、大統領が臨席しないところで討論に付すことができるが、その討論は一切票決の対象としてはならない。

③ 両院は、会期外にあるときには、この目的のために特別に招集される。

第一九条〔大統領の行為の副署〕 共和国大統領の行為で、第八条(第一項)、一一条、一二条、一六条、一八条、五四条および六一条に規定されたもの以外は、首相により、また場合によっては、主任の大臣により、副署される。

第三編　政府

第二〇条〔国政の運営とその手段、国会に対する責任〕　①　政府は国の政治を決定し指揮する。
②　政府は行政機構と軍事力を使うことができる。
③　政府は、第四九条および五〇条の定める条件と手続に従い、国会に対し責任を負う。

第二一条〔首相の任務〕　①　首相は、政府の活動を統率する。首相は、国防に責任を負う。首相は、法律の執行を保障する。第一三条の規定の留保の下に、首相は命令制定権を行使し、文官および武官を任命する。
②　首相は、その権限のいくつかを大臣に委任しうる。
③　首相は、場合によっては、大統領を代理して第一五条に定める会議および委員会を主宰する。
④　首相は、例外的に、明示の委任によりかつ特定の議題につき、大統領を代理して閣議を主宰する。

第二二条〔首相の行為の副署〕　首相の行為は、必要な場合、その執行責任を負う大臣により副署される。

第二三条〔兼職禁止と代替人〕 ①　政府構成員の職務は、国会議員の任務、全国的性格をもつ職能代表的職務、および、公職もしくは職業活動と一切兼ねることができない。

②　かかる任務、職務もしくは職種の保持者の代替人を決める条件は、組織法律で定める。

③　国会議員の代替は、第二五条の規定に従って行う。

第四編　国会

第二四条〔国会の構成〕 ①　国会は、法律を票決する。国会は、政府の行為をコントロールする。国会は、公共政策を評価する。

②　国会は、国民議会と元老院から成る。

③　国民議会の議員は直接選挙により選出され、その数は五七七を超えてはならない。

④　元老院は、間接選挙により選出され、その議員数は三四八を超えてはならない。元老院は、共和国の地域共同体の代表を保障する。

⑤フランス国外に居住するフランス人は、国民議会および元老院において代表される。

第二五条〔権限期間・定数・歳費・選挙資格・被選挙資格・兼職禁止・代替〕 ①　各議院の権限期間、議員定数、議員歳費、被選挙資格、被選挙欠格および兼職禁止の事由は、組織法律により定める。

②　議席が欠けた場合に、所属する議院の次の総選挙あるいは部分選挙までのあいだ国民議会議員もしくは元老議員の代替を確保するための、あるいは、彼らが政府の職務を引き受けた場合に一時的な代替を確保するための代替人を選出する条件も、当該組織法律により定める。

③　国民議会議員の選挙区を画定し、あるいは、国民議会議員もしくは元老院議員の議席配分を修正する政府提案もしくは議員提案の法律案については、独立の委員会が公開意見により見解表明を行うこととし、その委員会の構成および組織と運用の規則は法律により定める。

第二六条〔免責・不逮捕特権〕 ①　国会議員は誰も、職務遂行中に表明した意見あるいは投票に関して、訴追、捜索、逮捕、拘禁もしくは裁判されえない。

②　国会議員が、犯罪もしくは軽罪に関連して、逮捕あるいは他のあらゆる自由剥奪的もしくは制限的な措置の対象となりうるのは、その所属する議院の理事部の許諾のある場合のみである。この許諾は、現行犯の場合あるいは有罪判決確定の場合には、要

求されない。

③ 国会議員の拘禁、自由剝奪もしくは制限措置、または訴追は、その議員の所属する議院が要求した場合には、会期中停止される。

④ 前項の適用を可能とするために、関係する議院は、必要ならば、法上当然に補充的な会議を開催する。

第二七条〔命令的委任の禁止、投票の一身専属性と委任〕 ① 命令的委任は一切無効である。

② 国会議員の投票権は一身専属である。

③ 組織法律は、例外的に投票の委任を許可することができる。この場合、誰も一つより多くの委任を受けることができない。

第二八条〔常会〕 ① 国会は、一〇月の最初の開催可能日に始まり六月の最後の開催可能日に終わる通常会期に、法上当然に集会する。

② 通常会期中に各議院が開催しうる集会日数は一二〇日を超えることができない。どの週に集会するかは各議院が定める。

③ 首相は関係する議院の議長に諮問した後に、また、各議院は構成員の過半数により、集会補充日の開催を決定することができる。

④ 集会の日時は各議院の規則により定める。

第二九条〔臨時会〕　①　国会は、首相または国民議会議員の過半数の要求に応じて、特定の議事に関し、臨時会を開催する。

②　臨時会が国民議会議員の要求に応じて開かれる場合には、招集目的であった議事を国会が終了するやただちに、かつ、遅くとも開催から一二日後には、閉会のデクレが発せられる。

③　閉会のデクレ後一カ月が経過する前には、首相のみが新たな集会を求めることができる。

第三〇条〔臨時会の開閉手続〕　国会が法上当然に集会する場合を除き、臨時会は共和国大統領のデクレにより開会され、閉会される。

第三一条〔大臣の議院出席・発言権、政府委員による補佐〕　①　政府の構成員は両議院に出席できる。政府の構成員が求めるときには、その陳述を聴かなければならない。

②　政府構成員は、政府委員の補佐を受けることができる。

第三二条〔議長の任期〕　国民議会議長は、次の総選挙までの期間を任期として選出される。元老院議長は、部分改選がなされるごとに選出される。

第三三条〔会議の公開、秘密会〕　①　両議院の会議は公開される。討論の完全な議事録が官報に掲載される。

② 各議院は、首相またはその構成員の一〇分の一の要求により秘密会とすることができる。

第五編　国会と政府の関係について

第三四条〔法律事項〕 ①　法律は、以下の事項に関するルールを定める。

・公民権、および、公的自由の行使のために市民に認められた基本的保障。メディアの自由と多元性と独立。市民の身体および財産に対し国防のために課される負担。

・国籍、人の身分および能力、夫婦財産制度、相続および無償譲与。

・重罪および軽罪ならびにそれらに適用される刑罰。刑事手続。大赦。新たな種類の裁判所の創設と司法官の地位。

・あらゆる種類の租税の基礎、率、徴収方法。通貨発行制度。

② 法律は次の事項に関するルールも定める。

・国会両議院、地方議会、および、フランス国外に居住するフランス人の代表諸機関の選挙制度、ならびに、公選された代表者の任務行使および地域共団体の議会構成員の被選挙職行使の諸条件。

・各種公共施設の設置
・国の文官および武官に与えられる基本的保障
・企業の国営化、および、企業の所有権の公的部門から私的部門への移管
③　法律は次の事項に関する基本原理を定める。
・国防の一般組織
・地域共同体の自由な行政、権限および財源
・教育
・環境の保全
・所有権、物権および民商法上の債務に関する制度
・労働権、労働組合権、および、社会保障
④　予算法律は、組織法律の規定する条件および留保の下に、国家の歳入と歳出を定める。
⑤　社会保障財政管理法律は、組織法律の規定する条件と留保の下に、その財政的均衡の一般条件を決定し、かつ、その収入予測を考慮して支出目標を定める。
⑥　計画定立法律は、国家の活動の目標を決定する。
⑦　公財政の複数年にわたる方針は、計画定立法律により定める。その方針は、公行政

予算の均衡という目標の中に位置づけられる。

⑧　本条の規定は、組織法律により明確化しかつ補充することができる。

第三四条の一〔議院の決議〕　①　両議院は、組織法律の定める条件の下に諸決議を行うことができる。

②　その可決もしくは否決が政府の責任を問う意味をもち、あるいは、政府に対する命令を含むものであると政府が判断する決議案は、受理されず議事日程に載せることはできない。

第三五条〔宣戦〕　①　宣戦は国会が許可する。

②　政府は、外国へ武力を介入させる決定を遅くとも介入開始後三日以内に国会に通知する。政府は企図する目的を明確にしなければならない。当該通知は、討論の対象となしうるが、いかなる票決もしてはならない。

③　介入の期間が四月を超えるときには、政府はその延長を国会の承認に付す。政府は、国民議会に最終的決定権者として決定することを求めることができる。

④　四月の期間の満了時に国会が会期中でないときには、国会は次会期の開始時に決定する。

第三六条〔戒厳令〕　①　戒厳令は閣議により布告される。

② 一二日間経過後のその延長は、国会のみが許可することができる。

第三七条〔命令事項〕 ① 法律の所管に属すること以外の事項は、命令の性質を有する。

② かかる事項に関して定める法律形式の法令は、コンセイユ・デタの意見を聴いた上で採択されたデクレにより改正することができる。こうした法令で本憲法発効後に制定されたものは、前項により命令の性格を有すると憲法院が宣言した場合にのみ、デクレにより改正することができる。

第三七条の一〔実験的規定〕 法律および命令は、対象と期間を限定して、実験的性格をもつ規定を含めることができる。

第三八条〔オルドナンスへの授権〕 ① 政府は、その政策プログラムを実施するために、通常は法律の所管に属する措置を、期間を限定して、オルドナンスにより定めることの授権を国会に求めることができる。

② このオルドナンスは、コンセイユ・デタの意見を聴いた後に閣議で決定する。そのオルドナンスは、公布と同時に発効するが、承認のための法律案が授権法律が定めた期日までに国会に提出されない場合には効力を失う。このオルドナンスの承認は、明示的にのみなしうる。

③ 本条第一項の規定する期間経過後は、このオルドナンスの改正は、法律の所管に属

する事項に関しては、法律によってのみ行うことができる。

第三九条〔法律案の提出〕 ① 法律の発議権は首相と国会議員の両者各々に属する。

② 政府提出の法律案は、コンセイユ・デタの意見を聴取した後に閣議において審議決定し、いずれかの議院の理事部に提出する。予算法律案および社会保障財政管理法律案は、先に国民議会に付議される。地域共同体の組織を主たる対象とする政府提出法律案は、先に元老院に付議されるが、第四四条第一項の適用は排除されない。

③ 国民議会あるいは元老院に提出される政府提出法律案の体裁は、組織法律の定める諸条件に従う。

④ 政府提出法律案は、最初に提出された議院の委員長等協議会が組織法律の定める規則の満たされていないことを確認した場合には、議事日程に載せることができない。委員長等協議会と政府の見解が一致しないときは、当該議院の議長あるいは首相が憲法院に提訴でき、憲法院は八日以内に決定する。

⑤ 法律の定める条件に従い、議院の議長は、その議院の議員が提出した法律案につき、委員会での審査の前に、当該議員が反対する場合を除いて、コンセイユ・デタに意見を求めることができる。

第四〇条〔議員提出法案の制限〕 国会議員が提出する法律案および改正案は、その可決が公的な収入源の減少あるいは公的な支出負担の創設もしくは増大の効果を伴う場合には、受理されない。

第四一条〔議員提出法律案の所管の争い〕　①　立法手続の進行中に、議員提出の法律案もしくは改正案が法律の所管に属さず、あるいは、第三八条に基づきなされた授権に反することが明らかとなった場合は、政府または当該議院の議長は不受理を主張することができる。

②　政府と当該議院の議長の間で意見が一致しない場合は、いずれか一方の求めに応じて、憲法院が八日以内に決定する。

第四二条〔審議の対象〕　①　政府提出および議員提出の法律案の本会議における討論は、第四三条の適用により付託された委員会が採択した原文につき、または、それがない場合には、議院に付議された原文について、行われる。

②　前項の規定にかかわらず、政府提出の憲法改正法案、予算法律案および社会保障財政管理法律案の本会議における討論は、先議の議院における第一読会においては、政府により提出された原文につき行い、その他の読会においては、他議院から送付された原文につき行う。

③　政府提出あるいは議員提出の法律案の第一読会における本会議での討論は、先に付

議された議院においては、提出から六週間経過した後しか行うことができない。

④ 前項の規定は、第四五条の定める条件に従って加速手続が開始されたときには、適用されない。当規定は、政府提出の予算法律案、社会保障財政管理法律案および危機状態に関する法律案にも適用されない。

第四三条〔委員会への付託〕 ① 政府提出および議員提出の法律案は、各議院につきその数が八に限定された常任委員会の内の一つに、審議を付託する。

② 政府提出あるいは議員提出の法律案は、政府あるいは付議された議院の要求に基づき、その審議のために特別に指定された委員会に付託する。

第四四条〔法律案の修正、一括投票〕 ① 国会議員と政府は法律案修正権をもつ。この権限は、本会議あるいは委員会において、組織法律の定める枠内で議院規則により規定された条件に従い、行使される。

② 討論開始後は、政府は事前に委員会に付議されなかったすべての修正案の審議に反対することができる。

③ 政府が求める場合には、法律案を付議された議院は、政府が提案もしくは承認した修正のみを取り入れて、討議中の法律案の全部または一部につき唯一回の投票により議決する。

第四五条〔両議院の不一致と合同委員会の開催、加速手続〕　①　政府提出もしくは議員提出の法律案はすべて、同一法文の可決を目指して国会の両議院で順次審議される。第一読会においては、修正案は、提案あるいは送付された原文とたとえ間接的にであれ関係を有する限り、すべて受理可能であるが、第四〇条および四一条の適用を妨げない。

②　両議院の意見の不一致の結果、政府提出もしくは議院提出の法律案が、各議院の二度の読会の後にも、あるいは、政府が両議院の委員長等協議会の一致した反対を受けることなく加速手続の開始を決定したときは各議院の一度のみの読会の後に、可決されえなかった場合には、首相、もしくは、議員提出法律案については共同一致して行為する両議院議長は、討議中の諸規定に関する成案を提出する任務を負った、各議院が同数を派遣する合同委員会の開催を決定する権能を有する。

③　政府は、合同委員会が作成した成案を両議院に付議して承認を求めることができる。いかなる修正も政府の同意なしには受理されない。

④　合同委員会が共通の成案の採択に至らなかった場合、あるいは、その成案が前項に定める条件で採択されなかった場合には、政府は、国民議会および元老院によるもう一度の読会の後に、国民議会に対し終局的な決定を行うよう求めることができる。この場合、国民議会は、合同委員会が作成した成案を採択するか、あるいは、自己が最

後に表決した案に、場合によっては元老院が可決した諸修正のいくつかにより変更を加えたものを採択することができる。

第四六条〔組織法律〕 ① 本憲法が組織法律の性格を付与する法律は、次の条件に従って可決および修正される。

② 政府提出案あるいは議員提出案は、第四二条第三項に規定する期間の経過後にしか議院の第一読会の審議および投票に付すことができない。ただし、第四五条に規定された条件に従って加速手続が開始された場合には、政府提出もしくは議員提出法律案は、提出後一五日間が経過する前には、先に提出された議院の審議に付すことができない。

③ 第四五条の手続が適用される。ただし、両議院が同意に達しえない場合、法案が国民議会により最後の読会で採択されうるのは、その構成員の絶対多数によってのみである。

④ 元老院に関する組織法律は、両議院により同一内容で可決されなければならない。

⑤ 組織法律は、憲法院によりその合憲性が宣言された後にしか、審署することができない。

第四七条〔予算法律〕 ① 国会は、組織法律の定める条件に従って予算法律案を議決する。

② 国民議会が予算法律案の提出後四〇日以内に第一読会での意思決定をしなかった場合には、政府は元老院に付議し、この場合元老院は一五日以内に決定しなければならない。その後の手続は、第四五条に定める条件に従って進行する。

③ 国会が七〇日以内に意思決定しなかった場合には、予算法律案の諸規定は、オルドナンスにより発効させることができる。

④ 会計年度の歳入・歳出を定める予算法律が、当該年度の開始前に審署するのに適した時期に提出されなかった場合には、政府は国会に対し租税を徴収する許可を緊急に求め、既決の役務に関係する費用をデクレにより支出する。

⑤ 本条に規定する期間は、国会が開かれていないときは停止される。

第四七条の一〔社会保障財政管理法律〕 ① 国会は組織法律の定める条件に従い社会保障財政管理法律を議決する。

② 国民議会が法案提出後二〇日以内に第一読会での意思決定をしなかった場合には、政府は元老院に付議し、この場合元老院は一五日以内に決定しなければならない。その後の手続は、第四五条に定める条件に従い進行する。

③ 国会が五〇日以内に意思決定をしなかった場合には、法案の諸規定はオルドナンスにより発効させることができる。

④　本条の定める期間は、国会が開かれていないとき、および、各議院につき、第二八条第二項に従い各議院で本会議を開かないと決定した週の間は、停止される。

第四七条の二〔会計のコントロールと規律〕　①　会計検査院は、政府の活動のコントロールにつき国会を補佐する。会計検査院は、予算法律の執行および社会保障財政管理法律の適用のコントロール、ならびに、公共政策の評価につき、国会と政府を補佐する。会計検査院は、その公開報告を通じて市民への情報提供に貢献する。

②　公行政の会計は、規則正しくかつ誠実なものでなければならない。それは公行政の管理運営、資産および財政状況の結果の忠実な反映でなければならない。

第四八条〔議事日程〕　①　議院の議事日程は、各議院が決定するが、第二八条の最後の三項の適用を妨げない。

②　四週の内の二週の本会議が、優先的かつ政府の定める順序に従って、政府が議事日程への登載を要求した案件の審議と討論に留保される。

③　さらに、政府提出の予算法律案、社会保障財政管理法律案の審議、ならびに、以下の項の規定の留保の下に、危機状態に関する法律案および第三五条の定める承認要求で少なくとも六週間前に他議院から送付された案件の審議は、政府が要求する場合には、優先的に議事日程に登載される。

④　四週の内の一週の本会議が、優先的かつ各議院の定める順序に従って、政府の活動のコントロールおよび公共政策の評価に留保される。

⑤　月に一日の本会議が、当該議院の野党会派の発案および少数会派の発案に従って各議院により決められる議事日程に留保される。

⑥　第二九条が定める特別会期を含めて少なくとも週一回の本会議が、国会議員の質問と政府の答弁に優先的に留保される。

第四九条〔問責動議〕　①　首相は、閣議で討議した後、その政策プログラムにつき、あるいは、場合によっては一般政策表明につき、国民議会に対し政府の責任をかける。

②　国民議会は問責動議の議決により政府の責任を追及する。かかる動議は、国民議会の構成員の最低一〇分の一の署名がなければ、受理されない。投票は、動議提出から四八時間後でなければ行うことができない。問責動議に賛成の票のみが計算され、議院構成員の過半数によってしかそれを可決することができない。次項に定める場合を除き、一人の議員は、同一通常会期中三つを超える問責動議の署名者となることはできず、また、同一臨時会期中一つを超える問責動議の署名者となることはできない。

③　首相は、閣議で討議した後、政府提出の予算法律案および社会保障財政管理法律案の議決につき、国民議会に対して政府の責任をかけることができる。この場合、当該

政府提出法律案は、その後二四時間の間に提出された問責動議が前項に定める条件で議決された場合を除き、可決されたものとみなされる。首相は、さらに、会期ごとにもう一つの政府提出法律案もしくは議員提出法律案につきこの手続を用いることができる。

④　首相は、元老院に対し、一般政策表明に対する承認を求めることができる。

第五〇条〔**不信任による政府の辞職**〕　国民議会が問責動議を議決し、あるいは、政府の政策プログラムもしくは一般政策表明を承認しなかった場合には、首相は共和国大統領に政府の辞表を提出しなければならない。

第五〇条の一〔**政府による声明**〕　いずれかの議院において、政府は、自らの発案もしくは第五一条の一の意味における議会の会派の要求に基づき、特定の主題に関する声明を行うことができるが、その声明は討論に付され、政府がそう決めれば、責任を問うものではない投票の対象とすることもできる。

第五一条〔**問責動議に際しての会期の自動延長**〕　通常会期あるいは臨時会期の終了は、場合によっては第四九条の適用を可能にするために、法上当然に延期される。同じ目的のために、補充的会議が法上当然に開催される。

第五一条の一〔**会派の権利**〕　各議院の規則は院内に形成された国会会派の権利を定める。

議院規則は、関係する議院の野党会派および少数会派に特有の権利を承認する。

第五一条の二〔調査委員会〕　①　第二四条第一項に定められたコントロールと評価の任務を行使するために、各議院の内部に調査委員会を設立し、法律に定める条件に従って情報を収集することができる。

②　その組織と運営のルールは法律で定める。設立の諸条件は、各議院の規則により定める。

第六編　条約と国際協定について

第五二条〔大統領による条約の交渉・批准〕　①　共和国大統領は、条約を交渉し批准する。

②　共和国大統領は、批准に付されない国際協定の締結を目指す一切の交渉につき報告を受ける。

第五三条〔条約・協定の批准・承認方法、発効の時期と条件〕　①　平和条約、通商条約、国際組織に関する条約もしくは協定、国家の財政に負担を課す条約もしくは協定、法律の性質をもつ規定を修正する条約もしくは協定、人の身分に関する条約もしくは協定、領土の割譲、交換もしくは併合を含む条約もしくは協定は、法律によってしか批准あるいは承認することができない。

② 条約もしくは協定は、批准または承認された後でなければ発効しない。

③ 領土のいかなる割譲、交換、併合も、関係住民の同意なしには有効とならない。

第五三条の一〔庇護権〕 ① 共和国は、庇護ならびに人権および基本的自由の保護に関して、自国と同一の保障を誓約するヨーロッパ諸国との間で、それらの国に提出される庇護申請の審査に関する相互の権限を定める協定を締結することができる。

② 前項に拘わらず、申請が協定上その権限に属さない場合であっても、共和国の諸機関は、自由のための行動を理由に迫害され、あるいは、その他の理由でフランス国家の保護を懇請するあらゆる外国人に対し庇護を与えることができる。

第五三条の二〔国際刑事法廷〕 共和国は、一九九八年七月一八日に調印された条約により定められた条件に従い、国際刑事裁判所の裁判権を承認することができる。

第五四条〔違憲の国際協約と憲法の改正〕 憲法院が、共和国大統領、首相、いずれか一方の議院の議長または六〇名の国民議会議員もしくは六〇名の元老院議員の提訴に基づき、国際協約が憲法に反する条項を含むと宣言した場合には、当該国際協約を批准あるいは承認する許可は、憲法を改正した後でなければなしえない。

第五五条〔条約の法律に対する優位〕 正規に批准もしくは承認された条約もしくは協定は、

相手国による当該協定もしくは条約の適用を条件に、公布と同時に法律に優位する効力をもつ。

第七編　憲法院

第五六条〔憲法院の構成と院長の権限〕　①　憲法院は、任期九年で更新の許されない九名の構成員から成る。憲法院は、三年ごとに三分の一ずつ交替する。構成員の三名は共和国大統領により、三名は国民議会の議長により、三名は元老院の議長により任命される。この任命には、第一三条の最後の項に規定された手続が適用される。各議院の議長により行われる任命は、当該議院の所管常任委員会の勧告のみに付される。

②　前項に定める九名の構成員のほかに、元共和国大統領が法上当然に終身の憲法院構成員となる。

③　院長は、共和国大統領が任命する。院長は、可否同数の場合に決裁権をもつ。

第五七条〔兼職禁止〕　憲法院構成員の職務は、大臣もしくは国会議員の職務と兼ねることができない。その他の兼職禁止は組織法律により定める。

第五八条〔大統領選挙に関する権限〕　①　憲法院は、共和国大統領選挙の適法性を監視する。

② 憲法院は、異議申立を審査し、投票結果を宣告する。

第五九条〔国会議員選挙に関する権限〕 憲法院は、争いのある場合に、国民議会議員および元老院議員の選挙の適法性について決定する。

第六〇条〔国民投票に関する権限〕 憲法院は、第一一条および第八九条ならびに第一五章に定める国民投票の実施の適法性を監視する。憲法院は、国民投票の結果を宣告する。

第六一条〔法律の合憲性審査に関する権限〕 ① 組織法律は公布の前に、第一一条で言及する議員提出法律案は国民投票に付す前に、そして国会の議院規則は施行の前に、憲法院に付議されなければならず、憲法院はそれらの合憲性につき裁定する。

② 同じ目的で、法律は公布前に、共和国大統領、首相、国民議会議長、元老院議長、または、六〇人の国民議会議員もしくは六〇人の元老院議員により、憲法院に付議することができる。

③ 前二項に定める場合、憲法院は一月以内に決定しなければならない。ただし、緊急の場合には、政府の要求により、この期間は八日に短縮される。

④ これらの場合、憲法院への付議は審署の期限を停止する。

第六一条の一〔憲法院への提訴〕 ① 裁判所で進行中の訴訟手続の中で法律規定が憲法の

保障する権利および自由を侵害すると主張されるときには、定められた期間内に決定されるコンセイユ・デタもしくは破棄院からの移送に基づき、その問題の裁定を憲法院に求めることができる。

② 本条施行の諸条件は、組織法律で定める。

第六二条〔憲法院の決定の効力〕 ① 第六一条に基づき憲法違反と宣言された規定は、審署することも施行することもできない。

② 第六一条の一に基づき違憲と宣言された規定は、憲法院の判決の公布あるいはその判決が定めるその後の日付以降、廃止される。憲法院は、当該規定が生み出す効力を再審査しうるための条件と制限を決定する。

③ 憲法院の決定は、いかなる上訴も許されない。憲法院の決定は、公的諸権力ならびにすべての行政的および司法的機関を拘束する。

第六三条〔組織法律への委任〕 憲法院の組織および運用の規則、そこで従う手続、および、とりわけ争いを提起するために認められる期限は、組織法律で定める。

第八編　司法機関について

第六四条〔司法の独立と裁判官の身分保障〕　①　共和国大統領は、司法機関の独立の守護者である。

②　共和国大統領は、司法官職高等評議会の補佐を受ける。

③　司法官の身分は組織法律で定める。

④　裁判官は罷免することができない。

第六五条〔司法官職高等評議会〕　①　司法官職高等評議会は、裁判官に関して権限を有する部会、および、検察官に関して権限を有する部会を含む。

②　裁判官に関して権限を有する部会は、破棄院の第一院長により主宰される。当部会は、さらに、五名の裁判官、一名の検察官、コンセイユ・デタが指名する一名のコンセイユ・デタ評議員、一名の弁護士、および、国会にも司法部にも行政部にも属さない六名の有識者を含む。大統領、国民議会議長および元老院議長は、各々二名の有識者を指名する。有識者の任命には、第一三条の最後の項に規定された手続が適用される。国会の各議院の議長により行われる任命は、関係する議院の所管常任委員会の勧

告のみに付される。

③　検察官に関して権限を有する部会は、破棄院付き検事総長により主宰される。当部会は、さらに、五名の検察官および一名の裁判官、ならびに、第二項で言及したコンセイユ・デタ評議員、弁護士および六名の有識者を含む。

④　裁判官に関して権限を有する司法官職高等評議会部会は、破棄院の裁判官の任命、控訴院院長および大審裁判所所長の任命につき提案を行う。他の裁判官は、当該部会の同意意見に基づき任命される。

⑤　検察官に関して権限を有する司法官職高等評議会部会は、検察官に関する任命につき意見を述べる。

⑥　裁判官に関して権限を有する司法官職高等評議会部会は、裁判官紀律審査会として裁定を行う。その場合には、当部会は、第二項で規定した構成員に加えて、検察官に関して権限を有する部会に属する裁判官を含む。

⑦　検察官に関して権限を有する司法官職高等評議会は、検察官に関する懲戒処分につき意見を述べる。その場合には、当部会は、第三項に規定する構成員に加えて、裁判官に関して権限を有する部会に属する検察官を含む。

⑧　司法官職高等評議会は、第六四条の資格で共和国大統領によりなされた勧告要請に

応えるために全体会議に集会する。司法官職高等評議会は、全体会議において、司法官の職業倫理に関する諸問題、および、司法大臣が諮問した裁判の作用に関する一切の問題につき見解を表明する。全体会議は、第二項で言及した五名の裁判官のうちの三名、第三項で言及した五名の検察官のうちの三名、ならびに、第二項で言及したコンセイユ・デタ評議員、弁護士および六名の有識者を含む。全体会議は、破棄院第一院長が主宰し、破棄院付き検事総長が代理することができる。

⑨ 司法大臣は、懲戒事案に関する場合を除き、司法官職高等評議会の諸会合に出席することができる。

⑩ 司法官職高等評議会の管轄に服する者は、組織法律の定める諸条件に従って当評議会に申立を行うことができる。

⑪ 本条施行の諸条件は組織法律で定める。

第六六条〔人身の自由の守護者〕 ① 何人も、恣意的には拘禁されえない。

② 個人の自由の守護者たる司法機関は、法律の定める条件に従い本原則の遵守を保障する。

第六六条の一〔死刑の禁止〕 何人も死刑に処せられてはならない。

第九編　高等法院

第六七条〔大統領の免責特権〕　①　共和国大統領は、その資格で行った行為については、第五三条の二および六八条に定める場合を除き、責任を負わない。

②　共和国大統領は、任期中、いかなる裁判所もしくは行政機関においても、証言することを求められえないし、訴訟、証拠調べの審尋、予審もしくは訴追の対象となることもありえない。時効期間あるいは失権期間は、すべて停止される。

③　共和国大統領がこのような障害となって妨げられた審理および手続は、その職務終了後一月の期間が経過したときに、彼に対して再開あるいは開始することができる。

第六八条〔高等法院による大統領の罷免〕　①　共和国大統領は、その任務の行使と明らかに両立しえない義務違反の場合以外には、罷免されえない。罷免は、高等法院を構成する国会によりなされる。

②　国会の一つの議院により採択された高等法院開廷の提案は、直ちに他の議院に送付され、後者は一五日以内に決定する。

③　高等法院は、国民議会議長が主宰する。高等法院は、一月以内に秘密投票により罷

免につき決定する。その決定は直ちに発効する。

④　本条を適用して採られる決定は、関係する議院あるいは高等法院の構成員の三分の二の多数により行う。投票の委任は一切禁止される。高等法院開廷提案に賛成あるいは罷免に賛成の投票のみが計算される。

⑤　本条施行の諸条件は、組織法律で定める。

第一〇編　政府構成員の刑事責任について

第六八条の一〔政府構成員の刑事責任〕　①　政府構成員は、職務遂行上行った行為で、行為時に重罪もしくは軽罪と規定されていたものにつき刑事責任を負う。

②　政府構成員は、共和国法院により裁判される。

③　共和国法院は、法律の規定どおりの重罪および軽罪の定義、ならびに、刑罰の定めにより拘束される。

第六八条の二〔共和国法院の構成・権限・手続〕　①　共和国法院は一五名の判事から成る。すなわち、国民議会と元老院が各々の全部的もしくは部分的改選後ごとにそれぞれの構成員の中から同数選ぶ一二名の国会議員、および、三名の破棄院判事であり、後者の一人が共和国法院の院長となる。

② 政府構成員が職務遂行に際して行った重罪もしくは軽罪により被害を受けたと主張する者は誰でも、請願審査委員会に訴えを提起できる。

③ 当委員会は、訴えを却下するか、あるいは、共和国法院に起訴するために破棄院付き検事長への移送を命ずる。

④ 破棄院付き検事長は、請願審査委員会の同意意見に基づき、職権により共和国法院に起訴することもできる。

⑤ 本条施行の諸条件は組織法律で定める。

第六八条の三〔遡及適用〕 本編の諸規定は、本編の発効前に行われた事実に対しても適用される。

第一一編　経済・社会・環境諮問会議

第六九条〔法案に関する諮問への答申〕 ① 経済・社会・環境諮問会議は、政府の諮問を受けて、政府の法律、オルドナンスまたはデクレの案につき、および、自己に付議された議員提出法律案につき、意見を答申する。

② 経済・社会・環境諮問会議は、付議された政府提出もしくは議員提出法律案に関する当会議の意見を議院で説明するために、構成員の一人を指名することができる。

③ 経済・社会・環境諮問会議に対しては、組織法律の定める条件に従って請願により諮問することができる。請願の審議後に、当諮問会議は自己の提案する対応施策を政府および国会に通知する。

第七〇条〔諮問事項〕 経済・社会・環境諮問会議は、経済的、社会的もしくは環境的性格を有する一切の問題につき、政府および国会の諮問を受けることができる。同様に政府は、公財政の複数年にわたる方針を決定する計画定立法律案につき当諮問会議に諮問することができる。経済的、社会的もしくは環境的性格を有する政府のあらゆる計画もしくは計画定立法律案は、経済・社会・環境諮問会議に諮問し意見を求めることができる。

第七一条〔構成と運営規則〕 経済・社会・環境諮問会議の構成と運営規則は、組織法律により定めるが、構成員の数は二三三を超えることができない。

第一一編・続　権利擁護官

第七一条の一〔権利擁護官の任務・任命〕　①　権利擁護官は、国家行政、地域共同体、公共施設、および、公役務の任務を授権されあるいは組織法律が公役務に関して権限を授けたすべての機関が、権利と自由を尊重することを監視する。

②　何人も、第一項に規定する公役務もしくは機関の作用により権利を侵害されたと考える者は、組織法律の定める条件に従い、権利擁護官に訴えることができる。権利擁護官は、職権により活動を開始しうる。

③　権利擁護官の介入の権限と態様は、組織法律で定める。その一定権限の行使のためにスタッフによる補佐を受けうる諸条件は、組織法律で規定する。

④　権利擁護官は、共和国大統領により、第一三条の最後の項に規定された手続を適用した後、更新不可能な六年任期で任命される。その職は、政府構成員および国会議員の職と兼ねることはできない。

⑤　権利擁護官は、その活動を共和国大統領と国会に報告する。

第一二編　地域共同体について

第七二条〔地域共同体の種類と権限〕　①　共和国の地域共同体は、市町村、県、地域圏、特別の地位を与えられた共同体、および、第七四条により規律される海外共同体である。他のすべての地域共同体は、場合によっては本項に言及された一つもしくは複数の共同体に代えて、法律により創設される。

② 地域共同体は、自己の位置する階層において最もよく実施しうる諸権限のすべてにつき決定を行うことを使命とする。

③ 法律の定める条件に従い、これらの共同体は、選挙により選ばれた会議体により自由に自己統治し、その権限の行使のために条例制定権を有する。

④ 公的自由の行使もしくは憲法上保障された権利の行使のための必須の条件が問題となる場合を除き、組織法律の定める条件に従い、地域共同体あるいはその連合体は、場合に応じて法律もしくは条例がそれを予定しているときには、実験的にかつ対象と期間を限定して、その権限行使を規律する法律もしくは条例の規定と異なる定めをすることができる。

⑤ いかなる地域共同体も他の地域共同体に対し後見を行うことはできない。ただし、ある権限の行使が複数の地域共同体の協力を必要とする場合には、法律は、それらのうちの一つあるいはそれらの連合体の一つに、共同行為の諸態様を組織する権限を与えることができる。

⑥　共和国の地域共同体においては、政府構成員各々の代理人たる国の代表者は、国家的利益、行政上の監督および法律の尊重につき責任を負う。

第七二条の一〔住民投票〕　①　各地域共同体の選挙人が、請願権の行使により、当該共同体の議会の議事日程にその権限に属する問題を載せることを要求しうる条件は、法律で定める。

②　組織法律の定める条件に従い、地域共同体の権限に属する議決もしくは行為の案は、当該共同体の発議の下に、当該共同体選挙人の住民投票による決定に付すことができる。

③　特別の地位を付与された地域共同体を創設し、あるいは、その組織を変更しようとする場合には、関係する共同体の登録選挙人に諮問することを法律により決定することができる。また、地域共同体の境界の変更も、法律の定める条件に従い、選挙人に諮問することができる。

第七二条の二〔地域共同体の財源〕　①　地域共同体は、法律の定める条件に従い自由に活用することのできる財源を享受する。

②　地域共同体は、あらゆる性質の税収の全部もしくは一部を受領することができる。法律は、地域共同体に、法律の決定する制限内で、その基礎と税率を定める権限を与

えることができる。

③　地域共同体の租税収入およびその他固有の財源は、各種の共同体にとって、その財源全体の決定的部分を構成する。このルールが実施されるための条件は組織法律で定める。

④　国と地域共同体の間の権限の移転はすべて、その権限の行使に充てられていた財源に匹敵する額の財源の割り当てを伴う。地域共同体の支出を増大させる結果となる権限の創設もしくは拡大には、すべて、法律により決定された財源が随伴する。

⑤　地域共同体間の平等を促進するための調整機構は法律で規定する。

第七二条の三〔海外領土の法的地位〕　①　共和国は、自由・平等・友愛の共通理念において、海外県の住民がフランス人民を構成することを承認する。

②③④　〔各海外領土を規律する法が何かを定めている〕〔省略〕

第七二条の四／第七三条／第七四条／第七四条の一／第七五条〔海外領土の組織、権限、地位等に関する原則〕　〔省略〕

第七五条の一〔地域言語〕　地域言語はフランス国家の遺産に属する。

第一三編　ニューカレドニアに関する経過的規定〔省略〕

第七六条／第七七条〔省略〕

第七八条―第八六条　廃止

第一四編　フランス語圏および提携協定について

第八七条〔**フランス語圏の連帯**〕　共和国は、フランス語を共有する諸国および諸民族の間の連帯と協同の発展に参与する。

第八八条〔**提携協定の締結**〕　共和国は、共和国と提携して自己の文明を発展させたいと望む諸国家と協定を締結することができる。

第一五編　欧州連合について

第八八条の一〔**欧州連合への加盟**〕　共和国は、欧州連合に関する条約および欧州連合の活動に関する条約に基づく一定の権限で、二〇〇七年一二月一三日にリスボンで署名された条約から生ずるものを共同に行使することを自由に選択した諸国家から成る欧州連合に加盟する。

第八八条の二〔欧州逮捕令状〕 欧州連合の諸機関により採られた決定を実施するための欧州逮捕令状に関する規則は法律で定める。

第八八条の三〔連合市民の市町村選挙権・被選挙権〕 相互主義の留保の下に、かつ、一九九二年二月七日調印の欧州連合に関する条約に定められた態様に従い、市町村選挙における選挙権および被選挙権は、フランスに居住する連合市民に対してのみ授与することができる。これらの市民は、市長もしくは助役の職務を行使することも、元老院議員選挙人の指名および元老院議員の選挙に参加することもできない。本条の施行条件は、両議院により同一内容で可決される組織法律により定める。

第八八条の四〔欧州関連諸法案の国会提出〕 ① 政府は、欧州の立法的諸行為の政府提出案およびその他の欧州連合諸行為の政府提出案もしくは議員提出案を、それを欧州連合理事会に送達後ただちに、国民議会および元老院に付議する。

② 欧州に関する決議は、各議院の規則の定める態様に従い、前項で言及した政府提出案もしくは議員提出案、および、欧州連合の機関から発する一切の文書に関して、場

合によっては会期外でも、行うことができる。

③　国会の各議院に欧州事項を所管する委員会を設立する。

第八八条の五〔欧州連合加盟承認国民投票〕　①　ある国の欧州連合への加盟に関する条約の批准を承認するすべての政府提出法律案は、共和国大統領により国民投票に付議される。

②　前項の規定に拘わらず、国会は、各議院が同一文言において五分の三の多数により採択する動議の投票により、第八九条第三項に従った政府提出法律案の採択を承認することができる。

第八八条の六〔補完性原則に関する意見表明と提訴〕　①　国民議会または元老院は、欧州立法の政府提出法案の補完性原則への適合性に関する意見を理由を付して表明することができる。意見は関係する議院の議長により欧州議会議長、欧州評議会議長および欧州委員会委員長に送られる。政府はその通知を受ける。

②　各議院は、欧州立法に対し補完性原則の侵害を理由として欧州連合裁判所に提訴することができる。この訴えは、政府により欧州連合裁判所に伝達される。

③　この目的のために、各議院の規則が定める発案および討論の態様に従って、場合によっては会期外においても、決議を採択することができる。六〇名の国民議会議員ま

たは六〇名の元老院議員が要求するときには、提訴は法上当然に行われる。

第八八条の七〔欧州連合諸行為の採択ルールの修正に対する反対〕 国会は、国民議会および元老院により同一内容で採択される動議の票決により、条約あるいは民事裁判共助の簡易改訂という題目の下にリスボン条約が定める諸場合における欧州連合の諸行為の採択ルールの修正に対し反対することができるが、その場合のリスボン条約とは、欧州連合に関する条約および欧州連合の活動に関する条約で、二〇〇七年一二月一三日にリスボンで署名された条約から生ずる意味でのものである。

第一六編　憲法改正について

第八九条〔憲法改正〕 ① 憲法改正の発議権は、首相の提案に基づき共和国大統領に、および、国会議員に、競合的に帰属する。

② 憲法改正の政府提案あるいは議員提案は、第四二条第三項に定める期間の条件に従って審議され、両議院により同一の文言で議決されなければならない。憲法改正は、国民投票により承認された後に確定的となる。

③ 前項の定めに拘わらず、憲法改正の政府提案は、共和国大統領がそれを両院合同会

議として招集される国会に提案することに決めた場合には、国民投票には付されない。この場合、憲法改正の政府提案は、表明された票の五分の三の多数を得なければ承認されない。憲法改正議会の理事部は、国民議会の理事部とする。

④　領土の保全が害されている場合には、いかなる憲法改正手続も開始しあるいは続行することができない。

⑤　政府の共和制形態は、憲法改正の対象とすることができない。

人および市民の権利の宣言（一七八九年八月二六日）

国民議会へと構成されたフランス人民の代表者は、人の諸権利についての無知、忘却または軽視が公衆の不幸と政府の腐敗の唯一の原因であると考え、人の自然的で不可譲かつ神聖な諸権利を一つの厳粛な宣言において提示することを決議したが、それは、この宣言が、社会体のすべての構成員の心に常に存在し、彼らに絶えずその権利と義務を想起させんがためにであり、また、立法権や執行権の諸行為が、その都度あらゆる政治制度の目的と比べ合せられることが可能となって、より一層尊重されるようになるためであり、また、市民の諸要求が、今後簡明で異論の余地なき原則に基礎づけられて、常に憲法の維持と全員の幸福に向かうようになるためにである。

それゆえに、国民議会は、至高の存在の面前で、かつ、その庇護の下に、人および市民の以下の諸権利を承認し宣言する。

第一条〔自由と権利における平等〕 人は、自由で権利において平等なものとして生まれ、かつ、自由で権利において平等なものであり続ける。社会的差別は、共同の利益に基づいてしか行うことができない。

第二条〔政治社会の目的と自然権の内容〕 あらゆる政治社会形成の目的は、人の自然的で時効消滅することのない権利の保全である。その権利とは、自由、所有権、安全、圧政への抵抗である。

第三条〔国民主権〕 あらゆる主権の淵源は、本質的に国民に存する。いかなる集団も個人も、国民から明示的に発したのでない権力を行使することはできない。

第四条〔自然権の限界と法律の留保〕 自由は、他人を害しない一切のことをなしうることに存する。したがって、各人の自然的権利の行使は、同じ権利の享受を他の社会構成員に保障すること以外の限界をもたない。その限界は、法律によってのみ定めることができる。

第五条〔法律の権限範囲〕　法律は、社会に有害な行為しか禁止する権利をもたない。法律により禁止されていないことは一切妨げられてはならず、誰も法律が命じていないことをするよう強制されてはならない。

第六条〔法律の本質と立法等への平等な参与〕　法律は、一般意思の表明である。すべての市民が、自らもしくは代表者を通じて、その定立に参与する権利をもつ。法律は、保護するにせよ処罰するにせよ、すべての者に対して同一でなければならない。すべての市民は、法律の眼には平等であり、その能力に従い、かつ、徳性および才能によるもの以外の差別をされることなく、平等に一切の公的な位階、地位、職に就くことができる。

第七条〔法律に基づく拘束・処罰〕　何人も、法律が定める場合、かつ、法律が命ずる形式に従うのでなければ、訴追も逮捕も拘禁もされてはならない。恣意的な命令を懇請し、発令し、執行し、あるいは、執行させた者は、処罰されねばならない。しかし、法律の名において召喚され、あるいは、逮捕された市民は誰も、即座に従わねばならない。抵抗すれば罪を犯したことになる。

第八条〔罪刑法定主義〕　法律は、厳密かつ明白に必要な刑罰しか定めてはならず、また、れてはならない。

何人も、犯罪行為の前に制定、公布され、適法に適用された法律によってしか処罰されてはならない。

第九条〔無罪の推定と過酷な扱いの禁止〕 人はすべて有罪と宣告されるまでは無罪と推定されるのであり、逮捕することがどうしても必要と判定された場合でも、その身柄を確保するために必要ではないような過酷な扱いは一切、法律により厳しく抑制されねばならない。

第一〇条〔意見の自由〕 何人も、その意見のゆえに、たとえ宗教的意見であっても、その表明が法律の定める公の秩序を乱すものでない限りは、不安にさせられてはならない。

第一一条〔表現の自由〕 思想と意見の自由な伝達は、人の最も貴重な権利の一つである。ゆえに、すべての市民は、自由に語り、書き、出版することができる。ただし、法律の定める場合には、この自由の濫用に責任を負わねばならない。

第一二条〔公的強制力による権利の保障〕 人および市民の権利の保障には、公的な強制力が必要である。この強制力は、ゆえに、全員の利益のために設置されるのであり、その委託を受ける者の私的な利益のためではない。

第一三条〔公的負担の平等〕 公的強制力の維持のため、および、行政の諸費用のために、共同の分担金が不可欠である。それは、全市民の間に、その能力に応じて平等に配分されなければならない。

第一四条〔公的負担の決定への参加〕　すべての市民は、自身であるいは代表者を通じて、公的分担金の必要性を確認し、それに自由に同意し、その使途を見守り、かつ、その分担割合、標準、取り立ておよび存続期間につき決定する権利を有する。

第一五条〔行政の説明責任〕　社会は、すべての官吏に対し、その行政につき釈明を求める権利をもつ。

第一六条〔権利保障と権力分立〕　権利の保障が確かでなく、権力分立も定められていないような社会はすべて、憲法をもつものではない。

第一七条〔所有権の不可侵と正当保障〕　所有権は不可侵かつ神聖な権利であり、何人も、適法に確定された公的必要性がそれを明白に要請する場合で、かつ、事前の正当な保障の条件のもとでなければ、その権利を奪われてはならない。

一九四六年憲法　前文

人間の人格を隷従させ堕落させようとした体制に対し自由な諸国民が勝ち取った勝利

の翌日に、フランス国民は、あらためて、すべての人間が、人種、宗教、信条の差別なく、不可譲かつ神聖な諸権利をもつことを宣言する。フランス国民は、一七八九年の権利宣言により認められた人および市民の権利と自由、ならびに、共和国の諸法律により承認された基本原理を厳粛に再確認する。

フランス国民は、さらに、我々の時代に特に必要なものとして、以下の政治的、経済的、社会的諸原理を宣言する。

法律は、あらゆる領域において、女性に男性と平等な権利を保障する。

自由に与する行為のゆえに迫害されている者はすべて、共和国の領土で庇護を受ける権利をもつ。

各人は、労働する義務と雇用を得る権利を有する。何人も、その労働もしくは雇用において、その出身、意見もしくは信条を理由に利益を害されてはならない。

すべての人は、労働組合活動によりその権利と利益を防御し、かつ、自己の選択する労働組合に加入することができる。

罷業権は、それを規律する法律の枠内で行使される。

すべての労働者は、その代表者を通じて、労働条件の団体的決定と企業の管理に参加する。

財産、企業で、その活用が全国的な公役務の性格もしくは事実上の独占の性格を有しもしくは獲得したものは、すべて、共同体の所有に帰属しなければならない。

国は、個人と家族にその発展に必要な諸条件を保障する。

国は、すべての者、とりわけ子ども、母親および高齢労働者に対して、健康の保護、物質的安全、休息および余暇を保障する。年齢、身体的もしくは精神的状態、経済的状況ゆえに労働することができない境遇にある人はすべて、相当な生存手段を共同体から取得する権利を有する。

国は、全国的災禍から生ずる負担を前にしての全フランス人の連帯と平等を宣言する。

国は、子どもと成人が教育、職業訓練および教養を平等に受けうることを保障する。あらゆる段階で無償かつ非宗教の公教育を組織することは、国家の義務である。

フランス共和国は、その伝統に忠実に従い、国際公法の諸規則を遵守する。フランス共和国は、征服を目的としたいかなる戦争も企てないし、その武力をいかなる国民に対しても決して使用しないであろう。

フランスは、相互主義の留保のもとに、平和の組織と防衛に必要な主権制限に同意する。

フランスは、海外領土の諸人民と、人種、宗教の差別のない、権利と義務の平等を基礎とする一つの連合を形成する。

フランス連合は、各自の文明を発展させ福祉を拡大し安全を確保するために、その資源と努力を共同投下しあるいは相互調整するところの諸国民と諸人民から成る。

その伝統的使命に忠実に従い、フランス国家は、自己が引き受けた諸人民を、自治を行いかつ固有の事務を民主的に管理する自由へと先導したいと思う。恣意に基づく一切の植民地制度を退け、フランス国家は、すべての者に対し、公務への平等な参加と、以上に宣言もしくは確認された権利と自由の個人的もしくは共同的行使を保障する。

環境憲章(二〇〇四年)

フランス人民は、以下のこと、すなわち、

自然の資源と均衡が人類の出現の条件であったこと

人類の将来および存在そのものが、その自然環境と切り離しえないものであること

環境は人間の共有財産であること

人は、生命の諸条件およびその固有の進化に対し益々大きな影響を及ぼしているこ

と

生物の多様性、人格の開花および人類社会の進歩は、一定の消費もしくは生産様式および自然資源の過度の利用により影響を受けること

環境の保全は、国の他の重要な利益に関してと同様に、追求されねばならないこと

永続的発展を保障するために、現在の必要に応ずるための選択は、将来の世代および他の国民が彼ら自身の必要を満たす能力を損ねてはならないこと

を考慮して、次のように宣言する。

第一条　各人は、健康を尊重する均衡のとれた環境の中で生きる権利を有する。

第二条　何人も、環境の保全と改良に参加する義務を有する。

第三条　何人も、法律の定める条件に従い、自己が環境にもたらしうる損害を予防し、あるいは、それができないなら、その結果を小さくしなければならない。

第四条　何人も、法律の定める条件に従い、自己が環境に与える損害の修復に貢献しなければならない。

第五条　被害の発生が、科学的知識の現状では不確かであっても、発生すれば重大かつ不可逆的に環境に影響を与える可能性のある場合には、公的機関は、被害の発生に備

えるために、自己の権限の範囲内で事前防止原則を適用して、危険評価の手続の実施および比例原則に従った暫定措置の採択を配慮する。

第六条　公の諸政策は持続可能な発展を促進するものでなければならない。この目的のため、その諸政策は、環境の保護と開発、経済的発展と社会の進歩を両立させる。

第七条　何人も、法律の定める条件と制限内で、公的機関が保持する環境に関する情報を入手する権利、および、環境に影響を与える公的決定の策定に参加する権利を有する。

第八条　環境に関する教育と訓練は、本憲章の定める権利と義務の行使に寄与しなければならない。

第九条　研究と革新は、環境の保全と活用に協同しなければならない。

第一〇条　本憲章は、フランス国家のヨーロッパおよび国際社会における行動の精神的基礎をなす。

出典　原文は、Assemblée Nationale のホーム・ページの中の connaître l'Assemblée Nationale に掲載されているものを利用した(http://www.assemblee-nationale.fr/connaissance/constitution.

asp)。これまでの憲法改正の経緯も、そこに掲載されている。なお、各条文に付した見出しは原文にはなく、読者の便宜のために訳者が付したものである。本憲法の訳出には、宮沢俊義編『世界憲法集〔第四版〕』(岩波文庫、一九八三年、野村敬造訳)、初宿正典・辻村みよ子編『新解説 世界憲法集〔第二版〕』(三省堂、二〇一〇年、辻村みよ子訳)、阿部照哉・畑博行編『世界の憲法〔第四版〕』(有信堂高文社、二〇〇九年、光信一宏訳)を参照した。

韓国

國分典子 訳・解説

解　説

一九一〇年から一九四五年までの日本による植民地支配ののち、韓国は、一九四八年に独立後はじめての憲法を制定した。今日の憲法は、前文が示すように、一九四八年憲法の第九次改正の形式をとっている。しかしこれまで、憲法改正の形式を用いてたびたび大きな政治体制の変更が行われてきたことから、韓国ではその体制の変化に即して、一般に憲法史を六つに区分しており、現在の憲法は「第六共和国憲法」と呼ばれている。以下では、この区分に基づき、韓国憲法の変遷の概略を記すこととする。

1　**第一共和国憲法**　植民地支配からの解放後の朝鮮半島は、南北がそれぞれ米軍、ソ連軍に占領されたために、統一政府の樹立に困難をきたし、結局は国連の指導の下、南側だけで総選挙が行われ、一九四八年五月三一日に初代国会が開会した。第一共和国憲法(制憲憲法)は、この国会で制定されたものである。憲法草案の作成は、当時唯一の韓国人憲法学者であったとされる兪鎮午《ユヂノ》らを中心に進められたといわれている。草案では当初、両院制議会、議院内閣制といった統治形態が考えられていたが、国会における審議の過程で最終的には、単院制議会、内閣制度を加味した大統領中心制へと変更された。前文では、一九一九年に植民地統治に抗して起こった三・一独立運動の精神を継承することが謳われ、前記の統治形態のほか、違憲審査を行う憲法委員会制度、統制的要素を有する経済体制などの特徴をもった内容の憲法となっている。

その後、初代大統領李承晩《イスンマン》政権下で、一九五二年に大統領・副統領直選制、議会の両院制(但し、改正後も第二共和国の成立まで参議院は実際には設けられなかった)、国務院不信任決議制度の導入等の改正(第一次改正)、一九五四年に現職大統領の三選禁止を解除する附則の追加、国務総理の廃止等を含む改正(第二次改正)が行われたが、これらはいずれも主に李承晩政権の続行を図るに有利な内容をもった改正であり、手続的にも問題の多いものであった。こうした体制への不満は次第に膨らみ、一九六〇年、不正選挙に対する学生らの反対デモに抗し切れず、李承晩は退陣に追い込まれた(四・一九革命)。

2　第二共和国憲法　四・一九革命後、首席国務委員許政《ホジョン》を首班とする過渡政府が作られた。国会では六月に憲法改正が決議され(第三次改正)、ここに第二共和国憲法が成立した。この改正は、戦後の韓国憲法史上唯一、議院内閣制を導入したほか、ドイツに類似した憲法裁判所の設置や基本権保障の強化等、李承晩政権下での政治的腐敗を一掃するための大規模な体制変更を企図したものであった。八月にはこの憲法の下で張勉《チャンミョン》を国務総理とする内閣が誕生し、議会の両院制も名実ともに導入された。また、同年一一月には、それまでの不正政治の清算として、反民主的行為者処罰のための遡及立法を可能にするための憲法改正も行われた(第四次改正)。

3　第三共和国憲法　民主化を目指した第二共和国は、経済的には戦後最悪といわれる状態にあり、新たな国家建設は進展しなかった。一九六一年には、混乱した国内状況および朝鮮半島統一問題において韓国が守勢に置かれていることを危惧した朴正熙《パクチョンヒ》ら少壮軍人が、革命六公約を掲げ、軍事政府を樹立し、ここに韓国の軍事政権時代が始まることとなった。軍事政府は国家再建最高会議を設立し、同会議が大統領の裁可を受けて、国家再建非常措置法を公布し、基本権を制限するとともに、国家権力を国家再建最高会議に統合し、憲法裁判所の機能を停止する等、非常事態の名の下に第二共和国憲法の効力を制限した。その一方、革命公約に基づき、政権移譲するために新憲法も準備し、一九六二年、最高会議議員および民間人学者、専門家らからなる憲法審議委員会で作成された要綱を最高会議で議決し、国民投票を経て確定した(第五次改正)。これが第三共和国憲法である。再び大統領中心制が導入されたほか、単院制議会、法院による違憲審査権の行使、経済・科学審議会議と国家安全保障会議の設置等が新憲法の特色であった。この憲法の下で朴正熙は大統領に選出された。その後一九六九年には、大統領の三期継続在任を認める第六次改正が行われた。

4 **第四共和国憲法**　朴正熙体制下の一九七二年七月四日、南北共同声明が発表され、朝鮮半島の自主的平和的統一の実現に向けて南北調節委員会が作られることとなった。この南北の接触は他面でそれぞれの体制の強化につながった。一〇月一七日、朴正熙大統領は非常戒厳を宣布する。大統領特別宣言で、南北対話の積極的な展開と周辺情勢の急変する事態に対処する体制改革の必要性を理由に、二カ月間憲法の一部の条項の効力を停止して、国会を解散し、政党および政治活動を禁止するとともに、停止された憲法条項の機能を大統領、国務総理、国務委員からなる非常国務会議が遂行するものとし、また平和統一を指向する憲法改正案の公示を宣言した。この改正案は、非常国務会議で議決、国民投票を経て確定された(第七次改正)。これが第四共和国憲法、いわゆる「維新憲法」である。この憲法では、前文で平和的統一の理念が謳われたほか、平和的統一の推進を標榜して設置された統一主体国民会議に、大統領選出などの大きな権限が与えられた。また大統領権限が強化されて国会会期の短縮・権限の弱化が図られるとともに、違憲審査については憲法委員会が設置された。以後、外交的には国連における南北同時参加の意向表明などの動きが示されたが、内政においては反体制的言論に対処するため大統領緊急措置が頻繁に出された。一九七九年一〇月二六日には朴正熙が暗殺され、統一主体国民会議は崔圭夏《チエギユハ》を後任の大統領に選出した。

5　第五共和国憲法　崔圭夏は大統領就任とともに改憲の意向を示し、意見の統一に困難はつきまとったものの、憲法改正の機運が高まり、改正作業が進められた。しかし一方で、軍内部では全《チヨン》斗煥《ドウファン》ら新たな勢力が実権を握り、社会では学生の民主化デモが激化して、大統領はついに軍の要求に基づき戒厳令を宣布するに至った。一九八〇年五月一八日には軍が学生による大規模デモを鎮圧しようとして流血事件となり（光州事件）、憲政が中断されることとなった。五月三一日、非常戒厳下の戒厳業務のために国家保衛非常対策委員会の設置が定められ、八月一六日には崔圭夏大統領が辞任、統一主体国民会議は後任として全斗煥を選出した。他方、一九八〇年三月に作られた憲法改正審議委員会小委員会では、国会案や各界各種の案を参照して要綱が作成され、国務会議で議決されたのち、一〇月に国民投票を経て確定された（第八次改正）。

この憲法は前文で「第五民主共和国の出発」を明示しており、体制の転換が明らかにされた。維新憲法と比べ、大統領権限は制限され、大統領は選挙人団による間接選挙で七年の単任制とされた。また基本権の保障や司法権の独立が強化され、プライバシーの保護、環境権、幸福追求権などの新しい基本権条項が盛り込まれた。一方、附則では国会発足までの立法機関として国家保衛立法会議が規定され、民主的基盤をもたない同会議に、異議を認めぬ強力な立法権が与えられていた。

6　第六共和国憲法　第五共和国時代には、大統領の間接選挙制が改憲論議の中心となった。この議論は全斗煥政権のそもそもの正統性の問題と深く関わっており、国民全体を巻き込んだ民主化要求に発展していった。一九八七年、全斗煥の後任に指名された盧泰愚《ノテウ》は、ついに国民の要求を入れて、大統領直接選挙制を含む多方面の民主化を示した「国民大和合と偉大な国家への前進のための特別宣言」(六・二九宣言)を発し、韓国は民主化の時代を迎えることとなった。第九次改正案は、民主正義党と統一民主党の両案を摺り合わせて作られ、与野党合意のもとで議決され、国民投票を経て確定した。これが第六共和国憲法である。大統領については直選制のほか、五年単任制とし、国会解散権を削除する等、その権限を制限するとともに、国会権限の相対的強化が図られた。また第二共和国で規定されながら日の目を見なかった憲法裁判所制度が復活した。

第六共和国の下で誕生したその後の政権は、金泳三《キムヨンサム》政権が「文民政府」、金大中《キムデジュン》政権が「国民の政府」、盧武鉉《ノムヒョン》政権が「参与政府」、李明博《イミョンバク》政権が「実用政府」をそれぞれ標榜し、個別にはさまざまな政治的問題を抱えたものの、総じて憲法全文の謳う「自由民主的基本秩序」を定着させてきたと評価することができる。独裁政権時代には、国家体制批判につながる研究を行いにくい政治状況が、憲法学者たちを外国憲法研究に向かわせることとなり、自国の憲法論が充分に発展しにくいという問題があったといわれている。民主化以降、前述の憲法裁判所の活発な活動と相俟っての判例研究の発展、憲法解釈論の活性化が顕著であるとともに、改めて現行憲法自体の検討も行われるようになってきている。大統領の任期を巡る改憲論をはじめ、司法制度改革、人権領域の現代的課題や民主共和国理念の今日的意味の再考等、実務上も理論上もさまざまな議論が俎上に上り、民主化定着後の韓国の憲法論は新たな地平を切り開いている。

大韓民国憲法

〔一九八七年一〇月二九日全文改正公布〕

前文

悠久なる歴史と伝統に輝くわが大韓国民は、三・一運動によって建立された大韓民国臨時政府の法統*と不義に抗した四・一九民主理念を継承して、祖国の民主改革と平和的統一の使命に立脚し、正義、人道および同胞愛をもって民族の団結を強固にして、すべての社会的弊習と不義を打破するとともに、自律と調和を基礎として自由民主的基本秩序をさらに確固にし、政治、経済、社会、文化のすべての領域において各人の機会を均等にして、能力を最高度に発揮させるとともに、自由と権利に伴う責任と義務を完遂させ、内には国民生活の均等な向上を期し、外には恒久的な世界平和と人類共栄に貢献することにより、われらとわれらの子孫の安全と自由と幸福を永遠に確保することを誓いつつ、一九四八年七月一二日に制定され、八次にわたって改正された憲法をここに国会の議決を経て国民投票により改正する。

一九八七年一〇月二九日

＊「法統」ないし「法統性」の概念が何を指すかについては韓国でも議論のあるところであるが、一般にここでいう「臨時政府の法統の継承」とは臨時政府の法的性格と政治的理念を継承することを指すと考えられている。その後の「抗した」の原語は「抗拒」。

第一章　総綱

第一条〔国号、政体、主権〕　①　大韓民国は、民主共和国である。

②　大韓民国の主権は、国民にあり、すべての権力は、国民から発する。

第二条〔国民の要件、在外国民の保護〕　①　大韓民国の国民たる要件は、法律で定める。

②　国家は、法律の定めるところにより、在外国民を保護する義務を負う。

第三条〔領土〕　大韓民国の領土は、韓半島＊およびその附属島嶼とする。

＊　韓国において用いられる朝鮮半島を指す表現。

第四条〔統一政策〕　大韓民国は、統一を指向し、自由民主的基本秩序に立脚した平和的統一政策を樹立して、これを推進する。

第五条〔侵略的戦争の否認、国軍の使命および政治的中立性〕　①　大韓民国は、国際平和の維持に努め、侵略的戦争を否認する。

② 国軍は、国家の安全保障および国土防衛の神聖な義務を遂行することを使命とし、その政治的中立性は遵守される。

第六条〔条約・国際法規の効力、外国人の法的地位〕 ① 憲法に基づいて締結・公布された条約および一般的に承認された国際法規は、国内法と同様の効力を有する。

② 外国人は、国際法および条約の定めるところにより、その地位を保障される。

第七条〔公務員の地位・責任・身分・政治的中立性〕 ① 公務員は、国民全体に対する奉仕者であり、国民に対して責任を負う。

② 公務員の身分および政治的中立性は、法律の定めるところにより、保障される。

第八条〔政党〕 ① 政党の設立は、自由であり、複数政党制は、保障される。

② 政党は、その目的、組織および活動が民主的でなければならず、国民の政治的意思形成に参与するのに必要な組織をもたなければならない。

③ 政党は、法律の定めるところにより、国家の保護を受け、国家は、法律の定めるところにより、政党運営に必要な資金を補助することができる。

④ 政党の目的または活動が民主的基本秩序に違背するときには、政府は、憲法裁判所にその解散を提訴することができ、政党は、憲法裁判所の審判により、解散される。

第九条〔伝統文化および民族文化〕　国家は、伝統文化の継承・発展および民族文化の暢達に努めなければならない。

第二章　国民の権利および義務

第一〇条〔人間の尊厳、幸福追求権、基本的人権の保障〕　すべての国民は、人間としての尊厳および価値を有し、幸福を追求する権利を有する。国家は、個人の有する不可侵の基本的人権を確認し、これを保障する義務を負う。

第一一条〔法の下の平等、特殊階級制度の否認、栄典〕　①　すべての国民は、法の前に平等である。何人も、性別、宗教または社会的身分により、政治的・経済的・社会的・文化的生活のすべての領域において差別を受けない。

②　社会的特殊階級の制度は、認められず、いかなる形態であれ、これを創設することはできない。

③　勲章等の栄典は、これを受けた者にのみ効力を有し、いかなる特権もこれに伴わない。

第一二条〔身体の自由、自白の証拠能力等〕　①　すべての国民は身体の自由を有する。何人も、法律によらずには、逮捕、拘束、押収、捜索または審問を受けず、法律および適法な手続によらずには、処罰、保安処分または強制労役を科せられない。

② すべての国民は、拷問を受けず、刑事上、自己に不利な陳述を強要されない。

③ 逮捕、拘束、押収または捜索をするときには、適法な手続に従い、検事の申請により法官が発付した令状を提示しなければならない。但し、現行犯人である場合および長期三年以上の刑に該当する罪を犯し、逃避または証拠隠滅の恐れがあるときには、事後に令状を請求することができる。

④ 何人も、逮捕または拘束されたときには、ただちに弁護人の助力を受ける権利を有する。但し、刑事被告人が自ら弁護人を探すことができないときには、法律の定めるところにより、国家が弁護人を付ける。

⑤ 何人も、逮捕または拘束の理由および弁護人の助力を受ける権利があることを告知されずには、逮捕または拘束されない。逮捕または拘束された者の家族等、法律の定める者には、その理由および日時、場所が遅滞なく通知されなければならない。

⑥ 何人も、逮捕または拘束されたときには、適否の審査を法院に請求する権利を有する。

⑦ 被告人の自白が、拷問、暴行、脅迫、拘束の不当な長期化もしくは欺罔《ぎもう》その他の方

法により、自らの意思で陳述したものではないと認められるとき、または正式な裁判において被告人の自白が本人に不利な唯一の証拠であるときには、これを有罪の証拠とし、またはこれを理由として処罰することはできない。

第一三条〔刑罰不遡及、一事不再理、遡及立法の制限、連座制の禁止〕 ① すべての国民は、行為当時の法律によっては犯罪を構成することのない行為により訴追されることはなく、同一の犯罪について重ねて処罰されない。

② すべての国民は、遡及立法により、参政権の制限を受け、または財産権を剝奪されない。

③ すべての国民は、自己の行為ではない親族の行為により、不利益な処遇を受けない。

第一四条〔居住・移転の自由〕 すべての国民は、居住・移転の自由を有する。

第一五条〔職業選択の自由〕 すべての国民は、職業選択の自由を有する。

第一六条〔住居の不可侵〕 すべての国民は、住居の自由を侵害されない。住居に対する押収または捜索を行うときには、検事の申請により法官が発付した令状を提示しなければならない。

第一七条〔私生活の秘密および自由〕 すべての国民は、私生活の秘密および自由を侵害されない。

第一八条〔通信の秘密〕　すべての国民は、通信の秘密を侵害されない。

第一九条〔良心の自由〕　すべての国民は、良心の自由を有する。

第二〇条〔宗教の自由、政教分離〕　①　すべての国民は、宗教の自由を有する。

②　国教は、認められず、宗教と政治は、分離される。

第二一条〔言論・出版・集会・結社の自由等、言論・出版による名誉毀損・権利侵害等〕　①　すべての国民は、言論・出版の自由および集会・結社の自由を有する。

②　言論・出版に対する許可*または検閲、および集会・結社に対する許可*は、認められない。

③　通信・放送の施設基準および新聞の機能を保障するために必要な事項は、法律で定める。

④　言論・出版は、他人の名誉もしくは権利、または公衆道徳もしくは社会倫理を侵害してはならない。言論・出版が他人の名誉または権利を侵害したときには、被害者は、これについての被害の賠償を請求することができる。

＊　ここでいう「許可」は許可制を指している。

第二二条〔学問・芸術の自由、著作権等の保護〕　①　すべての国民は、学問および芸術の自由を有する。

② 著作者、発明家、科学技術者および芸術家の権利は、法律により、保護する。

第二三条〔財産権の保障〕 ① すべての国民の財産権は、保障される。その内容および限界は、法律で定める。

② 財産権の行使は、公共の福利に適合するように行われなければならない。

③ 公共の必要に基づく財産権の収用、使用または制限、およびそれに対する補償は、法律により行われ、正当な補償を支給しなければならない。

第二四条〔選挙権〕 すべての国民は、法律の定めるところにより、選挙権を有する。

第二五条〔公務担任権〕 すべての国民は、法律の定めるところにより、公務担任権を有する。

第二六条〔請願権〕 ① すべての国民は、法律の定めるところにより、国家機関に文書で請願する権利を有する。

② 国家は、請願について審査する義務を負う。

第二七条〔裁判を受ける権利、刑事被告人の無罪推定等〕 ① すべての国民は、憲法および法律の定める法官により、法律による裁判を受ける権利を有する。

② 軍人または軍務員ではない国民は、大韓民国の領域内では、重大な軍事上の機密・哨兵・哨所・有毒飲食物供給・捕虜・軍用物に関する罪のうち、法律の定める場合お

よび非常戒厳が宣布された場合を除いては、軍事法院の裁判を受けない。

③　すべての国民は、迅速な裁判を受ける権利を有する。刑事被告人は相当な理由がない限り、遅滞なく公開の裁判を受ける権利を有する。

④　刑事被告人は、有罪の判決が確定されるときまでは、無罪と推定される。

⑤　刑事被害者は、法律の定めるところにより、当該事件の裁判手続において陳述することができる。

第二八条〔刑事補償〕　刑事被疑者または刑事被告人として拘禁された者が、法律の定める不起訴処分を受け、または無罪判決を受けたときには、法律の定めるところにより、国家に正当な補償を請求することができる。

第二九条〔公務員の不法行為および賠償責任〕　①　公務員の職務上の不法行為により損害を受けた国民は、法律の定めるところにより、国家または公共団体に正当な賠償を請求することができる。この場合、公務員自身の責任は、免除されない。

②　軍人、軍務員、警察公務員その他法律の定める者が、戦闘、訓練等、職務執行と関連して受けた損害については、法律の定める報償のほかに、国家または公共団体に対し、公務員の職務上の不法行為による賠償は請求することができない。

第三〇条〔犯罪行為による被害の救助〕　他人の犯罪行為により生命・身体に対する被害を受

けた国民は、法律の定めるところにより、国家から救助を受けることができる。

第三一条〔教育を受ける権利・義務等〕 ① すべての国民は、能力に従い、均等に教育を受ける権利を有する。

② すべての国民は、その保護する子女に、少なくとも初等教育および法律の定める教育を受けさせる義務を負う。

③ 義務教育は、無償とする。

④ 教育の自主性・専門性・政治的中立性および大学の自律性は、法律の定めるところにより、保障される。

⑤ 国家は、生涯教育を振興しなければならない。

⑥ 学校教育および生涯教育を含む教育制度ならびにその運営、教育財政および教員の地位に関する基本的な事項は、法律で定める。

第三二条〔勤労の権利・義務等、国家有功者の機会優先〕 ① すべての国民は、勤労の権利を有する。国家は、社会的・経済的方法で勤労者の雇傭の増進および適正賃金の保障に努めなければならず、また法律の定めるところにより、最低賃金制を施行しなければならない。

② すべての国民は、勤労の義務を負う。国家は、勤労の義務の内容および条件を民主

主義の原則に従い、法律で定める。
③　勤労条件の基準は、人間の尊厳*を保障するよう、法律で定める。
④　女子の勤労は、特別の保護を受け、また雇傭、賃金および勤労条件において不当な差別を受けない。
⑤　年少者の勤労は、特別の保護を受ける。
⑥　国家功労者**、傷痍した軍人および警察公務員***、ならびに戦没した軍人および警察公務員の遺族は、法律の定めるところにより、優先的に勤労の機会を附与される。

*　原語は「尊厳性」。

**　原語は「有功」。

***　「軍人および警察公務員」の原語は「軍警」。


第三三条〔勤労者の団結権等〕　①　勤労者は、勤労条件の向上のために、自主的な団結権、団体交渉権および団体行動権を有する。
②　公務員である勤労者は、法律の定める者に限り、団結権、団体交渉権および団体行動権を有する。
③　法律の定める主要防衛産業体に従事する勤労者の団体行動権は、法律の定めるところにより、これを制限し、または認めないことができる。

第三四条〔生存権等〕 ① すべての国民は、人間らしい生活を営む権利を有する。
② 国家は、社会保障・社会福祉の増進に努める義務を負う。
③ 国家は、女子の福祉および権益の向上のために、努めなければならない。
④ 国家は、老人および青少年の福祉向上のための政策を実施する義務を負う。
⑤ 身体障碍者および疾病、老齢その他の事由により生活能力がない国民は、法律の定めるところにより、国家の保護を受ける。
⑥ 国家は、災害を予防し、その危険から国民を保護するよう、努めなければならない。
第三五条〔環境権等〕 ① すべての国民は、健康かつ快適な環境で生活する権利を有し、国家および国民は、環境保全のために、努めなければならない。
② 環境権の内容および行使に関しては、法律で定める。
③ 国家は、住宅開発政策等を通じて、すべての国民が、快適な住居生活を営むことができるよう、努めなければならない。
第三六条〔婚姻および家族生活、母性保護、国民保健〕 ① 婚姻および家族生活は、個人の尊厳および両性の平等を基礎として成立し、維持されなければならず、国家は、これを保障する。
② 国家は、母性の保護のために、努めなければならない。

③　すべての国民は、保健*に関して、国家の保護を受ける。

＊　健康の維持に関わることがらを指す。

第三七条〔国民の自由および権利の尊重・制限〕　①　国民の自由および権利は、憲法に列挙されていないという理由により、軽視されない。

②　国民のすべての自由および権利は、国家安全保障、秩序維持または公共の福利のために必要な場合に限り、法律により制限することができるが、制限する場合にも、自由および権利の本質的な内容を侵害することはできない。

第三八条〔納税の義務〕　すべての国民は、法律の定めるところにより、納税の義務を負う。

第三九条〔国防の義務〕　①　すべての国民は、法律の定めるところにより、国防の義務を負う。

②　何人も、兵役の義務の履行により、不利益な処遇を受けない。

第三章　国会

第四〇条〔立法権〕　立法権は、国会に属する。

第四一条〔構成〕　①　国会は、国民の普通・平等・直接・秘密選挙により選出された国会議員で構成する。

② 国会議員の数は、法律で定め、二〇〇人以上とする。

③ 国会議員の選挙区および比例代表制その他選挙に関する事項は、法律で定める。

第四二条〔議員の任期〕 国会議員の任期は、四年とする。

第四三条〔議員の兼職制限〕 国会議員は、法律の定める職を兼ねることができない。

第四四条〔議員の不逮捕特権〕 ① 国会議員は、現行犯人である場合を除いては、会期中、国会の同意なく、逮捕または拘禁されない。

② 国会議員が、会期前に逮捕または拘禁されたときには、現行犯人でない限り、国会の要求があれば、会期中釈放される。

第四五条〔議員の免責特権〕 国会議員は、国会で職務上行った発言および表決に関して、国会外で責任を負わない。

第四六条〔議員の義務〕 ① 国会議員は、清廉の義務を有する。

② 国会議員は、国家利益を優先し、良心に従い、職務を行う。

③ 国会議員は、その地位を濫用し、国家、公共団体もしくは企業体との契約またはその処分により、財産上の権利、利益もしくは職位を取得し、または他人のためにその取得を斡旋することはできない。

第四七条〔定期会、臨時会〕　①　国会の定期会は、法律の定めるところにより、毎年一回集会され、国会の臨時会は、大統領または国会の在籍議員の四分の一以上の要求により集会される。

②　定期会の会期は、一〇〇日を、臨時会の会期は、三〇日を超過することはできない。

③　大統領が臨時会の集会を要求するときには、期間および集会要求の理由を明示しなければならない。

第四八条〔議長、副議長〕　国会は、議長一人および副議長二人を選出する。

第四九条〔議決定足数、議決方法〕　国会は、憲法または法律に特別の規定がない限り、在籍議員の過半数の出席および出席議員の過半数の賛成をもって議決する。可否同数であるときには、否決されたものとみなす。

第五〇条〔会議の公開〕　①　国会の会議は、公開する。但し、出席議員の過半数の賛成があるとき、または議長が国家の安全保障のために必要であると認めるときには、公開しないことができる。

②　公開しなかった会議内容の公表に関しては、法律の定めるところによる。

第五一条〔議案の次期継続〕　国会に提出された法律案その他の議案は、会期中に議決できなかったという理由で廃棄されない。但し、国会議員の任期が満了したときには、この限りではない。

第五二条〔法律案提出権〕 国会議員および政府は、法律案を提出することができる。

第五三条〔法律の公布、大統領の再議要求等〕 ① 国会で議決された法律案は、政府に移送され、一五日以内に大統領が公布する。

② 法律案に異議があるときには、大統領は第一項の期間内に異議書を附して国会に還付し、その再議を要求することができる。国会の閉会中においてもまた同様である。

③ 大統領は、法律案の一部についてまたは法律案を修正して、再議を要求することはできない。

④ 再議の要求があるときには、国会は再議に附し、在籍議員の過半数の出席および出席議員の三分の二以上の賛成をもって前と同様の議決をするならば、その法律案は法律として確定される。

⑤ 大統領が第一項の期間内に公布または再議の要求をしなかったときにも、その法律案は、法律として確定される。

⑥ 大統領は、第四項および第五項の規定により確定された法律を遅滞なく公布しなければならない。第五項により法律が確定されたのち、または第四項による確定法律が政府に移送されたのち、五日以内に大統領が公布しないときには、国会議長がこれを

公布する。

⑦　法律は、特別の規定がない限り、公布した日から二〇日を経過することにより、効力を発生する。

第五四条〔予算案の審議、議決期間徒過時の措置〕　①　国会は、国家の予算案を審議・確定する。

②　政府は、会計年度ごとに予算案を編成して、会計年度開始九〇日前までに国会に提出し、国会は、会計年度開始三〇日前までにこれを議決しなければならない。

③　新しい会計年度が開始されるときまでに予算案が議決できなかったときには、政府は、国会で予算案が議決されるときまで、次の目的のための経費は前年度予算に準じて執行することができる。

一　憲法または法律により設置された機関または施設の維持・運営

二　法律上の支出義務の履行

三　すでに予算として承認された事業の継続

第五五条〔継続費、予備費〕　①　一会計年度を越え、継続して支出する必要があるときには、政府は、年限を定め、継続費として、国会の議決を得なければならない。

②　予備費は、総額で、国会の議決を得なければならない。予備費の支出は、次期国会

の承認を得なければならない。

第五六条〔追加補正予算〕 政府は、予算に変更を加える必要があるときには、追加補正予算案を編成し、国会に提出することができる。

第五七条〔支出予算各項の増額および新たな費目設置の禁止〕 国会は、政府の同意なく、政府が提出した支出予算各項の金額を増加し、または新たな費目を設置することはできない。

第五八条〔国債募集等についての議決〕 国債を募集し、または予算外に国家の負担となる契約を締結しようとするときには、政府は、あらかじめ国会の議決を得なければならない。

第五九条〔租税法律主義〕 租税の種目および税率は、法律で定める。

第六〇条〔条約・宣戦布告等についての同意〕 ① 国会は、相互援助もしくは安全保障に関する条約、重要な国際組織に関する条約、友好通商航海条約、主権の制約に関する条約、講和条約、国家もしくは国民に重大な財政的負担を負わせる条約、または立法事項に関する条約の締結・批准についての同意権を有する。

② 国会は、宣戦布告、国軍の外国への派遣または外国軍隊の大韓民国領域内における駐留についての同意権を有する。

第六一条〔国政に関する監査および調査権〕　①　国会は、国政を監査し、または特定の国政事案について調査することができ、またこれに必要な書類の提出または証人の出席および証言もしくは意見の陳述を要求することができる。

②　国政監査および調査に関する手続その他必要な事項は、法律で定める。

第六二条〔国務総理等の国会出席〕　①　国務総理、国務委員または政府委員は、国会もしくはその委員会に出席し、国政処理状況を報告し、または意見を陳述して、質問に応答することができる。

②　国会またはその委員会の要求があるときには、国務総理、国務委員または政府委員は、出席・答弁しなければならず、また国務総理または国務委員が出席要求を受けたときには、国務委員または政府委員を出席・答弁させることができる。

第六三条〔国務総理・国務委員解任建議権〕　①　国会は、国務総理または国務委員の解任を大統領に建議することができる。

②　第一項の解任建議は、国会の在籍議員の三分の一以上の発議により、国会の在籍議員の過半数の賛成がなければならない。

第六四条〔国会の自律権〕　①　国会は、法律に抵触しない範囲内で、議事および内部規律に関する規則を制定することができる。

② 国会は、議員の資格を審査し、また議員を懲戒することができる。

③ 議員を除名するには、国会の在籍議員の三分の二以上の賛成がなければならない。

④ 第二項および第三項の処分については、法院に提訴することができない。

第六五条〔弾劾訴追、弾劾決定の効力〕 ① 大統領、国務総理、国務委員、行政各部の長、憲法裁判所裁判官、法官、中央選挙管理委員会委員、監査院長、監査委員その他法律の定めた公務員が、その職務執行において、憲法または法律に違背したときには、国会は、弾劾の訴追を議決することができる。

② 第一項の弾劾訴追には、国会の在籍議員の三分の一以上の発議がなければならず、またその議決には、国会の在籍議員の過半数の賛成がなければならない。但し、大統領に対する弾劾訴追には、国会の在籍議員の過半数の発議および国会の在籍議員の三分の二以上の賛成がなければならない。

③ 弾劾訴追の議決を受けた者は、弾劾審判があるときまで、その権限の行使を停止される。

④ 弾劾決定は、公職から罷免するにとどまる。しかし、これにより民事上また刑事上の責任が免除されるものではない。

第四章　政府

第一節　大統領

第六六条〔地位、責務、行政権〕　①　大統領は、国家の元首であって、外国に対して国家を代表する。

②　大統領は、国家の独立、領土の保全、国家の継続性、および憲法を守護する責務を負う。

③　大統領は、祖国の平和的統一のための誠実な義務を負う。

④　行政権は、大統領を首班とする政府に属する。

第六七条〔選挙、被選挙権〕　①　大統領は、国民の普通・平等・直接・秘密選挙により選出する。

②　第一項の選挙において、最高得票者が二人以上であるときには、国会の在籍議員の過半数が出席した公開の会議で多数票を得た者を当選者とする。

③　大統領候補者が一人であるときには、その得票数が選挙権者総数の三分の一以上でなければ、大統領として当選できない。

④　大統領に選挙され得る者は、国会議員の被選挙権を有し、選挙日現在四〇歳に達していなければならない。

⑤　大統領の選挙に関する事項は、法律で定める。

第六八条〔選挙の時期〕　①　大統領の任期が満了となるときには、任期満了七〇日ないし四〇日前に後任の者を選挙する。

②　大統領が闕位《けつい》したとき、または大統領当選者が死亡し、もしくは判決その他の事由によりその資格を喪失したときには、六〇日以内に後任の者を選挙する。

第六九条〔就任宣誓〕　大統領は、就任に際し、次の宣誓を行う。

「わたしは、憲法を遵守し、国家を保衛し、また祖国の平和的統一ならびに国民の自由および福利の増進ならびに民族文化の暢達《ちょうたつ》に努め、大統領としての職責を誠実に遂行することを国民の前に厳粛に宣誓します。」

第七〇条〔任期〕　大統領の任期は、五年とし、重任することはできない。

第七一条〔権限の代行〕　大統領が闕位し、または事故により職務を遂行することができないときには、国務総理、法律の定めた国務委員の順序で、その権限を代行する。

第七二条〔重要政策の国民投票〕　大統領は、必要であると認めるときには、外交、国防、統一その他国家安危に関する重要政策を国民投票に附すことができる。

第七三条〔外交、宣戦布告、講和〕　大統領は、条約を締結・批准し、外交使節を信任、接受または派遣し、また宣戦布告および講和を行う。

第七四条〔国軍統帥権等〕　①　大統領は、憲法および法律の定めるところにより、国軍を統帥する。

②　国軍の組織および編成は、法律で定める。

第七五条〔大統領令〕　大統領は、法律で具体的に範囲を定めて委任された事項および法律を執行するために必要な事項に関して、大統領令を発することができる。

第七六条〔緊急処分・命令権〕　①　大統領は、内憂、外患、天災、地変または重大な財政・経済上の危機において、国家の安全保障または公共の安寧秩序を維持するために緊急な措置が必要であり、かつ国会の集会を待つ余裕がないときに限り、最小限必要な財政・経済上の処分をなし、またはこれに関し、法律の効力を有する命令を発することができる。

②　大統領は、国家の安危にかかわる重大な交戦状態において、国家を保衛するために緊急の措置が必要であり、かつ国会の集会が不可能なときに限り、法律の効力を有する命令を発することができる。

③　大統領は、第一項および第二項の処分または命令を行ったときには、遅滞なく国会

に報告し、その承認を得なければならない。

④ 第三項の承認を得ることができなかったときには、その処分または命令は、そのときから効力を喪失する。この場合、その命令により改正または廃止された法律は、その命令が承認を得ることができなかったときから、当然に効力を回復する。

⑤ 大統領は、第三項および第四項の事由を遅滞なく公布しなければならない。

第七七条〔戒厳宣布等〕 ① 大統領は、戦時、事変またはこれに準ずる国家非常事態において、兵力をもって軍事上の必要に応じ、または公共の安寧秩序を維持する必要があるときには、法律の定めるところにより、戒厳を宣布することができる。

② 戒厳は、非常戒厳および警備戒厳とする。

③ 非常戒厳が宣布されたときには、法律の定めるところにより、令状制度、言論・出版・集会・結社の自由、政府または法院の権限に関して、特別の措置をとることができる。

④ 戒厳を宣布したときには、大統領は、遅滞なく国会に通告しなければならない。

⑤ 国会が、在籍議員の過半数の賛成をもって戒厳の解除を要求したときには、大統領は、これを解除しなければならない。

第七八条〔公務員の任免権〕 大統領は、憲法および法律の定めるところにより、公務員を任免する。

第七九条〔赦免等〕　①　大統領は、法律の定めるところにより、赦免、減刑または復権を命ずることができる。

②　一般赦免を命ずるには、国会の同意を得なければならない。

③　赦免、減刑および復権に関する事項は、法律で定める。

第八〇条〔栄典授与〕　大統領は、法律の定めるところにより、勲章その他の栄典を授与する。

第八一条〔国会に対する意思表示〕　大統領は、国会に出席して発言し、または書翰をもって意見を表示することができる。

第八二条〔副署〕　大統領の国法上の行為は、文書をもって行い、またこの文書には国務総理および関係国務委員が副署する。軍事に関する事柄もまた同様である。

第八三条〔兼職の禁止〕　大統領は、国務総理、国務委員、行政各部の長その他法律の定める公私の職を兼ねることができない。

第八四条〔刑事上の特権〕　大統領は、内乱または外患の罪を犯した場合を除いては、在職中、刑事上の訴追を受けない。

第八五条〔前職大統領の身分および礼遇〕　前職大統領の身分および礼遇に関しては、法律で定める。

第二節　行政府

第一款　国務総理および国務委員

第八六条〔国務総理〕　①　国務総理は、国会の同意を得て、大統領が任命する。

②　国務総理は、大統領を補佐し、また行政に関して大統領の命を受け、行政各部を統轄する。

③　軍人は、現役を免ぜられた後でなければ、国務総理に任命されることができない。

第八七条〔国務委員〕　①　国務委員は、国務総理の提請*により、大統領が任命する。

②　国務委員は、国政に関して大統領を補佐し、また国務会議の構成員として国政を審議する。

③　国務総理は、国務委員の解任を大統領に建議することができる。

④　軍人は、現役を免ぜられた後でなければ、国務委員に任命されることができない。

＊　提出して任命を請うこと。日本語では「指名」に近いと思われるが、韓国語でも別途「指名」という語はあるので、ここでは原語のままとした。九四・九八・一〇四条も同様。

第二款　国務会議

第八八条〔権限、構成〕　①　国務会議は、政府の権限に属する重要な政策を審議する。

②　国務会議は、大統領、国務総理および一五人以上三〇人以下の国務委員で構成する。

③　大統領は、国務会議の議長となり、国務総理は、副議長となる。

第八九条〔審議事項〕　次の事項は、国務会議の審議を経なければならない。

一　国政の基本計画および政府の一般政策
二　宣戦、講和その他重要な対外政策
三　憲法改正案、国民投票案、条約案、法律案および大統領令案
四　予算案、決算、国有財産処分の基本計画、国家の負担となる契約その他財政に関する重要事項
五　大統領の緊急命令、緊急財政経済処分および命令または戒厳およびその解除
六　軍事に関する重要事項
七　国会の臨時会集会の要求
八　栄典授与
九　赦免、減刑および復権

一〇　行政各部間の権限の画定
一一　政府内の権限の委任または配分に関する基本計画
一二　国政処理状況の評価・分析
一三　行政各部の重要な政策の樹立および調整
一四　政党解散の提訴
一五　政府に提出または回付された政府の政策にかかわる請願の審査
一六　検察総長、合同参謀議長、各軍参謀総長、国立大学校総長、大使その他法律の定めた公務員および国営企業体管理者の任命
一七　その他、大統領、国務総理または国務委員の提出した事項

第九〇条〔国家元老諮問会議〕　①　国政の重要な事項に関する大統領の諮問に応ずるため、国家元老により構成される国家元老諮問会議を置くことができる。
②　国家元老諮問会議の議長には、前大統領*がなる。但し、前大統領がいないときには、大統領が指名する。
③　国家元老諮問会議の組織、職務範囲その他必要な事項は、法律で定める。
＊　原語は「直前大統領」。

第九一条〔国家安全保障会議〕　①　国家安全保障に関連する対外政策、軍事政策および国

内政策の樹立に関して、国務会議の審議に先立って大統領の諮問に応ずるため、国家安全保障会議を置く。

② 国家安全保障会議は、大統領が主宰する。

③ 国家安全保障会議の組織、職務範囲その他必要な事項は、法律で定める。

第九二条〔民主平和統一諮問会議〕 ① 平和統一政策の樹立に関する大統領の諮問に応ずるため、民主平和統一諮問会議を置くことができる。

② 民主平和統一諮問会議の組織、職務範囲その他必要な事項は、法律で定める。

第九三条〔国民経済諮問会議〕 ① 国民経済の発展のための重要政策の樹立に関し、大統領の諮問に応ずるために、国民経済諮問会議を置くことができる。

② 国民経済諮問会議の組織、職務範囲その他必要な事項は、法律で定める。

第三款　行政各部

第九四条〔行政各部の長〕 行政各部の長は、国務委員の中から国務総理の提請により、大統領が任命する。

第九五条〔総理令および部令〕 国務総理または行政各部の長は、所管事務に関し、法律もしくは大統領令の委任または職権により、総理令または部令を発することができる。

第九六条〔各部の組織および職務〕 行政各部の設置、組織および職務範囲は、法律で定める。

第四款　監査院

第九七条〔職務および所属〕 国家の歳入・歳出の決算、国家および法律の定めた団体の会計検査ならびに行政機関および公務員の職務に関する監察を行うため、大統領所属下に監査院を置く。

第九八条〔構成〕 ① 監査院は、院長を含む五人以上一一人以下の監査委員で構成する。

② 院長は、国会の同意を得て大統領が任命し、その任期は四年とし、一度に限り重任することができる。

③ 監査委員は、院長の提請により大統領が任命し、その任期は四年とし、一度に限り重任することができる。

第九九条〔検査および報告〕 監査院は、歳入・歳出の決算を毎年検査し、大統領および次年度国会に、その結果を報告しなければならない。

第一〇〇条〔組織、職務範囲等〕 監査院の組織、職務範囲、監査委員の資格、監査対象公務員の範囲その他必要な事項は、法律で定める。

第五章　法院

第一〇一条〔司法権、法院組織、法官の資格〕　①　司法権は、法官により構成された法院に属する。

②　法院は、最高法院である大法院および各級法院で組織される。

③　法官の資格は、法律で定める。

第一〇二条〔大法院〕　①　大法院に、部を置くことができる。

②　大法院に、大法官を置く。但し、法律の定めるところにより、大法官ではない法官を置くことができる。

③　大法院および各級法院の組織は、法律で定める。

第一〇三条〔法官の独立〕　法官は、憲法および法律に基づいて、その良心に従い、独立して審判する。

第一〇四条〔大法院長・大法官・法官の任命〕　①　大法院長は、国会の同意を得て、大統領が任命する。

②　大法官は、大法院長の提請により、国会の同意を得て、大統領が任命する。

③ 大法院長および大法官以外の法官は、大法官会議の同意を得て、大法院長が任命する。

第一〇五条〔法官の任期・連任・停年〕 ① 大法院長の任期は、六年とし、重任することはできない。

② 大法官の任期は、六年とし、法律の定めるところにより、連任することができる。

③ 大法院長および大法官以外の法官の任期は、一〇年とし、法律の定めるところにより、連任することができる。

④ 法官の停年は、法律で定める。

第一〇六条〔法官の身分保障〕 ① 法官は、弾劾または禁錮以上の刑の宣告によらずには、罷免されず、また懲戒処分によらずには、停職、減俸その他不利な処分を受けない。

② 法官が、重大な心身上の障害により、職務を遂行することができないときには、法律の定めるところにより、退職させることができる。

第一〇七条〔法律の違憲提請、命令等の審査権、行政審判〕 ① 法律が憲法に違反するか否かが裁判の前提となった場合には、法院は憲法裁判所に提請*し、その審判に基づき、裁判する。

② 命令、規則または処分が憲法または法律に違反するか否かが裁判の前提となった場

合には、大法院は、これを最終的に審査する権限を有する。

③　裁判の前審手続として、行政審判を行うことができる。行政審判の手続は、法律で定め、司法手続が準用されなければならない。

＊「提請」については第八七条の注で触れたが、ここでは提出して判断を求めること。「申立て」、「請求」または「付託」に近い意味であると思われる。一一一条も同様。

第一〇八条〔大法院の規則制定権〕　大法院は、法律に抵触しない範囲内で、訴訟に関する手続、法院の内部規律および事務処理に関する規則を制定することができる。

第一〇九条〔裁判公開の原則〕　裁判の審理および判決は、公開する。但し、審理は、国家の安全保障もしくは安寧秩序を妨害し、または善良な風俗を害する恐れがあるときには、法院の決定により、公開しないことができる。

第一一〇条〔軍事裁判〕　①　軍事裁判を管轄するため、特別法院として、軍事法院を置くことができる。

②　軍事法院の上告審は、大法院で管轄する。

③　軍事法院の組織・権限および裁判官の資格は、法律で定める。

④　非常戒厳下の軍事裁判は、軍人・軍務員の犯罪または軍事に関する間諜罪の場合、および哨兵・哨所・有毒飲食物供給・捕虜に関する罪のうち法律の定めた場合に限り、

単審*で行うことができる。但し、死刑を宣告した場合には、この限りではない。

* 一審のみで上訴のできない裁判。

第六章　憲法裁判所

第一一一条〔権限、構成等〕 ①　憲法裁判所は、次の事項を管掌する。

一　法院の提請による法律の違憲可否審判

二　弾劾の審判

三　政党の解散審判

四　国家機関相互間、国家機関と地方自治団体間および地方自治団体相互間の権限争議に関する審判

五　法律の定める憲法訴願に関する審判

②　憲法裁判所は、法官の資格を有する九人の裁判官で構成し、裁判官は、大統領が任命する。

③　第二項の裁判官のうち、三人は国会で選出する者を、三人は大法院長が指名する者を任命する。

④　憲法裁判所の長は、国会の同意を得て、裁判官の中から大統領が任命する。

第一一二条〔裁判官の任期・政治活動の禁止・身分保障〕　①　憲法裁判所裁判官の任期は、六年とし、法律の定めるところにより、連任することができる。

②　憲法裁判所裁判官は、政党に加入し、または政治に関与することはできない。

③　憲法裁判所裁判官は、弾劾または禁錮以上の刑の宣告によらずには、罷免されない。

第一一三条〔決定定足数、規則制定権等〕　①　憲法裁判所において、法律の違憲決定、弾劾の決定、政党解散の決定、または憲法訴願に関する認容決定を行うときには、裁判官六人以上の賛成がなければならない。

②　憲法裁判所は、法律に抵触しない範囲内で、審判に関する手続、内部規律および事務処理に関する規則を制定することができる。

③　憲法裁判所の組織および運営その他必要な事項は、法律で定める。

第七章　選挙管理

第一一四条〔選挙管理委員会〕　①　選挙および国民投票の公正な管理ならびに政党に関する事務を処理するため、選挙管理委員会を置く。

② 中央選挙管理委員会は、大統領が任命する三人、国会で選出する三人、および大法院長が指名する三人の委員で構成する。委員長は、委員の中で互選する。
③ 委員の任期は、六年とする。
④ 委員は、政党に加入し、または政治に関与することはできない。
⑤ 委員は、弾劾または禁錮以上の刑の宣告によらずには、罷免されない。
⑥ 中央選挙管理委員会は、法令の範囲内で、選挙管理、国民投票管理または政党事務に関する規則を制定することができ、また法律に抵触しない範囲内で、内部規律に関する規則を制定することができる。
⑦ 各級選挙管理委員会の組織、職務範囲その他必要な事項は、法律で定める。

第一一五条〔選挙管理委員会の対行政機関指示権〕 ① 各級選挙管理委員会は、選挙人名簿の作成等選挙事務および国民投票事務に関し、関係行政機関に必要な指示を行うことができる。
② 第一項の指示を受けた当該行政機関は、これに応じなければならない。

第一一六条〔選挙運動、選挙経費〕 ① 選挙運動は、各級選挙管理委員会の管理下で、法律の定める範囲内で行い、均等な機会が保障されなければならない。
② 選挙に関する経費は、法律の定める場合を除いては、政党または候補者に負担させ

ることはできない。

第八章　地方自治

第一一七条〔地方自治団体の自治権および種類〕　①　地方自治団体は、住民の福利に関する事務を処理し、財産を管理し、また法令の範囲内で自治に関する規定を制定することができる。

②　地方自治団体の種類は、法律で定める。

第一一八条〔地方自治団体の組織および運営〕　①　地方自治団体に、議会を置く。

②　地方議会の組織、権限、議員選挙および地方自治団体の長の選任方法その他地方自治団体の組織および運営に関する事項は、法律で定める。

第九章　経済

第一一九条〔経済秩序の基本、経済の規制および調整〕　①　大韓民国の経済秩序は、個人および企業の経済上の自由および創意を尊重することを基本とする。

② 国家は、均衡ある国民経済の成長および安定ならびに適正な所得の分配を維持し、市場の支配および経済力の濫用を防止し、また経済主体間の調和を通じた経済の民主化のため、経済に関する規制および調整を行うことができる。

第一二〇条〔資源の保護等〕 ① 鉱物その他重要な地下資源、水産資源、水力および経済上利用することができる自然力は、法律の定めるところにより、一定の期間、その採取、開発または利用を特許することができる。

② 国土および資源は、国家の保護を受け、国家は、その均衡ある開発および利用のため、必要な計画を樹立する。

第一二一条〔小作制度の禁止等〕 ① 国家は、農地に関し、耕者有田の原則*が達成されるよう、努めなければならず、また農地の小作制度は、禁止される。

② 農業生産性の引き上げおよび農地の合理的な利用のため、または不可避な事情により発生する、農地の賃貸借および委託経営は、法律の定めるところにより、認められる。

* 文字どおり「耕す者が田を所有すべきである」というこの原則は、制憲憲法以来、経済的社会的民主主義の一環として強調された原則であった。

第一二二条〔国土の利用・開発・保全〕 国家は、国民すべての生産および生活の基盤となる国土の効率的で均衡ある利用、開発ならびに保全のために、法律の定めるところにより、それに関する必要な制限および義務を課することができる。

第一二三条〔**農漁業の保護、地域経済の育成、中小企業の保護・育成**〕 ① 国家は、農業および漁業を保護・育成するため、農・漁村総合開発およびその支援等必要な計画を樹立・施行しなければならない。

② 国家は、地域間の均衡ある発展のため、地域経済を育成する義務を負う。

③ 国家は、中小企業を保護・育成しなければならない。

④ 国家は、農水産物の需給均衡および流通構造の改善に努め、価格安定を図ることにより、農・漁民の利益を保護する。

⑤ 国家は、農・漁民および中小企業の自助組織を育成しなければならず、またその自律的活動および発展を保障する。

第一二四条〔**消費者保護**〕 国家は、健全な消費行為を導き*、生産品の品質向上を促すための消費者保護運動を、法律の定めるところにより、保障する。

* 原語は、「教え導く」を意味する「啓導」。

第一二五条〔**貿易の育成**〕 国家は、対外貿易を育成し、またこれを規制・調整することができる。

第一二六条〔私企業の国・公有化および統制等の禁止〕 国防上または国民経済上緊切な必要に基づき法律の定める場合を除いては、私営企業を国有または公有に移転し、またはその経営を統制もしくは管理することはできない。

第一二七条〔科学技術の発展等、国家標準制度〕 ① 国家は、科学技術の革新ならびに情報および人力の開発*を通じ、国民経済の発展に努めなければならない。

② 国家は、国家標準制度**を確立する。

③ 大統領は、第一項の目的を達成するため、必要な諮問機構を置くことができる。

* 「人力の開発」としては、専門家の確保、新しい人材・能力の発掘、優秀な人材・能力の養成といったことが考えられている。

** 度量衡・時間等の計量・計測事項をはじめ、国家で統一的に用いられる科学的・技術的な基準を定める制度。本条文に基づき、科学技術の革新と産業構造の高度化、情報化社会の促進を目指し、国家標準基本法が制定されている。また、産業標準化法では韓国産業規格が定められている。

第一〇章　憲法改正

第一二八条〔改正提案権〕　①　憲法改正は、国会の在籍議員の過半数、または大統領の発議で提案される。

②　大統領の任期延長または重任変更のための憲法改正は、その憲法改正提案当時の大統領に対しては効力を有しない。

第一二九条〔改正案の公告〕　提案された憲法改正案は、大統領が、二〇日以上の期間、これを公告しなければならない。

第一三〇条〔改正案の議決および確定、公布〕　①　国会は、憲法改正案が公告された日から六〇日以内に議決しなければならず、また国会の議決は、在籍議員の三分の二以上の賛成を得なければならない。

②　憲法改正案は、国会が議決した後三〇日以内に国民投票に附し、国会議員選挙権者の過半数の投票および投票者の過半数の賛成を得なければならない。

③　憲法改正案が、第二項の賛成を得たときには、憲法改正は確定され、大統領は、ただちにこれを公布しなければならない。

附　則

第一条〔施行日〕　この憲法は、一九八八年二月二五日から施行する。但し、この憲法を施行するために必要な法律の制定、改正ならびにこの憲法による大統領および国会議員の選挙その他この憲法施行に関する準備は、この憲法施行前に行うことができる。

第二条〔最初の大統領の選挙日および任期〕 ①　この憲法による最初の大統領選挙は、この憲法の施行日の四〇日前までに実施する。

②　この憲法による最初の大統領の任期は、この憲法の施行日から開始する。

第三条〔最初の国会議員選挙および任期、憲法施行当時の国会議員の任期〕 ①　この憲法による最初の国会議員選挙は、この憲法の公布日から六月以内に実施し、またこの憲法により選出された最初の国会議員の任期は、国会議員選挙後、この憲法による国会の最初の集会日から開始する。

②　この憲法公布当時の国会議員の任期は、第一項による国会の最初の集会日の前日までとする。

第四条〔憲法施行当時の公務員等の地位〕 ①　この憲法施行当時の公務員および政府が任命した企業体の役員は、この憲法により任命されたものとみなす。但し、この憲法により選任方法または任命権者が変更された公務員、ならびに大法院長および監査院長は、この憲法により後任者が選任されるときまでその職務を行い、またこの場合、前任者である公務員の任期は、後任者が選任される前日までとする。

② この憲法施行当時の大法院長および大法院判事以外の法官は、第一項但書の規定にかかわらず、この憲法により任命されたものとみなす。

③ この憲法中、公務員の任期または重任制限に関する規定は、この憲法により、その公務員が最初に選出または任命されたときから適用する。

第五条〔憲法施行当時の法令および条約の効力〕 この憲法施行当時の法令および条約は、この憲法に違背しない限り、その効力を持続する。

第六条〔既存機関に関する経過措置〕 この憲法施行当時に、この憲法により新たに設置される機関の権限に属する職務を行っている機関は、この憲法により新しい機関が設置されるときまで存続し、その職務を行う。

出典　대한민국정부　관보　제一〇七七一호（ユ二二）〔大韓民国政府　官報第一〇七七一号（その二二）〕（一九八七年一〇月二九日）二頁以下。但し、各条文に付した見出しは原文にはなく、本書の編集方針に従い、訳者が適宜付したものである。韓国憲法裁判所ホームページ（http://www.ccourt.go.kr/）には全文がハングルのほか、英訳でも掲載されている。邦訳に、初宿正典・辻村みよ子編『新解説　世界憲法集〔第二版〕』（三省堂、二〇一〇年、岡克彦訳）、阿部照哉・畑博行編

『世界の憲法集〔第四版〕』(有信堂高文社、二〇〇九年、尹龍澤訳)、萩野芳夫・畑博行・畑中和夫編『アジア憲法集』(明石書店、二〇〇四年、趙元済訳)、法務大臣官房司法法制調査部職員監修『現行韓国六法』(ぎょうせい、一九八八年—加除式)等がある。

スイス

山岡規雄 訳・解説

解　説

一八四八年、連邦国家の成立とともにスイス初の統一的な連邦憲法が制定された。一八七四年には、連邦の集権化のため一八四八年憲法の全面改正が行われ、以後この一八七四年憲法が一〇〇年以上の歳月にわたり、効力を有することとなった。

しかし、度重なる部分改正によって憲法の体系性が失われるようになり、また、現代的な観点からは、あまり憲法的重要性のない規定が多く見られるようになったため、一九六〇年代から連邦憲法の全面改正が検討され始め、一九九九年の国民投票の結果、新憲法が承認され、翌二〇〇〇年から施行されることとなった。

新憲法においては、旧憲法にも規定されていなかった集会の自由、意見表明の自由などの古典的な自由権が追加されたほか、持続可能な発展の原則、個人情報の保護など新しい時代に対応した規定が新設された。また、新たに「社会目標」と題する章が追加され、社会国家としての性格を打ち出す規定が設けられた。

こうした新たな規定が追加される一方で、議院内閣制に対比されるいわゆる「議会統治制」や憲法改正国民発案を含む直接民主制的制度の採用など、旧憲法以来の比較憲法的にも特色のあるスイスの統治体制は、新憲法においても継承されることとなった。

「議会統治制」とは、議会と内閣との間で権力分立の関係が認められず、内閣が議会に従属する統治制度である。連邦参事会、すなわち連邦政府は、国民議会と全州議会の両院合同会である連邦会議によって選出される七名の構成員によって構成される。連邦参事会には、他の構成員に優越した権限を有する総理大臣に当たるような職は設けられていない。連邦参事会の構成員は、すべて対等であり、合議制原則に基づき、意思決定がなされる。連邦大統領は、連邦参事会の構成員の中から一年交代で選出される。連邦参事会の任期は国民議会議員の任期と同じ四年である。

国民投票制度など直接民主制的な要素を取り入れた憲法は、諸外国にも多く見られるが、スイス憲法においては、特にその傾向が顕著である。スイスにおいては、一〇万人の有権者の要求に基づき、憲法改正の発案をすることができ、この発案については、必ず国民投票に付託しなければならないことになっている。その他、義務的に国民投票に付さなければならない事項（超国家的共同体への加盟など）が、憲法第一四〇条において列挙されている。また、第一四一条においては、任意的に、すなわち五万人の有権者又は八つの州による要求があった場合に国民投票に付される事項（連邦法律など）が列挙されている。

以下の訳文は、二〇一一年一月一日現在の条文に基づくものである。

スイス連邦憲法

一九九九年四月一八日

前文

全能の神の名において！
スイス国民及び州は、
被造物に対する責任を自覚し、
世界に対する連帯及び開放の精神において、自由及び民主主義並びに独立及び平和を強化するために同盟を刷新することを決意し、
相互に配慮し、尊重しつつ統一の中の多様性の下に生きる意思を有し、
共同の成果及び将来世代に対する責任を自覚し、
自由を行使する者のみが自由であるということ及び国民の強さは弱者の幸福によって測られるということを確信し、
次のとおり、憲法を制定する。

第一編　総則

第一条　スイス連邦　スイス国民並びにチューリッヒ、ベルン、ルツェルン、ウーリ、シュヴィーツ、オプヴァルデン及びニートヴァルデン、グラールス、ツーク、フリブール、ゾロトゥルン、バーゼル・シュタット及びバーゼル・ラントシャフト、シャフハウゼン、アッペンツェル・アウサーローデン及びアッペンツェル・インナーローデン、ザンクト・ガレン、グラウビュンデン、アールガウ、トゥールガウ、ティチーノ、ヴォー、ヴァレー、ヌシャテル、ジュネーヴ並びにジュラの各州は、スイス連邦を形成する。

第二条　目的　① スイス連邦は、国民の自由及び権利を保護し、国の独立及び安全を保持する。

② スイス連邦は、国の共同の福祉、持続可能な発展、内的結束及び文化的多様性を促進する。

③ スイス連邦は、最大限の機会の均等を市民に保障するよう配慮する。

④ スイス連邦は、自然的生活基盤の永続的な維持及び平和で公正な国際秩序のために

尽力する。

第三条　州　州は、連邦憲法によって主権が制限されていない限りにおいて主権を有し、連邦に委ねられていないすべての権限を行使する。

第四条　国語　国語は、ドイツ語、フランス語、イタリア語及びレト・ロマンス語である。

第五条　法治国家の行為の原則　① 国家の行為の基礎及び制限するものは、法である。

② 国家の行為は、公共の利益に適合し、目的に見合ったものでなければならない。

③ 国家機関及び私人は、信義に従って、行動する。

④ 連邦及び州は、国際法を尊重する。

第五a条　補完性　国家の任務の割当て及び遂行に際しては、補完性の原則を尊重しなければならない。

第六条　個人及び社会の責任　すべて人は、自己自身に対し、責任を負い、その能力に応じて国家及び社会における任務の遂行に寄与する。

第二編　基本権、市民権及び社会目標

第一章　基本権

第七条　人間の尊厳　人間の尊厳は、尊重され、保護されなければならない。

第八条　法の前の平等　①　すべて人は、法律の前に平等である。

②　何人も、特に生まれ、人種、性別、年齢、言語、社会的地位、生活様式、宗教的、世界観的若しくは政治的信条又は身体的、知的若しくは精神的な障害を理由に差別されてはならない。

③　男性及び女性は、同権である。法律は、その法的平等及び事実上の平等、特に家族、教育及び労働における平等に配慮する。男性及び女性は、同一の価値を有する労働に対して同一の賃金を要求する権利を有する。

④　法律は、障害者に対する不利な条件を除去するための措置を定める。

第九条　恣意からの保護及び信義則の遵守　すべて人は、国家機関によって恣意的に取り扱われず、信義則に従って取り扱われるよう要求する権利を有する。

第一〇条　生命の権利及び個人的自由の権利　①　すべて人は、生命に対する権利を有する。死刑は、禁止される。

②　すべて人は、個人的自由の権利、特に身体的及び精神的に傷つけられないこと並びに移動の自由に対する権利を有する。

③　拷問及びその他のすべての残虐な、非人道的若しくは侮辱的な取扱い又は刑罰は、

禁止される。

第一一条　子ども及び青年の保護　①　子ども及び青年は、傷つけられないことに対する特別の保護及び発育の促進を要求する権利を有する。

②　子ども及び青年は、その判断能力の範囲内でその権利を行使する。

第一二条　困窮状態における援助の権利　困窮状態にあり、かつ、生計を維持することのできない者は、援助及び扶助並びに人間の尊厳に価する生活にとって不可欠な手段を要求する権利を有する。

第一三条　私的領域の保護　①　すべて人は、私生活及び家族生活、住居並びに信書、郵便及び電気通信の交換の尊重を要求する権利を有する。

②　すべて人は、個人情報の不正使用からの保護を要求する権利を有する。

第一四条　婚姻及び家族の権利　婚姻及び家族の権利は、保障される。

第一五条　信仰及び良心の自由　①　信仰及び良心の自由は、保障される。

②　すべて人は、宗教及び世界観的信条を自由に選択し、単独で又は他の人々と共同して信奉する権利を有する。

③　すべて人は、宗教団体に加入し、又は所属し、宗教教育を受ける権利を有する。

④　何人も宗教団体に加入すること若しくは所属すること、宗教行為を行い、又は宗教

教育を受けることを強制されてはならない。

第一六条　意見及び情報の自由　①　意見及び情報の自由は、保障される。

②　すべて人は、その意見を自由に形成し、それを妨げられることなく表明し、広める権利を有する。

③　すべて人は、情報を自由に受け取り、一般にアクセス可能な情報源から獲得し、広める権利を有する。

第一七条　メディアの自由　①　出版、ラジオ放送及びテレビ放送の自由並びに公共の通信技術を用いた制作物及び情報の提供のその他の形態の自由は、保障される。

②　検閲は、禁止される。

③　編集の秘密は、保障される。

第一八条　言語の自由　言語の自由は、保障される。

第一九条　基礎学校教育の権利　十分であり、かつ、無償の基礎学校教育を受ける権利は、保障される。

第二〇条　学問の自由　学問の教授及び研究の自由は、保障される。

第二一条　芸術の自由　芸術の自由は、保障される。

第二二条　集会の自由　①　集会の自由は、保障される。

② すべて人は、集会を組織し、集会に参加し、又は集会に参加しない権利を有する。

第二三条　結社の自由　① 結社の自由は、保障される。

② すべて人は、結社を組織し、結社に加入し、又は所属し、及び結社の活動に参加する権利を有する。

③ 何人も結社に加入し、又は所属することを強制されてはならない。

第二四条　居住の自由　① スイス人は、国のいかなる場所においても居住する権利を有する。

② スイス人は、スイスから出国し、又は入国する権利を有する。

第二五条　国外追放、身柄引渡し及び送還からの保護　① スイス人は、スイスから国外追放されてはならない。スイス人は、本人の同意があった場合にのみ、外国の当局に引き渡される。

② 難民は、迫害を受けている国に送還され、又は引き渡されてはならない。

③ 何人も拷問又はその他の残虐かつ非人道的な取扱い又は刑罰を受けるおそれのある国に送還されてはならない。

第二六条　所有権の保障　① 所有権は、保障される。

② 公用収用及び公用収用と同等な所有権の制限に対しては、完全な補償が行われる。

第二七条　経済の自由　①　経済の自由は、保障される。

②　経済の自由は、特に職業の自由な選択並びに私的経済活動への自由な参入及び当該活動の自由な遂行を含む。

第二八条　団結の自由　①　被用者、雇用者及びその団体は、自らの利益を擁護するため、提携し、連合体を組織し、及び当該連合体に加入し、又は加入しない権利を有する。

②　争議は、可能な限り交渉又は仲裁により解決しなければならない。

③　ストライキ及びロックアウトは、労働関係に関するものであり、かつ、労働の平和を守る義務又は調停手続をとる義務に反しない場合には、許される。

④　法律は、一定の職種に属する者についてストライキを禁止することができる。

第二九条　一般的な手続の保障　①　すべて人は、裁判手続及び行政手続において、平等かつ公正な取扱い及び合理的な期間内に判決を受ける権利を有する。

②　当事者は、聴聞を受ける権利を有する。

③　必要な手段を利用することのできない者は、すべて、訴えに勝訴の可能性がないと予想される場合を除き、無償の裁判を受ける権利を有する。自らの権利の保護のために必要とされる場合には、さらに弁護人による無償の援助を受ける権利を有する。

第二九a条　法的手段の保障　すべて人は、法的紛争に際して、司法官庁による判断を要求する権利を有する。連邦及び州は、法律により、例外的に司法の判断を排除することができる。

第三〇条　裁判手続　①　裁判手続で審理されるべき事件を有する者は、すべて、法律により設置され、権限を有する独立かつ公平な裁判所による裁判を受ける権利を有する。特別裁判所は、禁止される。

②　民事訴訟を提起された者は、すべて、居住地の裁判所による裁判を受けることを要求する権利を有する。法律は、別の裁判籍を定めることができる。

③　審理及び判決の宣告は、公開である。法律は、例外を定めることができる。

第三一条　自由の剥奪　①　何人も、法律自身により規定された場合において、かつ、法律の定める方法によらなければ、その自由を剥奪されない。

②　自由を剥奪された者は、すべて、遅滞なく、自らが理解できる言語で、自由の剥奪の根拠及び自らの権利について説明を受ける権利を有する。当該の者に対しては、その権利を行使する可能性を与えなければならない。当該の者は、特に近親者に通知させる権利を有する。

③　未決勾留中の者は、すべて、遅滞なく裁判官の下に引致される権利を有する。裁判官は、当該の者の勾留の継続又は釈放について決定する。未決勾留中の者は、すべて、

合理的な期間内に決定を受ける権利を有する。

④　裁判所の命令によらずに自由を剝奪された者は、すべて、いつでも裁判所の判断を求める権利を有する。裁判所は、可能な限り速やかに自由の剝奪の適法性について決定する。

第三二条　刑事手続　①　すべて人は、法的拘束力を有する有罪判決を下されるまでは、無罪の推定を受ける。

②　起訴された者は、すべて、可能な限り速やかに、かつ、包括的に、自らに負わされている責任について説明を受ける権利を有する。当該の者に対しては、自らが有する防御権を行使する可能性を与えなければならない。

③　有罪の判決を下された者は、すべて、上級の裁判所による判決の再審査を求める権利を有する。連邦裁判所が唯一の審級において判決する事件は、例外とする。

第三三条　請願権　①　すべて人は、官庁に対して請願を行う権利を有する。請願によって、不利益が生じてはならない。

②　官庁は、請願を受理しなければならない。

第三四条　政治的権利　①　政治的権利は、保障される。

②　政治的権利の保障は、自由な意思形成及び投票による正確な意思の表明を保護する。

第三五条　基本権の実現　①　基本権は、すべての法秩序において実現されなければならない。

②　国家の任務を遂行する者は、基本権に拘束され、基本権の実現のために寄与する義務を負う。

③　官庁は、その実現に相応しい範囲内で、私人間においても基本権が実現されるよう配慮する。

第三六条　基本権の制限　①　基本権の制限には、法律の根拠を必要とする。重大な制限については、法律自身で定めなければならない。重大であり、かつ、急迫の、他の方法では回避することのできない危険の場合は、例外とする。

②　基本権の制限は、公共の利益又は第三者の基本権の保護により正当化されなければならない。

③　基本権の制限は、目的との均衡を図らなければならない。

④　基本権の本質は、不可侵である。

第二章　市民権及び政治的権利

第三七条　市民権　①　スイス市民とは、市町村の市民権及び州の市民権を有する者をいう。

② 何人も、その市民権を理由に優遇され、又は不利な扱いを受けてはならない。ただし、州法による別段の定めがない限り、市民共同体及び同業組合における政治的権利並びにその財産への分与に関する規定は、例外とする。

第三八条　市民権の取得及び喪失　① 連邦は、血統、結婚及び養子縁組による市民権の取得及び喪失について規律する。さらに、連邦は、スイス市民権のその他の理由による喪失及びスイス市民権の再取得について規律する。

② 連邦は、州による外国人の帰化承認について、最小限の規定を定め、帰化の許可を与える。

③ 連邦は、無国籍の子どもについては、その帰化の条件を緩和する。

第三九条　政治的権利の行使　① 連邦は、連邦事項に関し、州は、州及び市町村の事項に関し、政治的権利の行使についてそれぞれ規律する。

② 政治的権利は、居住地において行使される。連邦及び州は、例外を定めることができる。

③ 何人も、二以上の州において政治的権利を行使してはならない。

④ 州は、転入者が居住から最長で三カ月の待機期間の後に、州及び市町村の事項に関

して投票権を行使することができる旨を定めることができる。

第四〇条　在外スイス人　① 連邦は、在外スイス人相互間の関係及び在外スイス人とスイスとの関係の強化を促進する。連邦は、この目的を追求する組織を支援することができる。

② 連邦は、在外スイス人の権利及び義務、特に、連邦に関する政治的権利の行使、兵役又は代替役務に従事する義務並びに困窮者への援助及び社会保険について法令を制定する。

第三章　社会目標

第四一条　① 連邦及び州は、個人の責任及び私的な創意を補完し、次の各号に掲げる目的のために尽力する。

a すべての人が社会保障にあずかること。

b すべての人がその健康に必要な医療を受けること。

c 成人及び子どもの共同体としての家族が保護され、支援されること。

d すべて就業能力のある人が適切な条件の下での労働を通して生計を立てることができること。

e　すべて住居を求める人が自身及びその家族のために適切な住居を負担可能な条件で探し出すことができること。
f　子ども及び青年並びに就業能力を有する年齢にある人がその能力に応じ、初期教育及び継続教育を受けることができること。
g　子ども及び青年がその成育において自立的で社会的責任を有する人間に成長するように促し、その社会的、文化的及び政治的統合を支援すること。

② 連邦及び州は、すべての人が、老齢、障害、疾病、災害、失業、母となること、孤児となること及び配偶者の死亡から生じる経済的な影響から保護されるよう努める。

③ 連邦及び州は、その憲法上の権限及び利用可能な手段の範囲内で社会目標の実現に努める。

④ 社会目標から、国家の給付を要求する直接的な権利を導き出すことはできない。

第三編　連邦、州及び市町村

第一章　連邦と州との関係

第一節　連邦及び州の任務

第四二条　連邦の任務　①　連邦は、連邦憲法が割り当てる任務を遂行する。

②　削除

第四三条　州の任務　州は、その権限の範囲内において遂行すべき任務を決定する。

第四三a条　国の任務の割当て及び遂行の原則　①　連邦は、州の能力を超えている任務又は連邦による統一的な規制を必要とする任務のみを引き受ける。

②　国による給付を利用する州及び自治体は、その費用を負担する。

③　国による給付の費用を負担する州及び自治体は、当該給付について決定することができる。

④　基本的給付は、すべての人に対し、比較可能な方法により、利用可能としなければならない。

⑤　国の任務は、合理的に、かつ、必要に対して適合的に遂行されなければならない。

第二節　連邦及び州の協力

第四四条　原則　①　連邦及び州は、その任務の遂行において相互に支援し、協力する。

②　連邦及び州は、相互に尊重し、支援しなければならない。連邦及び州は、相互に行政共助及び司法共助を行う。

③　州間の争議又は州と連邦との間の争議は、可能な限り交渉及び仲裁により解決する。

第四五条　連邦の意思形成への協力　①　州は、連邦憲法の定める条件に従い、連邦の意思形成、特に立法に協力する。

②　連邦は、州に対し、適時に、かつ、包括的にその計画について報告する。連邦は、州の利益に関係する問題の場合には、当該州の意見を聴取する。

第四六条　連邦法の実施　①　州は、憲法及び法律の定める条件に従い、連邦法を実施する。

②　連邦及び州は、州が連邦法の実施の際に、一定の目的を達成し、この目的のために連邦が財政的に支援する計画を実施するよう協定を相互に締結することができる。

③　連邦は、州に対し、最大限の活動の自由を認め、州の特別性に配慮する。

第四七条　州の自律性　①　連邦は、州の自律性を尊重する。

② 連邦は、州に対し、充分な範囲で州独自の任務を認め、その組織の自律性を尊重する。連邦は、州に対し、充分な範囲で財源を委ね、任務の遂行に必要な財政的資源を州が利用できるよう助力する。

第四八条　州間の協定　① 州は、相互に協定を締結し、共同の組織及び機構を設立することができる。州は、特に地域的な利益に関する任務を共同して遂行することができる。

② 連邦は、その権限の範囲内で関与することができる。

③ 州間の協定は、連邦の法及び利益並びに他の州の法に反してはならない。州間の協定は、連邦に通知しなければならない。

④ 州は、州間の機関に対し、州間の協定を実施する法規範を含む規定の制定を、次の各号に掲げる州間の協定により授権することができる。

a 法律制定に適用される手続と同一のものにより承認される州間の協定

b 当該規定の内容的概要を定める州間の協定

⑤ 州は、州間の法を尊重する。

第四八a条　一般的拘束力の宣言及び参加義務　① 関係する州の要求に基づき、連邦は、次の各号に掲げる任務の分野において、州間の協定が一般的拘束力を有すると宣言し、又は州に対し、州間の協定への参加を義務付けることができる。

a　刑罰及び措置の執行

b　学校制度。ただし、第六二条第四項に規定された分野に限る。

c　州の大学

d　地域の枠を越えた意義を有する文化施設

e　廃棄物の管理

f　下水の浄化

g　都市圏内の交通

h　先端医療及び専門病院

i　障害者の統合及び扶助のための施設

② 一般的拘束力の宣言は、連邦決議の形式で行われる。

③ 法律は、一般的拘束力及び参加義務のための要件を定め、手続を規律する。

第四九条　連邦法の優位及び遵守　① 連邦法は、抵触する州法に優位する。

② 連邦は、州による連邦法の遵守を監視する。

第三節　市町村

第五〇条　① 市町村の自治は、州法の定める条件に従い、保障される。

② 連邦は、その活動が市町村に及ぼし得る影響を考慮する。

③ 前項の場合において、連邦は、都市及び都市圏並びに山岳地帯の特殊な状況を考慮する。

第四節　連邦保障

第五一条　州憲法　① すべての州は、民主的な憲法を有する。州憲法には、州民の同意が必要とされ、有権者の過半数が要求する場合には、これを改正することができなければならない。

② 州憲法には、連邦の保障が必要とされる。連邦は、州憲法が連邦法に違反しない場合には、保障を与える。

第五二条　憲法秩序　① 連邦は、州の憲法秩序を保護する。

② 州における秩序が攪乱され、又は脅かされ、かつ、当該州が自力で又は他の州の助力によっても秩序を保護することができない場合には、連邦は、介入する。

第五三条　州の存立及び領域　①　連邦は、州の存立及び領域を保護する。

②　州の数又は地位の変更には、関係する住民及び関係する州の同意並びに国民及び州の同意が必要とされる。

③　州間の領域の変更には、関係する住民及び関係する州の同意並びに連邦決議の形式による連邦議会の承認が必要とされる。

④　境界の修正については、関係する州の間の協定により行うことができる。

第二章　権限

第一節　対外関係

第五四条　外交　①　外交は、連邦の権限事項である。

②　連邦は、スイスの独立の保護及びその福祉に尽力する。連邦は、特に世界における困窮者への支援及び貧困の克服、人権の尊重及び民主主義の促進、諸国民の平和的な共存並びに自然的な生活基盤の維持のために寄与する。

③　連邦は、州の権限を考慮し、州の利益を保護する。

第五五条　外交政策の決定に対する州の協力　①　州は、その権限又はその本質的な利益に関係する外交政策の決定の準備に協力する。

② 連邦は、適時に、かつ、包括的に州に報告し、州の意見を聴取する。
③ 州の権限に関係するものである場合には、州の意見表明には、特別な重要性が与えられる。この場合には、州は、適切な方法により国際的な交渉に協力する。

第五六条 州と外国との関係 ① 州は、その権限分野において外国と条約を締結することができる。
② 当該条約は、連邦の法及び利益並びに他の州の法に反してはならない。州は、条約の締結前に連邦に報告しなければならない。
③ 州は、外国の下級官庁と直接交渉することができる。その他の場合には、州による外国との交渉は、連邦を介して行う。

第二節 安全、国防、民間防衛

第五七条 安全 ① 連邦及び州は、その権限の範囲内で国の安全及び住民の保護に配慮する。
② 連邦及び州は、国内的安全の分野において、その施策を調整する。

第五八条 軍隊 ① スイスは、軍隊を有する。軍隊は、基本的に民兵制の原則に従って組織される。

② 軍隊は、戦争の防止及び平和の維持に寄与する。軍隊は、国及び住民を防衛する。軍隊は、国内的安全への重大な脅威及びその他の非常事態に対処するため、非軍事官庁を援助する。法律は、その他の任務を定めることができる。

③ 軍隊の出動は、連邦の権限事項である。

第五九条　兵役及び代替役務　① すべてのスイス人男性は、兵役に従事する義務を負う。法律は、非軍事的代替役務を定める。

② スイス人女性については、兵役は、任意である。

③ 兵役にも代替役務にも従事しないスイス人男性には、負担金が課される。当該負担金は、連邦によって課され、州によって査定され、徴収される。

④ 連邦は、所得の損失に対する適正な補償について定める。

⑤ 兵役又は代替役務への従事の際に健康被害を被った者又は生命を失った者は、自ら又は親族に対し、連邦による適正な扶助を要求する権利を有する。

第六〇条　軍隊の組織、教練及び装備　① 軍事に関する立法並びに軍隊の組織、教練及び装備は、連邦の権限事項である。

② 削除

③ 連邦は、州の軍事施設を適正な補償の下に取得することができる。

第六一条　民間防衛　① 武力紛争の影響に対する人及び財産の民間防衛についての立法は、連邦の権限事項である。
② 連邦は、大災害及び緊急事態における民間防衛の出動について法令を制定する。
③ 連邦は、男性について民間防衛役務が義務的である旨を宣言することができる。女性については、当該役務は、任意である。
④ 連邦は、所得の損失に対する適正な補償について法令を制定する。
⑤ 民間防衛役務への従事の際に健康被害を被った者又は生命を失った者は、本人又は親族について、連邦による適正な扶助を要求する権利を有する。

第三節　教育、研究及び文化　〔省略〕

第六一a条—第七二条　〔省略〕

第四節　環境及び国土計画　〔省略〕

第七三条—第八〇条　〔省略〕

第五節　公共事業及び交通〔省略〕

第八一条—第八八条〔省略〕

第六節　エネルギー及び通信〔省略〕

第八九条—第九三条〔省略〕

第七節　経済〔省略〕

第九四条—第一〇七条〔省略〕

第八節　住居、労働、社会保障及び健康〔省略〕

第一〇八条—第一二〇条〔省略〕

第九節　外国人の滞在及び定住〔省略〕

第一二一条〔省略〕

第一〇節　民法、刑法、度量衡〔省略〕

第一二二条―第一二五条〔省略〕

第三章　財政制度

第一二六条　財政運営　①　連邦は、歳出及び歳入の長期的な均衡を維持する。

②　予算において承認されるべき総歳出の最高額は、経済状況を考慮し、見積もられた歳入に応じて決定される。

③　特別な財政的需要に際しては、第二項に規定する最高額を適正な程度に増額することができる。連邦議会は、第一五九条第三項c号の規定に基づき、増額について議決する。

④　決算において示された総歳出額が第二項又は第三項に規定する最高額を超過した場合には、翌年度以降において超過支出分を補塡しなければならない。

⑤　法律は、詳細について規律する。

第一二七条　課税の原則　①　税制度、特に納税義務者の範囲、課税の対象及びその評価については、その基本原則を法律自身により規律しなければならない。

②　その際、税の性質により認められる限りにおいて、特に課税の一般性及び平等性の

原則並びに経済的能力に応じた課税の原則を尊重しなければならない。

③　州間の二重課税は、禁止される。連邦は、必要な措置を講じる。

第一二八条　直接税　①　連邦は、次の各号に掲げる税率に基づき、直接税を徴収することができる。

a　自然人の所得の一一・五パーセント以内

b　法人の純益の八・五パーセント以内

c　削除

②　連邦は、税率の設定に際し、州及び市町村の直接税による負担を考慮する。

③　自然人の所得への課税に関する未調整の累進性の結果は、定期的に調整される。

④　税は、州によって査定され、徴収される。税の総収入の少なくとも一七パーセントは、州に配分される。財政調整の結果、必要とされる場合には、割当分は、一五パーセントまで引き下げることができる。

第一二九条　税の調和　①　連邦は、連邦、州及び市町村の直接税の調和に関する原則を定める。連邦は、州による調整の施策を考慮する。

②　調和は、納税義務、課税対象、税の算定期間、手続法及び租税刑法に及ぶ。ただし、特に税率表、税率及び免税額は、調和の対象外とする。

③　連邦は、不当な課税上の優遇措置の規制について法令を制定することができる。

第一三〇条　付加価値税　①　連邦は、自己消費を含む物品の供給及びサービスの提供並びに輸入に対して、通常税率で六・五パーセント以下、軽減税率で二・〇パーセント以上の付加価値税を課することができる。

②　法律は、宿泊業への課税について、軽減税率と通常税率の間の税率を定めることができる。

③　年齢構成の変化により、高齢者・遺族・障害者保険の資金が保障されなくなった場合には、連邦法律の形式により、通常税率を一パーセント分まで、軽減税率を〇・三パーセント分まで引き上げることができる。

④　目的税化されていない税の収入の五パーセントは、低所得者層に対する負担軽減のための別の方法による使用が法律により定められていない限り、疾病保険における低所得者層の特別な保険料引下げのために使用される。

第一三一条　特別消費税　①　連邦は、次の各号に掲げる物品に特別消費税を課することができる。

a　たばこ及びたばこ製品

b　蒸留酒

c　ビール
d　自動車及びその部品
e　石油、その他の鉱油、天然ガス及びこれらの資源を原料とする加工品並びにエンジン用燃料

② 連邦は、エンジン用燃料に対する消費税に付加税を課することができる。
③ 蒸留酒税の純益の一〇パーセントは、州に配分される。この資金は、依存症をもたらす物質の濫用の原因及び影響の克服のために利用される。

第一三二条　印紙税及び源泉徴収税　① 連邦は、有価証券、保険料の領収証及びその他の商取引の証書に対して印紙税を課することができる。不動産取引及び抵当権取引の証書は、印紙税の対象外とする。
② 連邦は、動産資本所得からの収益、宝くじの賞金及び保険の給付に対して源泉徴収税を課することができる。その税収のうち一〇パーセントは、州に配分される。

第一三三条　関税　関税及び国境を通過する物品の流通に対するその他の公課に関する立法は、連邦の権限事項である。

第一三四条　州及び市町村の課税の排除　連邦の立法により、付加価値税、特別消費税、印紙税及び源泉徴収税の課税対象として指定されているもの又は課税対象とならないと

宣言されているものについて、州及び市町村は、同種の税を課してはならない。

第一三五条　財政調整及び負担調整　① 連邦は、連邦と州との間及び州間の適切な財政調整及び負担調整について法令を制定する。

② 財政調整及び負担調整は、特に次の各号に掲げることを目的とする。

a 州間の財政能力の格差を減少させること。

b 州に対し、最小限の財政的資源を保障すること。

c 地理的・地勢的条件又は社会的・人口的条件を理由とした州の過剰な財政負担を調整すること。

d 負担調整についての州間の協力を促進すること。

e 国内関係及び国際関係における州の税の競争能力を維持すること。

③ 資源の調整のための資金は、財政資源を有する州及び連邦により提供される。財政資源を有する州の給付は、連邦の給付の三分の二以上、かつ、八〇パーセント以下とする。

第四編　国民及び州

第一章　総則

第一三六条　政治的権利　① 連邦事項における政治的権利は、一八歳に達しており、かつ、精神疾患又は知的障害を理由とする成年後見の対象となっていないすべてのスイス人に帰属する。すべての者は、等しい政治的権利及び義務を有する。

② 前項に規定する者は、すべて国民議会選挙及び連邦の票決に参加し、並びに連邦事項について国民発案及び国民投票を提起し、これに対し署名することができる。

第一三七条　政党　政党は、国民の意見及び意思の形成に寄与する。

第二章　国民発案及び国民投票

第一三八条　連邦憲法の全面改正に関する国民発案　① 一〇万人の投票権者は、発案の公示から一八カ月以内に連邦憲法の全面改正を提案することができる。*

② 提案は、国民の票決に付されるものとする。

＊ まず国民発案の文面を官報に公示し、その後一八カ月以内に一〇万人以上の署名を集めた署名簿を連邦官房に提出することになっている。

第一三九条　連邦憲法の部分改正に関する国民発案　① 一〇万人の投票権者は、発案の公示から一八カ月以内に連邦憲法の部分改正を要求することができる。

② 連邦憲法の部分改正に関する国民発案は、一般的な提起の形式*又は法文化された草案の形式で行うことができる。

③ 発案が形式若しくは事項の統一性の原則又は国際法の強行規範に反している場合には、連邦議会は、当該発案の全部又は一部の無効を宣言する。

④ 連邦議会は、一般的な提起の形式による発案を承認した場合には、当該発案の趣旨に沿った部分改正を法文化し、国民及び州の票決に付す。連邦議会は、当該発案を拒否した場合には、当該発案を国民の票決に付す。国民は、当該発案に関する手続を継続すべきか否か決定する。継続が承認された場合には、連邦議会は、当該発案において要求された憲法改正案を法文化する。

⑤ 法文化された草案の形式による発案は、国民及び州の票決に付される。連邦議会は、当該発案について、承認又は拒否を勧告する。連邦議会は、当該発案に対抗提案を提示することができる。

＊ 法文化されていない形式での提案。

第一三九a条 削除

第一三九b条 発案及び対抗草案に関する票決に適用される手続 ① 投票権者は、当該提案及び対抗草案について同時に票決する。

② 投票権者は、双方の案を承認することができる。双方の案を承認する場合には、投票権者は、補足質問においていずれの案を優先するか、その意思を表明することができる。

③ 憲法改正が承認され、補足質問において一方の案が国民の多数の承認を得、他方の案が州の多数の承認を得た場合には、補足質問における国民の得票率と州の得票率とを合計した数字の高い方の案が施行される。*

＊ 例えば、国民の得票率で提案Aが五五パーセントを得、提案Bが四五パーセントを得たのに対し、州の得票率で提案Aが四〇パーセント、提案Bが六〇パーセントを得たとする。この場合、得票率の合計の数字は、提案Aについては九五、提案Bについては一〇五となる。提案Bの方が数が大きいため、この例では提案Bが施行されることになる。

第一四〇条　義務的国民投票　① 次の各号に掲げる事項は、国民及び州の票決に付される。

a　連邦憲法の改正

b　集団安全保障のための組織又は超国家的共同体への加盟

c　憲法上の根拠を有せず、かつ、その効力が一年を超える緊急であると宣言された連邦法律。当該連邦法律は、連邦議会による承認から一年以内に票決に付さなければならない。

② 次の各号に掲げる事項は、国民の票決に付される。

a 連邦憲法の全面改正に関する国民発案

aの2 削除

b 連邦議会によって拒否された一般的な提起の形式による連邦憲法の部分改正に関する国民発案

c 両院が一致しなかった場合には、連邦憲法の全面改正の可否

第一四一条 任意的国民投票 ① 五万人の投票権者又は八つの州が公布から一〇〇日以内に要求した場合には、次の各号に掲げる法令は、国民の票決に付される。

a 連邦法律

b その効力が一年を超える緊急であると宣言された連邦法律

c 連邦決議。ただし、憲法又は法律が国民投票を予定している場合に限る。

d 次に掲げる国際条約

1 無期限であり、かつ、廃棄することができない国際条約

2 国際機構への加盟を定める国際条約

3　法的規律をもたらす重要な規定を含む国際条約又はその実施のために連邦法律の制定が必要である国際条約

② 削除

第一四一a条　国際条約の実施　①　国際条約の承認決議が義務的国民投票に付される場合には、連邦議会は、当該条約の実施のために必要な法律の改正を承認決議に含めることができる。

② 国際条約の承認決議が任意的国民投票に付される場合には、連邦議会は、当該条約の実施のために必要な憲法改正を承認決議に含めることができる。

第一四二条　必要とされる過半数　①　国民の票決に付された案は、投票者の過半数が賛成した場合に、承認される。

② 国民及び州の票決に付された案は、投票者の過半数及び州の過半数が賛成した場合に、承認される。

③ 州における国民票決の結果は、州の投票とみなされる。

④ オプヴァルデン州、ニートヴァルデン州、バーゼル・シュタット州、バーゼル・ラントシャフト州、アッペンツェル・アウサーローデン州及びアッペンツェル・インナーローデン州は、二分の一の州票を有する。

第五編　連邦官庁

第一章　総則

第一四三条　被選挙権　国民議会、連邦参事会及び連邦裁判所については、すべての投票権者が被選挙権を有する。

第一四四条　兼職禁止　①　国民議会、全州議会及び連邦参事会の構成員並びに連邦裁判所の裁判官の職を兼職することはできない。

②　連邦参事会の構成員及び連邦裁判所の常勤裁判官は、連邦又は州の他の職務に就くことはできず、他の営利活動に従事することはできない。

③　法律は、他の兼職禁止について定めることができる。

第一四五条　職務の任期　国民議会及び連邦参事会の構成員並びに連邦官房長官は、四年の任期で選挙される。連邦裁判所の裁判官は、六年の任期で選挙される。

第一四六条　国家賠償責任　連邦は、連邦機関が職務活動の執行において違法に引き起こした損害に責任を負う。

第一四七条　意見表明の手続　州、政党及び関係団体は、重要な法令の制定及び大きな影響を及ぼすその他の計画の準備並びに重要な国際条約に対し、意見を表明する機会を与えられる。

第二章　連邦議会

第一節　組織

第一四八条　地位　①　連邦議会は、国民及び州の権利を留保した上で、連邦における最高権力を行使する。

②　連邦議会は、国民議会及び全州議会の二院より構成される。両院は、相互に対等である。

第一四九条　国民議会の構成及び選挙　①　国民議会は、国民を代表する二〇〇名の議員により構成される。

②　国民議会議員は、比例代表原則に基づき、国民により直接選挙される。国民議会は、四年ごとに全面的に改選される。

③　各州は、選挙区を構成する。

④　議席は、州の住民の人口に比例して配分される。各州は、少なくとも一議席を有する。

第一五〇条　全州議会の構成及び選挙　①　全州議会は、州を代表する四六名の議員により構成される。

②　オプヴァルデン州、ニートヴァルデン州、バーゼル・シュタット州、バーゼル・ラントシャフト州、アッペンツェル・アウサーローデン州及びアッペンツェル・インナーローデン州は、それぞれ一名の議員を選挙する。その他の州は、それぞれ二名の議員を選挙する。

③　全州議会の選挙については、州が定める。

第一五一条　会期　①　両院は、定期的に集会する。法律は、その招集について定める。

②　いずれかの院の四分の一の構成員又は連邦参事会は、臨時会のための両院の招集を要求することができる。

第一五二条　議長　各院は、その構成員の中から一年の任期で議長並びに第一副議長及び第二副議長を選挙する。翌年の再選は、禁止される。

第一五三条　議会委員会　①　各院は、その内部に委員会を設置する。

②　法律は、合同委員会について定めることができる。

③　法律は、法令制定以外の権限を委員会に委任することができる。

④　その任務の遂行のため、委員会は、情報請求権、資料閲覧権及び調査権を有する。

その権限の範囲は、法律により定められる。

第一五四条　会派　連邦議会の構成員は、会派を構成することができる。

第一五五条　議会事務局　連邦議会は、議会事務局を利用することができる。連邦議会は、連邦行政機関の助力を求めることができる。法律は、その詳細について規律する。

第二節　手続

第一五六条　独立審議　①　国民議会及び全州議会は、独立して審議する。

②　連邦議会の議決には、両院の一致が必要とされる。

③　法律は、次の各号に掲げる事項について、両院が一致しない場合における議決成立の確保のための規定を定める。

a　国民発案の有効又は一部無効

b　国民により承認された一般的な提起の形式による国民発案の実施

c　国民により承認された連邦憲法の全面改正を目的とする連邦決議の実施

d　予算又は補正予算

第一五七条　合同審議　①　国民議会及び全州議会は、次の各号に掲げる目的のため、国民議会議長を議長とし、両院合同会として合同で審議する。

a　選挙の実施
b　連邦上級官庁間の権限争議の裁定
c　恩赦の付与
② その他、両院合同会は、特別な場合及び連邦参事会の声明の聴取のために集会する。

第一五八条　会議の公開　議会の会議は、公開である。法律は、例外について定めることができる。

第一五九条　定足数及び要求される多数　① 議会は、その構成員の過半数が出席している場合に、審議することができる。
② 両院及び両院合同会は、投票者の過半数により議決する。
③ ただし、次の各号に掲げる事項については、各院の構成員の過半数の承認を必要とする。
a　連邦法律の緊急宣言
b　補助金に関する規定並びに債務負担の授権及び支出限度額であって、二〇〇〇万フランを超える新規の一回限りの支出又は二〇〇万フランを超える新規の継続的支出をもたらすもの
c　第一二六条第三項に規定する特別な財政的需要の際の総歳出の増額

④　連邦議会は、第三項b号に規定する金額を命令により物価の上昇に適合させることができる。

第一六〇条　議案提出権及び動議提出権　①　議会のすべての構成員、すべての会派、すべての議会委員会及びすべての州は、連邦議会に議案を提出する権限を有する。

②　議会の構成員及び連邦参事会は、審議に付されている案件に対し、動議を提出する権利を有する。

第一六一条　強制委任の禁止　①　連邦議会の構成員は、指示に拘束されることなく投票する。

②　連邦議会の構成員は、利益団体との関係を公開する。

第一六二条　免責特権　①　連邦議会及び連邦参事会の構成員並びに連邦官房長官は、議会及び議会の機関における発言について法的責任を問われない。

②　法律は、その他の種類の免責特権を定め、その適用範囲をその他の者に対して拡大することができる。

第三節　権限

第一六三条　連邦議会の法令の形式　①　連邦議会は、法的規定を連邦法律又は命令の形式で制定する。

② その他の法令は、連邦決議の形式で制定される。国民投票に付されない連邦決議は、単純連邦決議と称される。

第一六四条 立法 ① すべての重要な法的規定は、連邦法律の形式で制定されなければならない。特に次の各号に掲げる事項に関する基本的な規定がそれに該当する。

a 政治的権利の行使

b 憲法上の権利の制限

c 個人の権利及び義務

d 公課を負担しなければならない者の範囲並びに公課の対象

e 連邦の任務及び給付

f 連邦法の実施及び執行における州の義務

g 連邦官庁の組織及び手続

② 法的規定を制定する権限は、連邦憲法が禁止していない限りにおいて、連邦法律により委任することができる。

第一六五条 緊急立法 ① 施行を延期することのできない連邦法律は、各院の構成員の過半数により緊急であると宣言し、直ちに施行させることができる。当該連邦法律には、期限が付されなければならない。

② 緊急であると宣言された連邦法律に対して国民票決が要求された場合であって、連邦議会による承認から一年以内に国民によって承認されなかったときは、当該連邦法律は、連邦議会による承認から一年後に失効する。

③ 緊急であると宣言された連邦法律で、憲法上の根拠を有しないものは、連邦議会による承認から一年以内に国民及び州によって承認されなかった場合には、連邦議会による承認から一年後に失効する。当該連邦法律には、期限が付されなければならない。

④ 緊急であると宣言された連邦法律で、票決によって承認されなかったものは、更新することができない。

第一六六条　対外関係及び国際条約　① 連邦議会は、外交政策の形成に参画し、対外関係を監督する。

② 連邦議会は、国際条約を承認する。ただし、法律又は国際条約に基づき、その締結が連邦参事会の権限とされている国際条約を除く。

第一六七条　財政　連邦議会は、連邦の歳出について議決し、予算を確定し、決算を承認する。

第一六八条　選挙　① 連邦議会は、連邦参事会の構成員、連邦官房長官、連邦裁判所の裁判官及び軍総司令官を選挙する。

② 法律は、連邦議会がその他の選挙を実施し、又は承認する権限を付与することができる。

第一六九条　監督　① 連邦議会は、連邦参事会及び連邦行政、連邦の裁判所並びにその他の連邦の任務を担当する機関に対する監督を行う。

② 法律により定められた監督委員会の特別の派遣委員団に対しては、守秘義務を主張することはできない。

第一七〇条　業績評価　連邦議会は、連邦の措置の効果が検査されるよう配慮する。

第一七一条　連邦参事会への委任　連邦議会は、連邦参事会にその任務を委任することができる。法律は、詳細について、特に連邦議会が連邦参事会の権限領域に影響を及ぼすことのできる手段について規律する。

第一七二条　連邦と州との関係　① 連邦議会は、連邦と州との関係の維持に配慮する。

② 連邦議会は、州憲法を保障する。

③ 連邦議会は、連邦参事会又は州が州間の協定及び州と外国との条約に異議を申し立てた場合には、これらを承認する。

第一七三条　その他の任務及び権限　① 連邦議会は、さらに次の各号に掲げる任務及び権限を有する。

a　連邦議会は、スイスの対外的安全、独立及び中立の保護のための措置を講じる。

b　連邦議会は、国内的安全の保護のための措置を講じる。

c　特別な事情により必要とされる場合には、連邦議会は、a号及びb号に規定する任務の遂行のために、命令又は単純連邦決議を制定することができる。

d　連邦議会は、軍隊の現役役務のための態勢を整え、この目的のために軍隊又はその部隊を出動させる。

e　連邦議会は、連邦法の適用のための措置を講じる。

f　連邦議会は、上程された国民発案の有効性について判断する。

g　連邦議会は、国の活動の重要な計画策定に協力する。

h　連邦議会は、連邦法律が明文で規定している場合には、個々の処分について決定する。

i　連邦議会は、連邦最高諸官庁間の権限争議を裁定する。

k　連邦議会は、恩赦を付与し、大赦について決定する。

② 連邦議会は、さらに、連邦の権限に属し、その他の官庁に割り当てられていない職務を取り扱う。

③ 法律は、連邦議会に対し、その他の任務及び権限を付与することができる。

第三章　連邦参事会及び連邦行政

第一節　組織及び手続

第一七四条　連邦参事会　連邦参事会は、連邦の最高指揮機関及び最高執行機関である。

第一七五条　構成及び選挙　① 連邦参事会は、七名の構成員により組織される。

② 連邦参事会の構成員は、連邦議会により、国民議会の総選挙後に選挙される。

③ 連邦参事会の構成員は、国民議会の構成員の被選挙権を有するスイス市民の中から四年の任期で選挙される。

④ 国の地域及び言語共同体が連邦参事会の構成に適正に代表されるよう配慮しなければならない。

第一七六条　議長　① 連邦大統領は、連邦参事会の議長を務める。

② 連邦大統領及び連邦参事会の副議長は、連邦議会により連邦参事会の構成員の中から一年の任期で選挙される。

③ 翌年の再選は、禁止される。連邦大統領は、翌年に副議長に選挙されることはできない。

第一七七条　合議制原則及び省分担原則　①　連邦参事会は、合議体として決定する。

②　連邦参事会の職務は、準備及び執行のため、省ごとに、個々の構成員に割り当てられる。

③　連邦参事会の職務は、独立した処理のため、省又はその下部行政部局に委任される。その際には、訴訟の権利が保障されなければならない。

第一七八条　連邦行政　①　連邦参事会は、連邦行政を指揮する。連邦参事会は、目的に適合して組織されていること及び任務が適正に遂行されていることに配慮する。

②　連邦行政は、省ごとに組織される。各省の長に連邦参事会の一名の構成員を当てる。

③　行政の任務は、法律により、連邦行政に属さない公法上又は私法上の団体及び個人に委任することができる。

第一七九条　連邦官房　連邦官房は、連邦参事会の事務総局である。連邦官房は、連邦官房長官によって指揮される。

第二節　権限

第一八〇条　政策　①　連邦参事会は、政策の目的及び手段を定める。連邦参事会は、国の活動を計画し、調整する。

② 連邦参事会は、重要な公的又は私的利益に反しない限りにおいて、一般公衆に対し、適時に、かつ、包括的にその活動について報告する。

第一八一条　議案提出権　連邦参事会は、連邦議会に法案を提出する。

第一八二条　法規の制定及び執行　① 連邦参事会は、憲法又は法律が授権する限りにおいて、法規を命令の形式で制定する。

② 連邦参事会は、立法、連邦議会の決議及び連邦裁判官庁の判決の執行に配慮する。

第一八三条　財政　① 連邦参事会は、財政計画を策定し、予算案を編成し、決算を作成する。

② 連邦参事会は、適正な予算運営に配慮する。

第一八四条　対外関係　① 連邦参事会は、連邦議会の協力権限を留保した上で、外交問題を所掌する。連邦参事会は、対外的にスイスを代表する。

② 連邦参事会は、条約を締結し、批准する。連邦参事会は、その承認のため、条約を連邦議会に提出する。

③ 国の利益の保護のために必要とされる場合には、連邦参事会は、命令を制定し、及び処分を下すことができる。命令には、期限を付さなければならない。

第一八五条　対外的及び国内的安全　① 連邦参事会は、スイスの対外的安全、独立及び中立の保護のための措置を講じる。

② 連邦参事会は、国内的安全の保護のための措置を講じる。

③ 連邦参事会は、公共秩序又は国内的若しくは対外的安全に対する現存する又は急迫した重大な脅威に対処するため、直接、本条の規定に基づき、命令を制定し、処分を下すことができる。かかる命令には、期限を付さなければならない。

④ 緊急の場合には、連邦参事会は、部隊を動員することができる。連邦参事会が四〇〇〇人を超える軍隊の隊員を現役役務のために動員する場合又はその出動が三週間を超える期間を予定している場合には、遅滞なく連邦議会を招集しなければならない。

第一八六条　連邦と州との関係　① 連邦参事会は、連邦の州に対する関係を管理し、州と協力する。

② 連邦参事会は、連邦法の執行に必要とされる場合には、州の法令制定を承認する。

③ 連邦参事会は、州間の協定又は州と外国との条約に対し、異議を申し立てることができる。

④ 連邦参事会は、連邦法並びに州憲法及び州の協定又は条約の遵守に配慮し、必要な措置を講じる。

第一八七条　その他の任務及び権限　① 連邦参事会は、さらに次の各号に掲げる任務及び権限を有する。
a　連邦参事会は、連邦行政及びその他の連邦の任務の担当機関を監督する。
b　連邦参事会は、その職務遂行及び国の現況について、連邦議会に対し、定期的に報告する。
c　連邦参議会は、他の官庁の権限に属しない選挙を実施する。
d　連邦参事会は、法律の定める限りにおいて、苦情を処理する。
② 法律は、連邦参事会にその他の任務及び権限を委任することができる。

第四章　連邦裁判所及び他の司法官庁

第一八八条　連邦裁判所の地位　① 連邦裁判所は、連邦の最高司法官庁である。
② 法律は、その組織及び手続を定める。
③ 連邦裁判所は、独立して運営される。

第一八九条　連邦裁判所の管轄　① 連邦裁判所は、次の各号に掲げるものの違反を理由とする訴訟につき判断を下す。
a　連邦法
b　国際法

c　州間の法
d　州の憲法
e　市町村の自治及び州が公法上の団体のために付与している他の保障
f　政治的権利に関する連邦及び州の規定

①の2　削除

② 連邦裁判所は、連邦と州との間又は州間の訴訟について判断を下す。

③ 法律により連邦裁判所に他の権限を付与することができる。

④ 連邦議会及び連邦参事会の行為について、連邦裁判所に訴えることはできない。例外については、法律により定める。

第一九〇条　適用される法　連邦裁判所及びその他の法適用機関は、連邦法律及び国際法に拘束される。

第一九一条　連邦裁判所への提訴　① 法律は、連邦裁判所への提訴を保障する。

② 重要な意義を有する法的問題のない訴訟については、法律により訴訟額の限界を定めることができる。

③ 一定の事件の分野については、法律により連邦裁判所への提訴を認めないとすることができる。

④ 明らかに根拠のない申立てについては、法律により簡易手続を定めることができる。

第一九一a条　その他の連邦の司法官庁　① 連邦は、刑事裁判所を設置する。当該裁判所は、法律により連邦の裁判管轄とされた刑事事件を第一審として裁判する。法律は、連邦刑事裁判所にその他の管轄を付与することができる。

② 連邦は、連邦行政の権限領域に係る公法上の争訟の判断のための司法官庁を設置する。

③ 法律は、その他の連邦の司法官庁を定めることができる。

第一九一b条　州の司法官庁　① 州は、民事法及び公法の訴訟並びに刑事事件に関する判断のため、司法官庁を設置する。

② 州は、州間の共同の司法官庁を設立することができる。

第一九一c条　裁判官の独立　司法官庁は、その裁判活動において独立であり、法にのみ従う。

第六編　連邦憲法の改正及び経過規定

第一章　改正

第一九二条　原則　①　連邦憲法は、いつでも全部又は一部を改正することができる。

②　連邦憲法及び連邦憲法に基づく立法が別に定めていない限り、改正は、立法手続に基づき行われる。

第一九三条　全面改正　①　連邦憲法の全面改正は、国民若しくは両院のうちのいずれかによって発議し、又は連邦議会により議決することができる。

②　国民から発案が行われた場合又は両院が一致しない場合には、国民が全面改正の実施の可否を決定する。*

③　国民が全面改正に賛成した場合には、両院は、新たに選挙される。

④　国際法の強行規範は、侵害してはならない。

*　全面改正に関する最終的な国民投票に先立ち、全面改正の必要性の有無について先決的な国民投票が行われる。

第一九四条　部分改正　①　連邦憲法の部分改正は、国民が要求し、又は連邦議会が議決することができる。

②　部分改正は、事項の統一性を保持しなければならず、国際法の強行規範を侵害してはならない。

③　部分改正の国民発案は、さらに形式の統一性を保持しなければならない。

第一九五条　施行　全部又は一部が改正された連邦憲法は、国民及び州によって承認された場合に、施行される。

第二章　経過規定

第一九六条　新連邦憲法に関する一九九八年一二月一八日の連邦決議に基づく経過規定　〔省略〕

第一九七条　一九九九年四月一八日の連邦憲法の承認後の経過規定

1. スイスの国際連合への加盟

① スイスは、国際連合に加盟する。

② 連邦参事会は、国際連合事務総長に対し、スイスの国際連合への加盟の申請及び国連憲章上の義務の履行の宣言を行う権限を付与される。

〔省略〕

一九九八年一二月一八日の連邦決議の末尾規定

Ⅱ

1　一八七四年五月二九日のスイス連邦憲法は、廃止される。

2　法律に移行されるべき次の各号に掲げる連邦憲法の規定は、対応する法律の規定の施行まで引き続き適用される。

a—b　〔省略〕

c　第一二一条の二第一項、第二項並びに第三項第一文及び第二文

①　連邦議会が対抗草案を議決した場合には、投票権者に対しては、同一の投票用紙において三つの質問が提示される。すべての投票者は、次の各号に掲げる事項について制約を受けることなく表明することができる。

1　現行法よりも国民発案を優先するか否か

2　現行法よりも対抗草案を優先する否か

3　国民及び州が現行法よりも双方の提案を優先した場合には、いずれの提案が施行されるべきか

②　各質問について、別々に絶対多数が集計される。無回答は、考慮に入れられない。

③　国民発案及び対抗草案が承認された場合には、第三の質問の結果が決定を下す。この質問において国民及び州の多数を得た提案が施行される。……

Ⅲ—Ⅳ〔省略〕

出典　スイス連邦官庁ホームページ(http://www.admin.ch/ch/d/sr/1/101.de.pdf, http://www.admin.ch/ch/f/rs/1/101.fr.pdf　http://www.admin.ch/ch/i/rs/1/101.it.pdf)

ロシア

渋谷謙次郎 訳・解説

解説

1　以下では、現行ロシア連邦憲法の制定にいたるまでの道のりと、憲法の特徴、そして現在にいたるまでの憲政の歩みについて簡単に述べる。社会主義時代のソビエト憲法は、人権ではなくて社会主義体制の利益に適合する形での「市民の権利」、国家所有の比重の高さ、権力分立ではなくてソビエトへの全権力集中といった原則に立脚していた。しかも共産党の指導的役割が憲法で規定されており、ソビエト制度自体が形骸化していた。当初、経済改革として始まったペレストロイカは、体制改革に推移し、ソ連を構成していたロシアでも、旧社会主義憲法改正過程において複数政党制、人権や私的所有権、権力分立などの近代立憲主義的要素が採り入れられ、憲法裁判所も設立された。

大統領制の設立によって初代ロシア大統領に当選したエリツィンは、ソ連解体を通じて、新生ロシアのシンボル的存在にもなった。しかしエリツィン大統領と議会(人民代議員大会および常設の最高会議)との対立は日増しに先鋭化していった。大統領権力が「執行権力」として自立化しつつも、ソビエト権力の系譜を引く人民代議員大会が依然として三権を超越する「最高国家権力機関」と位置づけられているなど、改正を重ねた憲法にも矛盾が内在していた。

エリツィン大統領は、議会主導の憲法委員会の新憲法起草作業を事実上見限り、新たに大統領主導の憲法協議会を招集して大統領に強大な権限を付与する新憲法草案を公表した。後に大統領側が議会を超法規的に解散する大統領令を発し、反発する議員がたてこもる議会に軍を派遣して砲撃するという流血のクーデタを強行した(一九九三年の一〇月政変)。ロシアで誕生しかけた「権力分立」は、正統性を競い合う複数の権力間の決戦に帰着したのである。

2　クーデタに成功したエリツィン大統領は、一九九三年一二月一二日の国民投票で、自ら主導した憲法草案の採択にもち込んだ。ここに、ソビエト権力の流れに終止符を打つ新ロシア連邦憲法（九三年憲法）が誕生した。この国民投票は、クーデタを実行したエリツィン大統領に対する事実上の信任投票でもあった。エリツィン大統領は、かつての議会との対立を打開するために一九九三年四月にも自らの改革路線を問う国民投票を実施して難局を切り抜けてきた。指導者への信任を問う国民投票が「レフェレンダム」と区別されてしばしば「プレビシット」といわれ、彼がいわゆる「プレビシット」型の指導者として強みを発揮し、幾度となく危機を脱出してきたゆえんである。

だがエリツィン大統領は、この憲法採択＝信任投票で圧倒的に勝利したとはいえなかった。公式集計では投票率が五四・八パーセントで、そのうち採択に賛成した者が五八・四パーセント、反対した者が四一・六パーセントである。投票率・賛成率とも、さほど高くはなかった。この数字は、大統領と旧議会との間の憲法体制をめぐる「内戦」の傷を反映していた。連邦制の見地からみても、九三年憲法は、諸地域のコンセンサスを十分に得たものではなかった。ただし、体制転換の渦中の熾烈な権力闘争において、曲がりなりにもこのような形で憲法が採択されたことをもって、エリツィン大統領側の十分な勝利であったとする見地もあり得る。

3　九三年憲法は、人および市民の権利保障や権力分立など近代立憲主義原理に立脚すると同時に、「社会国家」（第七条）という性格付けや生存権・社会権を重視し、現代型の憲法に属する。

エリツィン時代には、言論の自由がある程度進展したと同時に、新興財閥によるメディア支配という新たな問題が生じた。刑事手続上の人権の改善については、憲法裁判所が果たした役割が大きいといえる。他方、生活水準に関しては、九〇年代に貧富の差が拡大し、国民の二―三割が最低生活水準を下回る生活を余儀なくされており、「社会国家」は社会を分裂させてきた。

連邦制に関しては、共和国(いわゆる民族共和国)、地方、州、自治州、自治管区といった、元来地位の異なる雑多な連邦構成主体が混在しており、ソ連時代に由来する「非対称的連邦」の名残をとどめているが、憲法上はあらゆる連邦構成主体が相互に「同権」とされている(第五条第四項)。しかし、九三年憲法に前後して各共和国で制定された共和国憲法の多くは、程度の差はあれ独自の「主権」規定を置き、州や地方も自らの権限を拡大してきた。つまり、連邦構成主体レベルでは、ゴルバチョフ時代以来の「遠心化」傾向が九三年憲法制定後も続き、そうした傾向は、九三年憲法の連邦制規範と乖離《かいり》していた。この問題に対応するために、エリツィン大統領は、九四年以降、半数以上の連邦構成主体と二者間の権限区分条約を順次締結し直すことになった。だが、それらの条約は連邦議会の批准を経てはなく、違憲の内容が含まれていると当時から指摘されている。

九三年憲法の統治構造は、学説上「大統領共和制」または「半大統領共和制」と呼ばれる。国民の直接選挙で信託を受けているところに大統領権力の強みがある。大統領が連邦首相を任命する際に連邦議会下院の同意が必要なものの、大統領による首相候補の提案を下院が三度否認した場合、大統領は下院を解散できる(第一一一条第四項)。また大統領は、大統領令を公布でき、それは規範的には憲法および連邦の法律に違反してはならないが(第九〇条第一項―第三項)、立法の空白を埋めるために、事実上、大統領が立法権の一部を行使し、連邦憲法裁判所も条件付でそれを容認してきた。強大な大統領権力に対抗して、エリツィン時代には、議会の権限を強める改憲発議が議会によって幾度か試みられたが、成功しなかった。ただし九八年八月の金融危機後に成立したプリマコフ内閣は、エリツィン大統領の統治能力が低下していたこともあって、当時の下院の最大会派であった共産党などの意向を反映した「議院内閣制」に近いものであった。

4　一九九九年末のエリツィン大統領辞任によって、当時首相だったプーチンが事実上の後継者に指名され、その後の大統領選挙に当選した。革命やクーデタによらず同一の憲法体制下で合法的に元首が交代したのは、ロシア史上初めてのことである。

エリツィン時代に行われた民営化の結果が多くの国民に不評だったせいか、プーチン時代になると経済の「国家統制」の色彩が強くなった。エリツィン時代に政治に深く関与した「オリガーキー」と呼ばれる有力資本家に対する圧力も強まった。また、連邦制に関してエリツィン大統領の手法が「諸地域と妥協しすぎて国を混乱と無秩序におとしいれた」と批判されるようになっていき、プーチン時代になると諸地域に対する締め付けが厳しくなった。連邦憲法裁判所も諸共和国憲法の「主権」規定に次々と違憲判断を下していった。連邦構成主体間の統廃合も進み、ペルミ州とコミ＝ペルミャック自治管区とが統合して「ペルミ地方」に、クラスノヤルスク地方とタイムィル（ドルガン・ネネツ）自治管区およびエヴェンキ自治管区とが統合して「クラスノヤルスク地方」に、カムチャツカ州とコリャーク自治管区とが統合して「カムチャツカ地方」に、チタ州とアガ・ブリヤート自治管区とが統合して「ザバイカル地方」になった。

二〇〇三年の下院選挙ではプーチン与党「統一ロシア」が圧勝し、共産党の退潮が著しかった。

権力基盤を固めたプーチン政権の下でロシアは安定に向かうかと思われた。

だが、第二次チェチェン戦争は長引き、首都モスクワやロシア南部で「テロ」が続発した。メディアに対する規制も強くなり、テレビ放送局は事実上政府の影響下に入り、新聞も少数部数紙を除くと自由な政権批判が事実上困難になっていった。二〇〇四年九月に北オセチヤ共和国で起きた大量の死傷者を出した人質事件を機に、プーチン大統領は、連邦構成主体の首長(共和国大統領や州知事など)を住民の直接選挙ではなく連邦大統領の提案に基づく当該連邦構成主体の代表機関の選任に切り替える法案を提出し、連邦議会で可決された。下院選挙に関しては、従来の小選挙区・比例代表並立制から比例代表制に一本化された。憲法改正ではなく通常の立法改正によってなされたこれらの再編は、憲法を都合よく解釈しすぎているという声もある。

5　憲法では大統領の三選が禁じられており(八一条三項)、二期を務めたプーチンに後継指名されたメドヴェージェフが二〇〇八年三月の大統領選挙に当選した。しかし、メドヴェージェフ大統領はプーチンを今度は首相に任命し、大統領・首相の「二頭(双頭)体制」が始動し、実質的な最高実力者はプーチンであるとさえ言われた。その後、二〇〇八年一二月に憲法改正が行われ、大統領の任期は四年から六年に、下院議員の任期は四年から五年に延長された(適用されるのは次期下院選挙と大統領選挙以降)。二〇一二年三月に実施予定の大統領選挙にはプーチンが立候補するとも言われ(二〇一一年九月現在)、もし大統領に「復帰」しても憲法の三選禁止規定に反しないというのが、政権側の見解である。そのような筋書が進むのであれば、立憲主義の本旨である権力の濫用防止からみても問題が残るであろう。

ロシア連邦憲法

〔一九九三年一二月一二日の国民投票で採択〕

前文

われわれロシア連邦の多民族からなる人民は、
わが国における共通の運命に結ばれ、
人権と自由、市民の平和と合意を確信し、
歴史的に形成された国家の統一を護り、
諸民族の同権と自決の普遍的原則に基づき、
祖国への愛と尊厳、善と公正への信頼をわれわれに伝えた先祖を偲び、
主権国家としてのロシアを復興するとともに、その民主的原則の揺るぎなさを確立し、
ロシアの幸福と繁栄の保証を目指し、
現在と未来の世代を前に、祖国への責任に基づき、
自らを世界の共同体の一員と自覚し、

ここにロシア連邦憲法を採択する。

第一編

第一章　憲法体制の基本原則

第一条〔民主的な連邦制法治国家〕　①　ロシア連邦〔ロシア〕は、共和制の統治形態をとる民主的な連邦制法治国家である。

②　ロシア連邦およびロシアという名称は同義である。

第二条〔人権の優越的価値〕　人間およびその権利と自由は最上の価値である。人および市民の権利と自由を承認し、遵守し、かつ擁護することは国家の義務である。

第三条〔人民主権〕　①　ロシア連邦における主権者および権力の唯一の源は、ロシアの多民族からなる人民である。

②　人民は、直接に、かつ国家権力機関および地方自治機関を通じて、権力を行使する。

③　人民投票および自由選挙は、人民権力の最高の直接的表明である。

④　何人もロシア連邦において権力を収奪することはできない。権力の奪取または権限の横領は、連邦の法律によって訴追される。

第四条〔ロシア連邦の主権〕　①　ロシア連邦の主権は、その全土におよぶ。

②　ロシア連邦憲法および連邦の法律は、ロシア連邦の全土において最高法規である。

③　ロシア連邦は、領土の保全と不可侵を保障する。

第五条〔連邦制の基本原則〕　①　ロシア連邦は、同権的な連邦構成主体である共和国、地方、州、連邦的意義を有する都市、自治州および自治管区からなる。

②　共和国（国家）は、独自の憲法および立法権を有する。地方、州、連邦的意義を有する都市、自治州および自治管区は、独自の憲章および立法権を有する。

③　ロシア連邦の連邦制度は、ロシア連邦の国家的統一性、国家権力体系の単一性、ロシア連邦の国家権力機関とロシア連邦構成主体の国家権力機関との間の管轄事項および権限の区分ならびにロシア連邦の諸民族の同権および自決に立脚する。

④　すべてのロシア連邦構成主体は、連邦国家権力機関との相互関係において同権である。

第六条〔ロシア連邦の国籍〕　①　ロシア連邦の国籍は、連邦の法律にしたがって取得され、かつ喪失される。ロシア連邦の国籍は単一であり、その取得事由にかかわらず平等である。

②　ロシア連邦の市民は、その領土においてロシア連邦憲法で規定されたすべての権利

と自由を有し、かつ平等な義務を負う。

③　ロシア連邦の市民は、国籍を剝奪されず、また国籍を変更する権利を剝奪されない。

第七条〔社会国家〕　①　ロシア連邦は社会国家であり、その政策は、相応な生活と人間の自由な発展を保障する条件を創り出すことを目的とする。

②　ロシア連邦では、労働と人々の健康が保護され、最低労働賃金が保障され、家族、母性、父性、児童、障害者および高齢者への国家による支援が保障され、社会的サービスの制度が展開され、なおかつ国家による年金、扶助およびその他の社会的な保護が設けられる。

第八条〔経済活動の自由と所有形態〕　①　ロシア連邦では、単一の経済圏が保障され、商品、サービスおよび金融資産の自由な移動、競争の支援、経済活動の自由が保障される。

②　ロシア連邦では、私的所有、国家所有、自治体所有およびその他の所有形態が同等に承認され、かつ保護される。

第九条〔土地・天然資源の所有権〕　①　土地およびその他の天然資源は、当該領土に居住する諸民族の生活および活動の基盤として、ロシア連邦において利用され、かつ保護される。

②　土地およびその他の天然資源は、私的所有、国家所有、自治体所有およびその他の

所有形態のもとにおかれる。

第一〇条〔権力分立〕　ロシア連邦における国家権力は、立法権、執行権および司法権の分立にもとづいて行使される。立法権、執行権および司法権の諸機関は独立である。

第一一条〔連邦と連邦構成主体の権限区分〕　① ロシア連邦の国家権力は、ロシア連邦大統領、連邦議会（上院および下院）、ロシア連邦政府およびロシア連邦裁判所が行使する。

② ロシア連邦構成主体における国家権力は、ロシア連邦構成主体によって組織された国家権力機関が行使する。

③ ロシア連邦とロシア連邦構成主体との間の管轄事項および権限の区分は、この憲法、管轄事項および権限の区分に関する連邦条約ならびにその他の条約によって実施される。

第一二条〔地方自治〕　ロシア連邦では、地方自治が認められ、かつ保障される。地方自治は、その権限内で自立的である。地方自治機関は、国家権力機関の体系には入らない。

第一三条〔政治的多元主義〕　① ロシア連邦では思想の多様性が認められる。

② いかなる思想も、国定または強制的なものとして定めてはならない。

③ ロシア連邦では政治的な多元性および複数政党制が認められる。

④ 社会団体は法律の前に平等である。

⑤　社会団体の目的または活動が、憲法体制の基本原則の暴力的変更、ロシア連邦の統一性の侵害、国家の安全保障の破壊、武装組織の編成、または社会的、人種的、民族的および宗教的な対立の扇動を目的とする場合、それらの社会団体の設立および活動は禁止される。

第一四条〔政教分離〕　①　ロシア連邦は世俗国家である。いかなる宗教も、国定または義務的なものとして定めてはならない。

②　宗教団体は、国家から分離され、法律の前に平等である。

第一五条〔連邦の憲法および法律の優越〕　①　ロシア連邦憲法は最上の法的効力と直接的効力を有し、ロシア連邦の全土で適用される。ロシア連邦で採択される法律およびその他の法令は、ロシア連邦憲法に違反してはならない。

②　国家権力機関、地方自治機関、公務員、市民および市民団体は、ロシア連邦の憲法および法律を遵守しなければならない。

③　法律は公布される。公布されない法律は適用されない。人および市民の権利と自由、義務に抵触する規範的法令は、それを全般的に周知させるための公布がなされないかぎり、適用されない。

④　一般に承認された国際法の原則と規範およびロシア連邦の締結する国際条約は、ロ

シア連邦の法体系を構成する。ロシア連邦の締結する国際条約が法律の規定とは別の定めをしている場合、国際条約の規定が有効である。

第一六条〔憲法体制の基本原則の優越〕　①　本憲法第一章の規定は、ロシア連邦の憲法体制の基本原則をなし、本憲法で定められた手続きによらなければ変更できない。

②　本憲法のいかなる条文も、ロシア連邦の憲法体制の基本原則に違反することができない。

第二章　人および市民の権利と自由

第一七条〔人権の不可侵性〕　①　ロシア連邦では、一般に承認された国際法の原則と規範にもとづき、なおかつ本憲法にしたがって、人および市民の権利と自由が認められ、かつ保障される。

②　人の基本的権利と自由は、奪うことができず、出生とともに各人に帰属す。

③　人および市民の権利の行使は、他者の権利と自由を侵害してはならない。

第一八条〔人権の直接的効力〕　人および市民の権利と自由は直接的な効力を有する。それらは、諸法律の意味、内容および適用、ならびに立法権力機関、執行権力機関および地方自治体の活動を条件付け、なおかつ裁判によって保障される。

第一九条〔法律の前の平等〕 ① すべての者は、法律および裁判所の前に平等である。

② 国家は、性別、人種、民族、言語、出身、財産および職務上の地位、居住地、宗教へのかかわり、信条、社会団体への帰属、ならびにその他の状況にかかわらず、人および市民の権利と自由の平等を保障する。社会的、人種的、民族的、言語的または宗教的な帰属を指標とした市民の権利の制限は、いかなるものであれ禁止される。

③ 男性と女性は同等な権利と自由を有し、その行使において同等な可能性を有する。

第二〇条〔死刑廃止〕 ① 各人は生命への権利を有する。

② 死刑は、その廃止にいたるまで、生命をおびやかす重大な犯罪に対する例外的措置として、被告人が陪審員の参加のもと、裁判所による当該事件の審理を受ける権利を付与されたうえ、連邦の法律によって定めることができる。

第二一条〔個人の尊厳〕 ① 個人の尊厳は国家によって保護される。個人の尊厳はいかなる事由によっても軽視されない。

② 何人も、拷問、暴力およびその他の残虐な、または人間の尊厳を踏みにじる取り扱いもしくは刑罰に処されない。何人も、自発的同意なしに医療、科学またはその他の実験に処されない。

第二二条〔人身の不可侵〕 ① 各人は自由および人身の不可侵に対する権利を有する。

② 勾留および拘禁は、裁判所の決定によってのみ認められる。裁判所の決定が出るまで、身柄を四八時間以上拘束してはならない。

第二三条〔プライヴァシー権〕 ① 各人は、私生活の不可侵、個人および家族の秘密ならびに自己の名誉および名声の保護の権利を有する。

② 各人は、文通、電話、郵便、電信およびその他の通信の秘密の権利を有する。これらの権利の制限は、裁判所の決定のみによって認められる。

第二四条〔個人情報保護〕 ① 個人の私生活の情報の収集、保管、利用および流布は、当人の承諾なしに認められない。

② 国家権力機関および地方自治機関ならびにそれらの職員は、法律が別の定めをしていない限り、個人の権利および自由に直接影響を及ぼす文書および資料を本人が知ることができるように保障しなければならない。

第二五条〔住居の不可侵〕 住居は不可侵である。何人も、連邦の法律による定めまたは裁判所の決定によらない限り、居住者の意思に反して住居に侵入することはできない。

第二六条〔民族的帰属と母語の自由〕 ① 各人は、自己の民族的帰属を決定し、かつ表明することができる。何人も、自己の民族的帰属の決定および表明を強制されない。

② 各人は、母語の使用権ならびに交流、養育、教育および創作活動の言語の自由選択

権を有する。

第二七条〔移動の自由〕 ① 各人は、ロシア連邦の領土に合法的に在留しているかぎり、自由に移動し、定住地および居住地を選択する権利を有する。

② 各人は、ロシア連邦を自由に出国することができる。ロシア連邦市民は、ロシア連邦に帰国する権利を妨げられない。

第二八条〔信教の自由〕 各人は、個人として、もしくは他者と共同で、任意の宗教を信奉する権利、いかなる宗教も信奉しない権利、宗教的およびその他の信条を自由に選択し、保持し、かつ広める権利、ならびにそれらの信条にしたがって活動する権利を含む良心および信教の自由を保障される。

第二九条〔思想・言論の自由〕 ① 各人は、思想および言論の自由を保障される。

② 社会的、人種的、民族的もしくは宗教的な憎悪および敵対を惹起する宣伝または扇動は認められない。社会的、人種的、民族的、宗教的または言語的な優越を宣伝することは禁止される。

③ 何人も、自己の見解および信条の表明またはその否認を強制されない。

④ 各人は、任意の法律的手段によって、情報を自由に探索、享受、伝達、創出および流布する権利を有する。国家機密の情報の一覧は、連邦の法律が定める。

⑤　マスメディアの自由は保障される。検閲は禁止される。

第三〇条〔結社の自由〕　①　各人は、自己の利益を擁護するための労働組合の結成の権利を含む結社の権利を有する。社会団体の活動の自由は、保障される。

②　何人も、任意の団体への加入またはその団体への残留を強制されない。

第三一条〔集会の自由〕　ロシア連邦市民は、平和的に武器を携帯せずに集合し、会合、集会およびデモを行う権利、ならびに行進し、ピケを張る権利を有する。

第三二条〔参政権〕　①　ロシア連邦市民は、国家の統治に直接または代表者を通じて参加する権利を有する。

②　ロシア連邦市民は、国家権力機関および地方自治機関の選挙権ならびに被選挙権を有し、なおかつ国民投票に参加する権利を有する。

③　裁判所によって法的能力なしと判断された市民および裁判所の判決によって自由剥奪に処されている市民は、選挙権および被選挙権を有さない。

④　ロシア連邦市民は、国家の公務に就く平等な機会を有する。

⑤　ロシア連邦市民は、裁判に参加する権利を有する。

第三三条〔請願権〕　ロシア連邦市民は、国家機関および地方自治機関に対して、みずから請願する権利、および個人的・集団的な請願を提出する権利を有する。

第三四条〔営業の自由と独占禁止〕 ① 各人は、企業活動および法律によって禁止されていない経済活動に、自己の能力および財産を自由に活用する権利を有する。

② 独占および不正競争を目的とする経済活動は認められない。

第三五条〔私有財産の保護〕 ① 私的所有権は法律によって保護される。

② 各人は、単独または他人と共同で財産を所有し、それを占有、利用および処分する権利を有する。

③ 何人も、裁判所の決定によらなければ自己の財産を剝奪されない。国家的要請のための財産の強制収用は、事前かつ等価の補償を条件にのみ実行することができる。

④ 相続の権利は保障される。

第三六条〔土地所有権〕 ① 市民および市民団体は、土地に対する私的所有権を有する。

② 土地およびその他の天然資源の占有、利用および処分は、それが環境破壊をもたらさず、なおかつ他人の権利および法律上の利益を侵害しない限り、所有者によって自由に行使される。

③ 土地利用の条件および手続きは、連邦の法律が定める。

第三七条〔労働権・争議権〕 ① 労働は自由である。各人は、自由に自己の能力を労働に活用する権利、ならびに仕事の種類および職業を選択する権利を有する。

② 強制労働は禁止される。

③ 各人は、安全および衛生の基準を満たす条件の下で労働する権利、いかなる差別もなく、なおかつ連邦の法律が定める最低労働賃金額を下回らない報酬に対する権利、ならびに失業から保護される権利を有する。

④ ストライキ権を含む個人的および集団的な労働争議の権利は、連邦の法律によって定められた解決方法を用いることによって、認められる。

⑤ 各人は休息する権利を有する。労働契約によって労働する者には、連邦の法律が定める労働時間、休日および祝日、年次有給休暇が保障される。

第三八条〔母性・児童・家族の保護〕 ① 母性および児童、家族は国家の保護下にある。

② 児童とその養育についての配慮は、両親の平等な権利でありかつ義務である。

③ 一八歳に達した労働能力のある子は、労働能力のない両親に配慮しなければならない。

第三九条〔社会保障を受ける権利〕 ① 各人は、老齢、病気、障害、扶養者喪失、児童の養育および法律によって定められたその他の場合、社会保障を受けることができる。

② 国家の年金および社会的扶助は、法律によって定められる。

③ 任意の社会保険、付加的な社会保障形態の創出および慈善事業は、奨励される。

ない。

第四〇条〔住宅の権利〕　① 各人は居住する権利を有する。何人も恣意的に住居を奪われ

② 国家権力機関および地方自治機関は、住居の建設を奨励し、居住する権利の実現のための条件を創出する。

③ 住居を必要とする困窮市民および法律によって規定されたその他の市民には、法律が定める基準にしたがって、国家、地方自治体およびその他の住宅ファンドから、無料または安価な値段で、住居が供与される。

第四一条〔健康を維持する権利〕　① 各人は、健康を維持する権利および医療の補助を受ける権利を有する。国家および地方自治体の保健施設における医療は、該当する予算、保険料、その他の収入によって無料で市民に供与される。

② ロシア連邦では、住民の健康の維持と増進のための連邦プログラムの予算が組まれ、国家、地方自治体および民間の保健制度の発展に関する措置がとられ、なおかつ人々の健康の増進、体育およびスポーツの振興、環境保護、公衆衛生ならびに伝染病予防を促進する活動が奨励される。

③ 人々の生活と健康の脅威になる事実および事態を公務員が秘匿することは、連邦の法律にしたがって責任を問われる。

第四二条〔環境権〕　各人は、良好な環境に対する権利、環境の状態について信頼できる情報を得る権利を有し、なおかつ環境に対する違法行為によって各人の健康または財産に加えられた損害の賠償を求める権利を有する。

第四三条〔教育への権利〕　①　各人は教育への権利を有する。

②　国家または地方自治体の教育施設および民間の教育施設における就学前教育、初等普通教育および中等職業教育は、全員に無料で保障される。

③　各人は、国家または地方自治体の教育施設および民間の教育施設において、選抜にもとづき無料の高等教育を受ける資格を有する。

④　初等普通教育は義務である。両親またはそれに代わる者は、児童に初等普通教育を受けさせねばならない。

⑤　ロシア連邦は、連邦の国家教育要領を定め、多様な教育および自主学習の形態を支援する。

第四四条〔創作の自由・文化財保護〕　①　各人には、文学、芸術、学術、技術およびその他の種類の創造の自由と教育の自由が保障される。知的財産は法律によって保護される。

②　各人は、文化活動に参加する権利、文化施設を利用する権利、文化財に接する権利

を有する。

③　各人は、歴史的遺産および文化的遺産の保護に配慮しなければならず、なおかつ歴史的および文化的記念物を大切にしなければならない。

第四五条〔国家による人権保護〕　①　ロシア連邦では、国家による人および市民の権利と自由の保護が保障される。

②　各人は法律で禁止されていないあらゆる手段によって、自己の権利と自由を擁護できる。

第四六条〔裁判による権利と自由の保障〕　①　各人の権利および自由は裁判によって保護される。

②　国家権力機関、地方自治機関、社会団体および公務員による決定および作為（または不作為）に対しては、裁判において不服を申し立てることができる。

③　各人は、ロシア連邦の締結する国際条約にしたがい、人の権利と自由に関して、国内のすべての法的保護手段を尽くしたのちに、国際機関に申し立てることができる。

第四七条〔裁判を受ける権利・陪審を受ける権利〕　①　何人も、法律による所管の裁判所および裁判官による事件の審理を受ける権利を奪われない。

②　犯罪の実行にかかわる被疑者・被告人は、連邦の法律が定める場合、陪審員が参加

する裁判所の審理を受ける権利を有する。

第四八条〔法律援助・弁護を受ける権利〕　①　各人は、資格を有した者による法律援助を受ける権利を保障される。法律が定める場合、法律援助は無料で供与される。

②　犯罪の実行のかどで逮捕され、勾留された者は、逮捕、勾留または被疑事実の提示のときから弁護士（弁護人）の援助を受ける権利を有する。

第四九条〔無罪推定〕　①　犯罪の実行に関わる被疑者・被告人は、連邦の法律の定める手続きによって有罪が立証され、なおかつその有罪が裁判所の判決によって確定するまで、無罪とみなされる。

②　被疑者・被告人は、自己の無罪を立証する義務を負わない。

③　有罪であるかどうか疑わしい場合、被告人に有利に解釈される。

第五〇条〔一事不再理〕　①　何人も、同一の犯罪に対して繰り返し刑事責任を問われない。

②　裁判の実施に際して、連邦の法律に違反して取得された証拠を用いることはできない。

③　犯罪について有罪判決を受けた者は、連邦の法律が定める手続きにしたがって判決の再審を上級裁判所によって受ける権利を有し、なおかつ特赦または減刑を請願する権利を有する。

第五一条〔**自己に不利な証言の免除**〕　①　何人も、本人、配偶者および連邦の法律によって定められる範囲内の近親者に不利となる証言をする義務を負わない。

②　連邦の法律によって、証言の義務を免れるその他の場合を定めることができる。

第五二条〔**被害者の権利**〕　犯罪および権力濫用によって被害を受けた者の権利は、法律によって保護される。国家は、被害者が裁判所に提訴し、損害賠償を請求できるように保障する。

第五三条〔**国家賠償を受ける権利**〕　各人は、国家権力機関またはその公務員の違法行為（または不作為）によって引き起こされた損害に対する、国家賠償を受ける権利を有する。

第五四条〔**遡及効の禁止**〕　①　責任を定める法律または責任を加重する法律は、遡及効を有さない。

②　何人も、実行の時点で違法とみなされていなかった行為に対する責任を問われない。違法行為の実行の後にそれに対する責任が廃止または軽減された場合、新しい法律が適用される。

第五五条〔**権利の制限**〕　①　ロシア連邦憲法における基本的な権利と自由の列挙は、その他の一般に認められた人および市民の権利と自由の否定または制限として解釈されてはならない。

② ロシア連邦では、人および市民の権利と自由を廃止または制限する法律を公布してはならない。

③ 人および市民の権利と自由は、憲法体制の基本原則、他人の品性、健康、権利および法律上の利益の保護、ならびに国土の防衛および国家の安全保障のために必要不可欠な程度においてのみ、連邦の法律によって制限することができる。

第五六条〔非常事態〕 ① 非常事態の下では、市民の安全の保障および憲法体制の維持のために、連邦の憲法的法律にしたがって個々の権利と自由の制限を、制限範囲および制限期間の明記とともに定めることができる。

② ロシア連邦全土およびその個々の地域における非常事態は、連邦の憲法的法律が定める事由が存在する場合に、なおかつそこで定める手続きにしたがって、導入することができる。

③ ロシア連邦憲法第二〇条、第二一条、第二三条（第一項）、第二四条、第二八条、第三四条（第一項）、第四〇条（第一項）、第四六条ないし第五四条で規定された権利および自由は制限されてはならない。

第五七条〔納税の義務〕 各人は、合法的に定められた税金および手数料を納める義務を負う。新たな税を定める法律または納税者の負担を重くする法律は、遡及効を有さない。

第五八条〔環境に対する義務〕 各人は自然および環境を保護し、天然の富を大切に扱う義務を負う。

第五九条〔兵役の義務・代替的市民奉仕〕 ① 祖国の防衛は、ロシア連邦市民の責任かつ義務である。

② ロシア連邦市民は、連邦の法律にしたがって兵役に就く。

③ 自己の信条または信仰が兵役の遂行に反する場合、ならびに連邦の法律が定めるその他の場合、ロシア連邦市民は兵役を代替的市民奉仕に代える権利を有する。

第六〇条〔成年〕 ロシア連邦市民は、一八歳より自己の権利と義務を完全な範囲で自主的に行使することができる。

第六一条〔自国民の保護〕 ① ロシア連邦市民は、国外に追放されず、また他国に引き渡されない。

② ロシア連邦は、国外にいる自国の市民の保護および庇護を保障する。

第六二条〔二重国籍〕 ① ロシア連邦の市民は、連邦の法律またはロシア連邦の締結する国際条約にしたがって外国籍(二重国籍)を保有することができる。

② ロシア連邦市民の外国籍の保有は、連邦の法律またはロシア連邦の締結する国際条約が別の定めをしていないかぎり、その者の権利と自由を制限するものではなく、な

おかつロシア連邦の国籍から生じる義務を免じるものではない。

③　外国の市民または無国籍の者は、連邦の法律またはロシア連邦の締結する国際条約が定めている場合をのぞき、ロシア連邦市民と同等に、ロシア連邦において権利を享受し、かつ義務を負う。

第六三条〔政治的亡命者の保護〕　①　ロシア連邦は、一般的に承認された国際法の諸規範にしたがって、外国の市民および無国籍の者に政治的亡命を受け入れる。

②　ロシア連邦においては、政治的信条ゆえに追及されている者、ならびにロシア連邦において犯罪とみなされていない行為（または不作為）ゆえに追及されている者を他国に引き渡すことは認められない。犯罪の実行につき嫌疑をかけられた者の引渡し、ならびに有罪判決を受けた者の服役のための他国への引渡しは、連邦の法律またはロシア連邦の締結する国際条約にしたがって実施される。

第六四条〔権利規定の優越〕　本章の規定は、ロシア連邦における個人の法的地位の基本原則となり、本憲法が定める手続きによらなければ変更することができない。

第三章　連邦制度

第六五条〔連邦構成主体〕　①　ロシア連邦には以下の連邦構成主体が存する。

アディゲヤ共和国(アディゲヤ)、アルタイ共和国、バシコルトスタン共和国……。〔以下省略、全二一共和国〕
アルタイ地方、ザバイカル地方……。〔以下省略、全九地方〕
アムル州、アルハンゲリスク州、アストラハン州……。〔以下省略、全四六州〕
モスクワ、サンクトペテルブルク——連邦的意義を有する都市。
ユダヤ自治州。
ネネツ自治管区、ハントゥイ・マンスィ自治管区(ユグラ)……。〔以下省略、全四自治管区〕
② ロシア連邦への加入およびロシア連邦を構成する新規構成主体の形成は、連邦の憲法的法律が定める手続きによって実施される。
第六六条〔連邦構成主体の法的地位および権限〕 ① 共和国の地位は、ロシア連邦憲法および共和国憲法が定める。
② 地方、州、連邦的意義を有する都市、自治州、自治管区の地位は、ロシア連邦憲法および該当するロシア連邦構成主体の立法機関(代表機関)によって採択される、それぞれの地方、州、連邦的意義を有する都市、自治州、自治管区の憲章が定める。
③ 自治州、自治管区の立法機関および執行機関の提案にもとづいて、自治州、自治管

区に関する連邦の法律を採択することができる。

④　地方または州に加入する自治管区と当該地方または州との関係は、連邦の法律および自治管区の国家権力機関と当該地方または州の国家権力機関との間の条約が定める。

⑤　ロシア連邦構成主体の地位は、連邦の憲法的法律にしたがってロシア連邦とロシア連邦構成主体との合意によって変更することができる。

第六七条〔ロシア連邦の領土〕　①　ロシア連邦の領土は、ロシア連邦構成主体の領土、内陸の河川および領海ならびに領空を含む。

②　ロシア連邦は、連邦の法律および国際法の規範が定める手続きにしたがって、ロシア連邦の大陸棚および排他的経済水域に対する主権を有し、かつ管轄権を行使する。

③　ロシア連邦構成主体間の境界は、相互の同意にしたがって変更することができる。

第六八条〔諸言語の法的地位〕　①　ロシア連邦の国家語は、その全土においてロシア語である。

②　共和国は独自の国家語を制定することができる。共和国の国家語は、ロシア連邦の国家語と並んで共和国の国家権力機関、地方自治機関、公共施設において用いられる。

③　ロシア連邦は、そのすべての諸民族に母語を維持する権利ならびに母語の学習および発展のために条件を創出する権利を保障する。

第六九条〔先住少数民族の権利〕 ロシア連邦は、国際法で一般に認められた原則と規範およびロシア連邦の締結する国際条約にしたがって、先住少数民族の権利を保障する。

第七〇条〔国旗・国章・国歌・首都〕 ① ロシア連邦の国旗、国章および国歌、それらの記述ならびに公的使用の手続きは、連邦の憲法的法律が定める。

② ロシア連邦の首都はモスクワである。首都の地位は連邦の法律が定める。

第七一条〔ロシア連邦の管轄事項〕 ロシア連邦の管轄には以下の事項が含まれる。

一 ロシア連邦憲法および連邦の法律の採択ならびに改正、それらの遵守の監督

二 ロシア連邦の連邦制度および領域

三 人および市民の権利と自由の調整ならびに保護／ロシア連邦の国籍／民族的少数者の権利の調整および保護

四 連邦の立法機関、執行機関および司法機関の体系ならびにそれらの組織および活動の手続きの制定／連邦国家権力機関の編成

五 連邦の国有財産およびその管理

六 ロシア連邦の国家的、経済的、環境的、社会的、文化的および国家的な発展の諸分野における連邦政策の原則の制定および連邦プログラム

七 統一的な市場の法的基礎の確立／財政、為替、金融、関税、通貨発行、価格政策

の原則／連邦銀行を含む連邦の経済的業務

八　連邦予算、連邦の租税および手数料／地域の発展に関する連邦基金

九　連邦のエネルギーシステム、核エネルギー、放射性物質／連邦の運輸、交通、情報および通信／宇宙における事業

一〇　ロシア連邦の対外政策および国際関係、ロシア連邦の締結する国際条約／宣戦布告および講和の諸問題

一一　ロシア連邦の対外経済関係

一二　国防および安全保障／軍需産業／武器、弾薬、軍事技術およびその他の軍事物資の売買手続の決定／毒物、麻酔剤の生産およびそれらの使用手続

一三　ロシア連邦の国境、領海、領空、排他的経済水域および大陸棚の地位の決定と防衛

一四　裁判制度／検察／刑事、刑事訴訟および刑の執行に関する立法／大赦および特赦／民事、民事訴訟および仲裁訴訟に関する立法／知的財産の法的規制

一五　連邦抵触法

一六　気象予報、標準規格、度量衡、メートル法および時法／測地および地図製作／地名／公式の統計および簿記

一七　ロシア連邦の国家賞および名誉称号
一八　連邦の国家公務員

第七二条〔共同管轄事項〕　①　ロシア連邦とロシア連邦構成主体との共同管轄には以下の事項が含まれる。

一　共和国の憲法および法律、ならびに地方、州、連邦的意義を有する都市、自治州、自治管区の憲章、法律およびその他の規範的法令と、ロシア連邦憲法および連邦の法律との適合性の保障
二　人および市民の権利と自由の保護／民族的少数者の権利の保護／合法性、法秩序、社会的安全の保障／国境地帯の管理
三　土地、地下資源、水資源およびその他の天然資源の占有、利用、処分の問題
四　国有財産の区分
五　自然の利用／環境保護および生態の安全維持／特別自然保護区／歴史的・文化的遺産の保護
六　養育、教育、学術、文化、体育およびスポーツの一般的諸問題
七　保健に関わる諸問題の調整／家族、母性、父性および児童の保護／社会保障を含む社会的保護

八　大事故、自然災害、伝染病の予防措置の実施、およびそれらの事後処理
九　ロシア連邦における租税および手数料の一般原則の制定
一〇　行政、行政訴訟、労働、家族、住宅、土地、水資源、森林、ならびに地下資源および環境保護に関する立法
一一　裁判所および法維持機関の職員／弁護士、公証人
一二　先住少数民族共同体の古来からの居住環境および伝統的生活形態の保護
一三　国家権力機関および地方自治機関の編成に関する一般原則の制定
一四　ロシア連邦構成主体の国際関係および対外経済関係の調整、ロシア連邦の締結する国際条約の履行
②　本条の規定は共和国、地方、州、連邦的意義を有する都市、自治州、自治管区に同等に適用される。

第七三条〔**連邦構成主体の管轄事項**〕　ロシア連邦の管轄外であり、なおかつロシア連邦とロシア連邦構成主体の共同管轄でありながら連邦の権限外のことについては、ロシア連邦構成主体が国家権力の全権を有する。

第七四条〔**域内関税障壁の禁止**〕〔省略〕

第七五条〔**通貨・国債**〕〔省略〕

第七六条〔連邦および連邦構成主体の立法権〕 ① ロシア連邦の管轄事項に関して、ロシア連邦の全土において直接効力をもつ連邦の憲法的法律および連邦の法律が採択される。

② ロシア連邦とロシア連邦構成主体との共同管轄事項に関して、連邦の法律ならびにそれに適合して採択されるロシア連邦構成主体の法律およびその他の規範的法令が公布される。

③ 連邦の法律は、連邦の憲法的法律に違反することはできない。

④ ロシア連邦の管轄外であり、なおかつロシア連邦とロシア連邦構成主体との共同管轄外の事項については、共和国、地方、州、連邦的意義を有する都市、自治州および自治管区は、法律およびその他の規範的法令を含む独自の法的規制を実施する。

⑤ ロシア連邦構成主体の法律およびその他の規範的法令は、本条第一項および第二項にしたがって採択される連邦の法律に違反することはできない。ロシア連邦の法律とロシア連邦において公布されたその他の法令とが相反する場合、連邦の法律が効力を有する。

⑥ ロシア連邦の法律と、本条第四項にしたがって公布されたロシア連邦構成主体の規範的法令とが相反する場合、ロシア連邦構成主体の規範的法令が効力を有する。

第七七条〔連邦構成主体の国家権力編成〕 ① 共和国、地方、州、連邦的意義を有する都市、自治州、自治管区の国家権力機関のシステムは、ロシア連邦の憲法体制の基本原則および連邦の法律が定める国家権力の代表機関および執行機関の組織の一般原則にしたがって、ロシア連邦構成主体が自主的に定めることができる。

② ロシア連邦の管轄事項の枠内、ならびにロシア連邦とロシア連邦構成主体との共同管轄事項におけるロシア連邦の権限の枠内で、連邦の執行権力機関とロシア連邦構成主体の執行権力機関は、ロシア連邦における単一の執行権力システムを形成する。

第七八条〔連邦の執行権力〕 ① 連邦の執行権力機関は、自己の権限行使のために、その地域機関を創設し、しかるべく役職者を任命する。

② 連邦の執行権力機関は、ロシア連邦憲法および連邦の法律に反しないかぎり、ロシア連邦構成主体の執行権力機関との合意によって、自己の権限の一部の行使をロシア連邦構成主体の執行権力機関に委任することができる。

③ ロシア連邦構成主体の執行権力機関は、連邦の執行権力機関との合意によって、自己の権限の一部の行使を連邦の執行権力機関に委任することができる。

④ ロシア連邦大統領およびロシア連邦政府は、ロシア連邦憲法にしたがって、ロシア連邦の全土において、連邦の国家権力の権限行使を保障する。

第七九条〔国際機関への権限委任〕 〔省略〕

第四章　ロシア連邦大統領

第八〇条〔連邦大統領の役割〕　①　ロシア連邦大統領は、国家の元首である。

②　ロシア連邦大統領は、ロシア連邦憲法、人および市民の権利と自由の保証人である。ロシア連邦大統領は、ロシア連邦憲法の定める手続きにしたがって、ロシア連邦の主権、ロシア連邦の独立および国家の統一性の維持に関する措置を講じ、国家権力諸機関の協調的機能と相互作用を保障する。

③　ロシア連邦大統領は、ロシア連邦憲法および連邦の法律にしたがって、内政および外交の基本方針を決定する。

④　ロシア連邦大統領は、国内および対外関係において元首としてロシア連邦を代表する。

第八一条〔連邦大統領の選挙〕　①　ロシア連邦大統領は、普通、平等および直接の選挙権にもとづき、秘密投票によってロシア連邦市民の中から六年の任期で選ばれる。

②　ロシア連邦大統領は、ロシア連邦に十年以上定住する三五歳以上のロシア連邦市民の中から選ばれる。

③　同一の人物が二期を超えて続けてロシア連邦大統領の職に就くことはできない。

④　ロシア連邦大統領の選挙手続きは、連邦の法律によって決定される。

第八二条〔連邦大統領の宣誓〕　〔省略〕

第八三条〔連邦大統領の権限〕　ロシア連邦大統領は以下の権限を行使する。

一　下院の同意を得てロシア連邦首相を任命する。

二　ロシア連邦政府の閣議を主宰する権利を有する。

三　ロシア連邦政府の総辞職に関する決定を行う。

四　ロシア連邦中央銀行総裁の任命に際してその候補者を下院に提案する。下院にロシア連邦中央銀行総裁の解任を提起する。

五　ロシア連邦首相の提案にもとづいてロシア連邦の副首相、大臣を任命し、かつ解任する。

六　ロシア連邦憲法裁判所、ロシア連邦最高裁判所、ロシア連邦最高仲裁裁判所の裁判官およびロシア連邦検事総長の任命に際して、それらの候補者を上院に提案する。上院にロシア連邦検事総長の解任の提起をする。ロシア連邦のその他の裁判所の裁判官を任命する。

七　ロシア連邦安全保障会議を組織し、かつ指揮する。連邦安全保障会議の地位は、連邦の法律によって定められる。

八　ロシア連邦の軍事ドクトリンを認可する。
九　ロシア連邦大統領府を組織する。
一〇　ロシア連邦大統領全権代表を任命し、かつ解任する。
一一　ロシア連邦軍最高司令官を任命し、かつ解任する。
一二　連邦議会両院の所管の常任委員会または小委員会との協議をへて、外国および国際機関におけるロシア連邦の外交代表を任命し、かつ召還する。

第八四条〔連邦大統領の権限〕　ロシア連邦大統領は以下の権限を行使する。
一　ロシア連邦憲法および連邦の法律にしたがって、下院の選挙を公示する。
二　ロシア連邦憲法で規定された事由および手続きによって、下院を解散する。
三　連邦の憲法的法律に定められた手続きによって、国民投票を公示する。
四　下院に法案を提出する。
五　連邦の法律に署名し、かつ公布する。
六　連邦議会に対して、国情および国家の内政・外交政策の基本方針に関する年次教書を提出する。

第八五条〔連邦介入〕　①　ロシア連邦大統領は、ロシア連邦の国家権力機関とロシア連邦構成主体の国家権力機関との間の見解の不一致、および複数のロシア連邦構成主体の国家権力機関どうしの見解の不一致を解決するために、協議の手続きを用いることができる。協議による解決に至らない場合、ロシア連邦大統領は問題の解決を所管の裁判所の審理に委ねることができる。

② ロシア連邦大統領は、ロシア連邦構成主体の執行権力機関の法令が、ロシア連邦憲法および連邦の法律に違反したり、ロシア連邦の国際的義務に違反する場合、または人および市民の権利と自由を侵害する場合、問題の解決が所管の裁判所によってなされるまで、当該法令の効力を停止する権限を有する。

第八六条〔連邦大統領の権限〕 ロシア連邦大統領は以下の権限を行使する。

一 ロシア連邦の外交政策を指揮する。

二 ロシア連邦の締結する国際条約の交渉を行い、かつそれに署名する。

三 批准書に署名する。

四 他国の外交代表の信任状および召還状を受理する。

第八七条〔連邦大統領の軍指揮権〕 ① ロシア連邦大統領は、ロシア連邦軍の最高総司令官である。

② ロシア連邦に対する侵略または侵略の直接的な脅威がある場合、ロシア連邦大統領はロシア連邦の全土またはその個別の地域に戒厳令を導入し、そのことをすみやかに

上院および下院に通知する。

③　戒厳令の体制は、連邦の憲法的法律が定める。

第八八条〔非常事態の導入〕　ロシア連邦大統領は、連邦の憲法的法律で規定されている条件および手続きによって、ロシア連邦の全土またはその個別の地域に非常事態を導入し、そのことをすみやかに上院および下院に通知する。

第八九条〔連邦大統領の権限〕　ロシア連邦大統領は以下の権限を行使する。

一　ロシア連邦の国籍および政治的亡命保護の問題を解決する。

二　ロシア連邦の国家賞、名誉称号、軍人の上級称号および上級特別称号を授与する。

三　特赦を実施する。

第九〇条〔連邦大統領令・大統領指令〕　①　ロシア連邦大統領は、大統領令および大統領指令を公布する。

②　ロシア連邦大統領の大統領令および大統領指令は、ロシア連邦の全土において、その執行が義務である。

③　ロシア連邦大統領の大統領令および大統領指令は、ロシア連邦憲法および連邦の法律に違反してはならない。

第九一条〔連邦大統領の不逮捕特権〕　ロシア連邦大統領は不逮捕特権を有する。

第九二条〔連邦大統領の任期〕　①　ロシア連邦大統領は、宣誓とともに権限の執行を開始し、任期満了とともに新たに選出されたロシア連邦大統領の宣誓をもって権限の執行を終了する。

②　ロシア連邦大統領は、辞職による場合、健康状態によって大統領の権限行使が継続的に不可能な場合または罷免された場合、任期満了前に権限の執行を終了する。その場合、任期満了前の権限の執行終了の時から三カ月以内にロシア連邦大統領の選挙が行われなければならない。

③　ロシア連邦大統領が職務を執行できない状態にある場合、ロシア連邦首相がその職務を臨時に代行する。ロシア連邦大統領の職務の代行は、下院の解散、国民投票の公示およびロシア連邦憲法の規定の修正および改正の提案を含まない。

第九三条〔連邦大統領の罷免〕　①　ロシア連邦大統領の罷免は、大統領の国家反逆またはその他の重大な犯罪の嫌疑について下院が弾劾を発議し、ロシア連邦最高裁判所が、大統領の行為に犯罪の構成要件が備わっていることを結論付け、なおかつロシア連邦憲法裁判所が、所定の手続きを遵守して弾劾の発議がなされていることを結論付けた場合にのみ、上院がなし得る。

②　下院による大統領の弾劾の発議に関する決定および上院による大統領の罷免に関す

る決定は、下院の議員の三分の一以上による発議により、かつ下院の組織する特別委員会による結論をへて、下院および上院の議員総数のそれぞれ三分の二以上の多数によって採択されなければならない。

③ ロシア連邦大統領の罷免に関する上院の決定は、下院による大統領弾劾の発議から三カ月以内に採択されなくてはならない。この期間中に上院の決定が採択されなかった場合、大統領への弾劾は却下されたものとみなされる。

第五章　連邦議会

第九四条〔連邦議会〕　連邦議会――ロシア連邦の議会――は、ロシア連邦の代表機関および立法機関である。

第九五条〔二院制〕　① 連邦議会は、上院と下院の二院からなる。

② 上院には、ロシア連邦の各構成主体から二人の代表者、すなわち国家権力の代表機関および執行機関から各一人が加わる。

③ 下院は四五〇人の議員からなる。

第九六条〔任期〕　① 下院は五年の任期で選出される。

② 上院の形成手続きおよび下院の議員の選挙手続きは、連邦の法律が定める。

第九七条〔議員の選挙権・被選挙権〕　①　下院の議員は、二一歳に達し、なおかつ選挙権を有するロシア連邦市民から選ばれる。

②　上院の構成員と下院の議員を兼務することはできない。下院の議員は、その他の国家権力機関および地方自治機関の代表機関の議員を兼務できない。

③　下院の議員は、常勤職として働く。下院の議員は、国家の公務に就くことはできず、教育、学術およびその他の創造的活動を除き、その他の有給の活動に従事してはならない。

第九八条〔議員の不逮捕特権〕　①　上院の構成員および下院の議員は、職務の全任期中、不逮捕特権を有する。上院の構成員および下院の議員は、現行犯逮捕を除いて逮捕、勾留、拘置されず、また他人の安全の保障のために連邦の法律が定める場合を除いて、身体を検査されない。

②　不逮捕特権の剝奪に関する問題は、ロシア連邦検事総長の提案にもとづき、連邦議会の該当する院によって決定される。

第九九条〔両院の会期〕　①　連邦議会は常設の機関である。

②　下院は、選挙後三〇日目に第一回の会議が召集される。ロシア連邦大統領は、この期日よりも早く下院の会議を招集することができる。

③ 下院の第一回会議は、最長老の議員が開会を告げる。
④ 新しい会期の下院の業務の開始とともに、旧会期の下院の権限は終了する。

第一〇〇条〔両院の運営〕 〔省略〕

第一〇一条〔院内の秩序〕 〔省略〕

第一〇二条〔上院の管轄事項〕 ① 上院の管轄には以下の事項が属する。
一 ロシア連邦構成主体間の境界の変更を承認する。
二 戒厳状態の導入に関するロシア連邦大統領令を承認する。
三 非常事態の導入に関するロシア連邦大統領令を承認する。
四 ロシア連邦の国外でのロシア連邦軍の使用の可否に関する問題を決定する。
五 ロシア連邦大統領の選挙を公示する。
六 ロシア連邦大統領を罷免する。
七 ロシア連邦憲法裁判所、ロシア連邦最高裁判所、ロシア連邦最高仲裁裁判所の裁判官を任命する。
八 ロシア連邦検事総長を任命し、かつ解任する。
九 会計検査院の副長官および会計検査院の検査官の半数を任命し、かつ解任する。
② 上院は、ロシア連邦憲法によって自らの管轄とされている問題について決定する。

③ 上院の決定は、ロシア連邦憲法が別の採択手続きを定めていないかぎり、上院構成員総数の過半数によって採択される。

第一〇三条〔下院の管轄事項〕 ① 下院の管轄には以下の事項が属する。

一 ロシア連邦大統領にロシア連邦首相の任命の同意を与える。

二 ロシア連邦政府の信任に関する問題を決定する。

三 下院によって提議された問題を含むロシア連邦政府の活動に関する年次活動報告を公聴する。

四 ロシア連邦中央銀行総裁を任命し、かつ解任する。

五 会計検査院の長官および会計検査院の検査官の半数を任命し、かつ解任する。

六 連邦の憲法的法律にしたがって人権オンブズを任命し、かつ解任する。

七 大赦を告示する。

八 ロシア連邦大統領解任のための弾劾を発議する。

② 下院は、ロシア連邦憲法によって自らの管轄とされている問題について決定する。

③ 下院の決定は、ロシア連邦憲法が別の採択手続きを定めていないかぎり、下院の議員総数の過半数によって採択される。

第一〇四条〔立法発議権〕 ① 立法発議権は、ロシア連邦大統領、上院、上院の構成員、下院の議員、ロシア連邦政府、ロシア連邦構成主体の立法機関(代表機関)に属する。ロシア連邦憲法裁判所、ロシア連邦最高裁判所およびロシア連邦最高仲裁裁判所にも、それぞれの管轄事項の諸問題に関して立法発議権が属する。

② 法案は下院に提出される。

③ 税の導入または廃止、税納付の免除、国債の発行、国家の財政上の債務の変更に関する法案、その他連邦予算からの支出を規定する法案は、ロシア連邦政府の決定がある場合にのみ、これを下院に提出することができる。

第一〇五条〔連邦の法律採択手続き〕 ① 連邦の法律は下院によって採択される。

② 連邦の法律は、ロシア連邦憲法が別の定めをしていないかぎり、下院の議員総数の過半数によって採択される。

③ 下院によって採択された連邦の法律は、五日以内に上院の審議に付される。

④ 連邦の法律は、上院の構成員総数の過半数がこれに賛成した場合、または一四日を経過しても上院がこれを審議し終わらなかった場合、上院によって可決されたものとみなされる。上院が連邦の法律を否決した場合、両院の間で生じた見解の不一致を克服するための両院合同委員会を設立することができ、その後に連邦の法律が再度下院の審議に付されなければならない。

⑤　下院が上院の決定に同意しない場合、連邦の法律は、下院の議員総数の三分の二以上が再度賛成した場合、採択されたものとみなされる。

第一〇六条〔上院の義務的法案審議事項〕　下院によって採択された以下の問題に関する連邦の法律は、必ず上院の審議に付されなければならない。

一　連邦予算
二　連邦の租税および手数料
三　財政、為替、金融、関税、通貨発行
四　ロシア連邦の締結する国際条約の批准および破棄
五　ロシア連邦の国境の地位および防衛
六　宣戦布告および講和

第一〇七条〔連邦の法律の公布手続き〕　①　採択された連邦の法律は、署名および公布のために五日以内にロシア連邦大統領に送付される。

②　ロシア連邦大統領は、〔受理から〕一四日以内に連邦の法律に署名し、これを公布する。

③　ロシア連邦大統領が、連邦の法律を受理してから一四日以内に連邦の法律への署名を拒否した場合、下院および上院は、ロシア連邦憲法が定める手続きにしたがって再

度当該法律を審議する。再度の審議において、連邦の法律が上院の構成員総数および下院の議員総数のそれぞれ三分の二以上の多数によって修正を経ずに可決された場合、ロシア連邦大統領は七日以内に連邦の法律に署名し、これを公布しなければならない。

第一〇八条〔連邦の憲法的法律採択手続き〕 ① 連邦の憲法的法律は、ロシア連邦憲法が定める諸問題に関して採択される。

② 連邦の憲法的法律は、上院の構成員総数の四分の三以上および下院の議員総数の三分の二以上の賛成によって可決された場合、採択されたものとみなす。採択された連邦の憲法的法律は、一四日以内にロシア連邦大統領が署名し、これを公布しなければならない。

第一〇九条〔下院の解散〕 ① ロシア連邦大統領は、ロシア連邦憲法第一一一条および第一一七条が定める場合、下院を解散することができる。

② 下院を解散した場合、ロシア連邦大統領は、解散の時から四カ月以内に新たに選出される下院が召集できるように下院の選挙日を指定する。

③ 下院の選挙から一年以内は、ロシア連邦憲法第一一七条に依拠した下院の解散をすることはできない。

④ 下院がロシア連邦大統領の弾劾の発議をしてから上院がその弾劾についてしかるべ

く決定をするまで、下院を解散することはできない。

⑤　ロシア連邦の全領土で戒厳状態または非常事態が導入されている間、ならびにロシア連邦大統領の任期満了前の六カ月間、下院を解散することはできない。

第六章　ロシア連邦政府

第一一〇条〔連邦政府〕　①　ロシア連邦の執行権力は、ロシア連邦政府が行使する。

②　ロシア連邦政府は、ロシア連邦の首相、副首相および大臣によって構成される。

第一一一条〔連邦政府の任命〕　①　ロシア連邦首相は、下院の承認を得てロシア連邦大統領によって任命される。

②　ロシア連邦首相の候補者の提案は、新たに選出されたロシア連邦大統領が職務を開始した時もしくはロシア連邦政府が総辞職した時から二週間以内に、または下院が候補者を否決した日から一週間以内に、なされる。

③　下院は、ロシア連邦大統領がロシア連邦首相の候補者を提案した日から一週間以内に、候補者について審議する。

④　下院が首相候補者の提案を三度否決した場合、ロシア連邦大統領は、ロシア連邦首相を任命し、なおかつ下院を解散し、新たな下院の選挙を公示する。

第一一二条〔首相の大臣候補提案権〕 ① ロシア連邦首相は、任命から一週間以内に連邦執行権力機関の構成について、ロシア連邦大統領に提案する。

② ロシア連邦首相は、ロシア連邦副首相および連邦の大臣の候補者をロシア連邦大統領に提案する。

第一一三条〔連邦首相の職務〕 ロシア連邦首相は、ロシア連邦憲法、連邦の法律およびロシア連邦大統領令にしたがって、ロシア連邦政府の活動の基本方針を決定し、ロシア連邦政府の業務を組織する。

第一一四条〔連邦政府の管轄事項〕 ① ロシア連邦政府は以下の事項をなす。

一 連邦予算案を作成し、それを下院に提出し、かつ連邦の予算の執行を保障する。下院に連邦の予算の執行に関する決算報告書を提出する。下院によって提議された問題を含む連邦政府の活動に関する年次活動報告書を、下院に提出する。

二 ロシア連邦における財政、金融および通貨に関する統一的な政策の実行を保障する。

三 ロシア連邦における文化、学術、教育、厚生、社会保障、環境に関する統一的な国家政策の実行を保障する。

四 連邦の財産を管理する。

五　国防、国家の安全保障、ロシア連邦の対外政策に関する措置をとる。
六　合法性の保障、市民の権利と自由の保障、財産および社会秩序の保護、犯罪対策に関する措置をとる。
七　ロシア連邦憲法、連邦の法律、ロシア連邦大統領令によってロシア連邦政府に委任されたその他の権限を行使する。
② ロシア連邦政府の活動の手続きは、連邦の憲法的法律によって決定される。

第一一五条〔連邦政府の決定および処分〕〔省略〕

第一一六条〔連邦政府の権限返上〕　新たに選挙されたロシア連邦大統領に対して、ロシア連邦政府は、その権限を返上する。

第一一七条〔連邦政府の総辞職・不信任手続き〕　① ロシア連邦政府は総辞職することができ、それについてロシア連邦大統領は採可または却下する。
② ロシア連邦大統領は、ロシア連邦政府の総辞職に関する決定をなしうる。
③ 下院は、ロシア連邦政府への不信任を表明することができる。ロシア連邦政府への不信任に関する決定は、下院の議員総数の過半数の賛成によってなされる。下院によるロシア連邦政府不信任の表明の後、ロシア連邦大統領はロシア連邦政府の総辞職を公示するか、または下院の決定に同意しない権限を有する。下院が三カ月以内に再度

ロシア連邦政府への不信任の表明をした場合、ロシア連邦大統領は七日以内にロシア連邦政府の総辞職を公示するか、または下院を解散する。

④ ロシア連邦首相は、下院にロシア連邦政府への信任の是非を問うことができる。下院が信任を拒否した場合、ロシア連邦大統領は、七日以内にロシア連邦政府の総辞職に関する決定をするか、または下院の解散および新たな選挙の公示に関する決定をする。

⑤ ロシア連邦政府の総辞職または権限の返上が行われた場合、ロシア連邦政府は、新たなロシア連邦政府が編成されるまで、ロシア連邦大統領の委任によって活動を継続する。

第七章　司法権

第一一八条〔司法権〕 ① ロシア連邦における裁判は、裁判所のみによって行われる。

② 司法権は、憲法裁判、民事裁判、行政裁判および刑事裁判によって直接行われる。

③ ロシア連邦の裁判システムは、ロシア連邦憲法および連邦の憲法的法律が定める。非常裁判所の設置は認められない。

第一一九条〔裁判官の資格〕 裁判官になることができるのは、法学の高等教育を修了し、なおかつ法律実務職に五年以上従事したことのある二五歳以上のロシア連邦市民である。ロシア連邦の裁判所の裁判官になる追加的資格要件は、連邦の法律によって定めることができる。

第一二〇条〔裁判官の独立、法令の審査〕　①　裁判官は独立であり、ロシア連邦憲法および連邦の法律にのみしたがう。

②　裁判所は、事件の審理の際に、国家機関またはその他の機関の法令が法律に適合していないことを確認した場合、法律にもとづいてその決定をする。

第一二一条〔裁判官の地位保障〕　①　裁判官は免職されない。

②　裁判官の権限は、連邦の法律が定める手続きおよび事由によってのみ、停止または休止することができる。

第一二二条〔裁判官の不逮捕特権〕　①　裁判官は不逮捕特権を有する。

②　裁判官は、連邦の法律が定める手続きによらなければ、刑事責任を追及されない。

第一二三条〔審理の公開・当事者主義・陪審制〕　①　すべての裁判所において事件の審理は公開である。秘密法廷における事件の審理は、連邦の法律が定める場合にのみ許容される。

②　裁判所における刑事事件の欠席裁判は、連邦の法律が定める場合を除き、認められ

ない。

③　訴訟手続きは、当事者主義および当事者の平等にもとづいて行われる。

④　連邦の法律が定める場合、訴訟手続きは陪審員の参加のもとに行われる。

第一二四条〔裁判所の予算〕　裁判所の予算は、連邦予算からのみ支出され、その予算は、連邦の法律にしたがって司法権を完全かつ独立に行使できるように、保障しなければならない。

第一二五条〔連邦憲法裁判所〕　①　ロシア連邦憲法裁判所は一九人の裁判官からなる。

②　ロシア連邦憲法裁判所は、ロシア連邦大統領、上院、下院、上院の構成員または下院の議員の各五分の一、ロシア連邦政府、ロシア連邦最高裁判所およびロシア連邦最高仲裁裁判所、ロシア連邦構成主体の立法権力機関および執行権力機関の要求にもとづき、ロシア連邦憲法との適合性に関する以下の件を解決する。

一　連邦の法律およびロシア連邦大統領、上院、下院、ロシア連邦政府の規範的法令のロシア連邦憲法との適合性。

二　ロシア連邦の国家権力機関の管轄、およびロシア連邦の国家権力機関とロシア連邦構成主体の国家権力機関との共同管轄事項に関連する諸問題について公布された共和国の憲法、ロシア連邦構成主体の憲章、法律およびその他の規範的法令のロシア連邦憲法との適合性。

三　ロシア連邦の国家権力機関とロシア連邦構成主体の国家権力機関との条約、およびロシア連邦構成主体の国家権力機関どうしの条約のロシア連邦憲法との適合性。

四　ロシア連邦が締結した効力が発生する前の国際条約〔とロシア連邦憲法との適合性〕。

③　ロシア連邦憲法裁判所は以下の権限紛争を解決する。

一　連邦の国家権力機関どうしの権限紛争。

二　ロシア連邦の国家権力機関とロシア連邦構成主体の国家権力機関との権限紛争。

三　複数のロシア連邦構成主体の最高国家権力機関どうしの権限紛争。

④　ロシア連邦憲法裁判所は、市民の憲法上の権利および自由の侵害に対する不服申し立てならびに裁判所の要求にもとづき、連邦の法律が定める手続きにしたがって、具体的な事件において適用された、または適用すべき法律の憲法適合性を審査する。

⑤　ロシア連邦憲法裁判所は、ロシア連邦大統領、上院、下院、ロシア連邦政府、ロシア連邦構成主体の立法権力機関の要求にもとづき、ロシア連邦憲法の解釈を行う。

⑥　違憲と認定された法令またはその個別の規定は効力を失う。ロシア連邦憲法に適合しない国際条約は発効せず、これを適用しない。

⑦　ロシア連邦憲法裁判所は、上院の要求にもとづき、国家反逆またはその他の重大な

犯罪の嫌疑で発議されたロシア連邦大統領に対する弾劾が、所定の手続きを遵守しているか否かについて判断する。

第一二六条〔連邦最高裁判所〕 ロシア連邦最高裁判所は、一般管轄権を有する裁判所に服す民事、刑事、行政およびその他の事件に関する最高位の裁判所であり、連邦の法律が定める手続きにしたがって、それらの裁判所の活動に対する監督を行い、かつ裁判実務の諸問題に関する解説を与える。

第一二七条〔連邦最高仲裁裁判所〕 ロシア連邦最高仲裁裁判所は、仲裁裁判所によって審理される経済紛争およびその他の事件の解決に関する最高位の裁判所であり、連邦の法律が定める手続きにしたがって、仲裁裁判所の活動の監督を行い、かつ裁判実務の諸問題に関する解説を与える。

第一二八条〔裁判官の任命手続き〕 ① ロシア連邦憲法裁判所、ロシア連邦最高裁判所、ロシア連邦最高仲裁裁判所の裁判官は、ロシア連邦大統領の提案にもとづき上院によって任命される。

② その他のロシア連邦の裁判所の裁判官は、連邦の法律が定める手続きにしたがって、ロシア連邦大統領によって任命される。

③ ロシア連邦憲法裁判所、ロシア連邦最高裁判所、ロシア連邦最高仲裁裁判所および

その他の連邦の裁判所の権限、組織および活動の手続きは、連邦の憲法的法律が定める。

第一二九条〔検察〕　①　ロシア連邦の検察機関は、下級検察官が上級検察官およびロシア連邦検事総長にしたがう単一の集権的システムをとる。

②　ロシア連邦検事総長は、ロシア連邦大統領の提案にもとづき、上院によって任命かつ解任される。

③　ロシア連邦構成主体の検察官は、ロシア連邦構成主体の同意にもとづき、ロシア連邦検事総長によって任命される。

④　その他の検察官は、ロシア連邦検事総長によって任命される。

⑤　ロシア連邦の検察機関の権限、組織および活動手続きは、連邦の法律が定める。

第八章　地方自治

第一三〇条〔地方自治の一般原則〕　①　ロシア連邦における地方自治は、住民による地方固有の問題の自主的決定、ならびに自治体の所有する財産の占有、利用および処分を保障する。

②　地方自治は、住民投票、選挙、その他の直接の意思表明の方法を通じて、または選

挙およびその他の方法によって形成された地方自治機関を通じて、市民によって行使される。

第一三一条〔地方自治の単位〕 ① 地方自治は、歴史的および地域的伝統を考慮して、都市および農村の居住地ならびにその他の地域において実施される。地方自治機関の構造は、住民が自主的に決定する。

② 地方自治が行使されている地域の境界変更は、当該領土の住民の意見を考慮して認められる。

第一三二条〔地方自治機関の権限〕 ① 地方自治機関は、自主的に自治体財産を管理し、地方自治体の予算を編成し、承認しかつ執行し、地方税および手数料を定め、社会秩序を維持し、なおかつ地方固有のその他の諸問題を解決する。

② 地方自治機関は、法律にもとづいて個別の国家的権限を行使することができ、その際、当該権限の行使に必要な物資および資金が交付される。それらの権限の行使は、国家の監督下に置かれる。

第一三三条〔地方自治の保護〕 ロシア連邦における地方自治は、裁判による保護を受ける権利ならびに国家権力機関の決定による追加的支出を通じた補償を受ける権利を享受する。ロシア連邦憲法および連邦の法律によって定められた地方自治の権利の制限は禁止される。

第九章　憲法の修正および改正

第一三四条〔憲法の修正および改正発議〕　ロシア連邦憲法の規定の修正および改正に関する発議をなしうるのは、ロシア連邦大統領、上院、下院、ロシア連邦政府、ロシア連邦構成主体の立法機関（代表機関）および上院の構成員または下院の議員のそれぞれ五分の一以上の集団である。

第一三五条〔憲法の修正および改正手続き〕　① ロシア連邦憲法の第一章、第二章および第九章の規定は、連邦議会が改正することはできない。

② ロシア連邦憲法の第一章、第二章および第九章の規定の改正に関する発議が上院の構成員および下院の議員の総数のそれぞれ五分の三の賛成によって支持された場合、連邦の憲法的法律にしたがって憲法制定会議が召集される。

③ 憲法制定会議は、ロシア連邦憲法を改正しないことを確認するか、またはロシア連邦の新憲法草案を作成し、憲法制定会議の構成員総数の三分の二の多数によってそれを採択もしくは全人民投票に付す。全人民投票を施行する場合、有権者の過半数が投票に参加したことを成立条件とし、投票参加者の過半数が賛成した場合、ロシア連邦

憲法草案は採択される。

第一三六条〔議会による憲法改正手続き〕　ロシア連邦憲法の第三章から第八章までの修正は、連邦の憲法的法律の採択の手続きによって採択され、なおかつロシア連邦構成主体の立法権力機関の三分の二以上が承認した場合、効力を発する。

第一三七条〔連邦構成主体の変動手続き・名称変更〕　①　ロシア連邦の構成を定めるロシア連邦憲法第六五条の内容の変更は、ロシア連邦への加盟およびロシア連邦の新規構成主体の形成に関する連邦の憲法的法律、ならびにロシア連邦構成主体の憲法的地位の変更に関する連邦の憲法的法律にもとづいて行う。

②　共和国、地方、州、連邦的意義を有する都市、自治州、自治管区の名称を変更する場合、それらの連邦構成主体の新名称は、ロシア連邦憲法第六五条に規定される。

第二編　結びおよび経過規定〔省略〕

出典　原典は次の通り。*Российская Газета, 25 декабря 1993* および *Российская газета, 31 декабря 2008.* なお、解説で述べた一部の連邦構成主体間の統廃合と二〇〇八年一二月の憲法改正の他に、以下の連邦構成主体の名称変更が憲法六五条に反映されている(イングーシ共和国→イングーシエチヤ共和国、北オセチヤ共和国→北オセチヤ共和国＝アラニヤ、カルムィキヤ共和国＝ハリムク・タングチ→カルムィキヤ共和国、チュヴァシ共和国＝チャヴァシ共和国→チュヴァシ共和国＝チュヴァシヤ、ハントゥイ・マンスィ自治管区→ハントゥイ・マンスィ自治管区＝ユグラ)。見出しは訳者の補い。今回の訳出に際しては、次の先訳を参照した。竹森正孝『ロシア連邦憲法』(七月堂、一九九六年)。阿部照哉・畑博行編『世界の憲法集[第二版]』(有信堂高文社、一九九八年、宮地芳範訳)。初宿正典・辻村みよ子編『新解説　世界憲法集[第二版]』(三省堂、二〇一〇年、竹森正孝訳)。森下敏男『現代ロシア憲法体制の展開』(信山社、二〇〇一年、著者訳)。

中国

高見澤磨 訳・解説

解　説

現行中華人民共和国憲法は、一九八二年一二月四日に公布・施行された憲法に、一九八八年四月一二日、一九九三年三月二九日、一九九九年三月一五日、二〇〇四年三月一四日の四回の改正が加えられたものである。

中華人民共和国は、一九四九年一〇月一日に成立した。これに先立つ同年九月二一日に中国人民政治協商会議第一回全体会議が北京で開催された。同会議において、九月二九日に中国人民政治協商会議共同綱領が採択され、最初の「中華人民共和国憲法」が一九五四年九月二〇日に第一期全国人民代表大会第一回会議で採択されるまでの間の臨時憲法的基本法の役割を果たした。その後前記一九五四年憲法を経て、一九七五年一月一七日に第四期全国人民代表大会第一回会議、一九七八年三月五日に第五期全国人民代表大会第一回会議で、全面改正してそれぞれ憲法を採択している(一九七八年憲法は、一九七九年七月一日及び一九八〇年九月一〇日の改正を経ている)。現行憲法は、「中華人民共和国憲法」という名称を持つものとしては四番目、憲法的基本法としては五番目のものである。

社会主義型憲法であり、権力分立型民主主義ではなく、全国人民代表大会を頂点とする権力集中型民主主義を採り、かつ、中国共産党の領導を前提としている。社会主義型憲法とは言っても、その内容は自明ではなく、市場メカニズムの導入にともないすでに四回の改正を経ており、今後も全面的改正を含む改正が予想される。

訳　註

中国語は、漢字で表記される。このことは、日本人にとっては理解の手がかりでもあり、誤解の出発点でもある。訳出に困難を感じる部分もあった。その多くは、中国社会の歴史や現状、中国語の構造とかかわるものであって、日本語に置き換えれば済むというものではなかった。そのうちのいくつかを訳註として記す。なお、「及び」「並びに」「または」「もしくは」「かつ」「但し」などにあたる用法は、原文に合わせてあるので、日本の法律用語の例と異なるものもあるのは諒解されたい。また、中国語の「必須」及び「応当」は、ともに「～しなければならない」と訳した。日常用語としては、後者は、法や契約や道義による当為であり、前者は、さらに強く、いかなる事情があってもそうすべきだというときに用いられる事が多い。ここに含意されるのは、法的、契約的義務であってもときには実行できない場合と、そうであってもしなければならない場合とがあるということである。しかし、こうした人生経験を表現する用語は日本の法律用語には乏しいので、ともに同様に訳した。「要～」は～することを要する、「不得～」は～することはできない、「可以～」は～することができる、と訳し、「有権～」は～する権利を有するとした。

（1）「領導」（初出は序言第四段落）の原文は「領導」。上下関係を前提とする指導の関係である。「指導」（初出は第八条第三項）は、業務上の情報提供などで誘導することで、「指導」と訳出したので、「領導」は「領導」と訳した。なお、序言第七段落の「手引き」の原文は「指引」、第一一条第二項の「導き」の原文は「引導」。

（2）「新民主主義」（序言第六段落）は原文も「新民主主義」。帝国主義、封建主義、官僚資本主義を「敵」とし、これに反対する人を「人民」とし、「人民」の間では民主主義を実践し、「敵」を撃ち、「人民」を護ることを第一とする主義。

（3）「三つの代表」（序言第七段落）の原文は「三箇代表」で、中国共産党は、中国の先進的生産力の発展の要請、中国の先進的文化の前進の方向、中国の最も広範な人民の根本的利益の三つを代表する、ということ。

（4）「労働者」（初出は序言第一〇段落）の原文は「工人」で、都市商工業労働者を典型とする。これに対置されるのが「農民」（初出は序言第一〇段落。「農民」と訳した）であり、両者を含むのが「勤労者」（序言は前文第一〇段落。原文は「労働者」）。

（5）「民主的諸党派」の原文は「民主党派」。中国には中国共産党以外に八つの政党があり、その総称。但し、政権交代の可能性のある複数政党制ではなく、共産党の領導を前提とする「多党協働」（序言第一〇段落。原文は「多党合作」）型の統一戦線である。

（6）「任務遂行」（初出は序言第一〇段落）の原文は「工作」。訳しにくい中国語のひとつ。仕事、任務、活動といった意味があるが、第一七条原文の「活動」を「活動」と訳す関係上、また、任務そのものだけでなく、任務の遂行も意味するので、このように訳した。

（7）「法律」（初出は序言第一三段落）は原文も「法律」。中国語の「法律」には、法一般を指す場合と全国人民代表大会またはその常務委員会で「法律」という形式で制定されるもの（〇〇法という形で制定される）を指す場合とがある。ここでは「法律」と訳すことに違和感もあるが、全国人民代表大会もしくはその常務委員会で制定されたもの（憲法もそれに含まれる）またはそれらを根拠とするもの、と考えれば、全体の訳語を統一できるので、すべて「法律」と訳した。

（8）「企業」と「事業」（初出は序言第一三段落）は、いずれも原文どおり。中国語では、「企業」は営利的なもの、「事業」は非営利的なものを指す。

（9）「奨励」（初出は第八条第三項）の原文は「鼓励」で、日常用語としては、言葉や表彰により、励ますことである。中国語の「奨励」（初出は第二〇条）は、名誉、金銭、物資によるが、これも訳は「奨励」とした。

（10）「市民」（初出は第一三条第一項）の原文は「公民」。訳しにくい中国語のひとつ。「国民」と訳せば、中国は国民国家であるか否か、「市民」と訳せば、都市・農村を含めて中国は市民社会であるか否かについて気になる読者もあろうし、「公民」では現代日本語としては通りが悪い。政治社会の一員であることによって権利・義務の主体となる、という中国憲法の発想から「市民」と訳した。

（11）「従業員」（第一六条第二項）の原文は「職工」。「職工」とは「職員」と「工人」の意。前者がいわゆるホワイトカラー、後者がブルーカラーを指す。後者は第一条にいう「工人」（労働者）よりも範囲が狭い。

（12）「合弁」（第一八条第二項）の原文は「合資」で、中国側、外国側双方から出資して企業法人設立の手続きを以て設立される外資系企業の形態。企業法人設立の手続きをとらず契約による共同事業体を形成する「合作」（中国語）とは異なる。

(13)「街道」(第二一条第一項)は原文も「街道」。(区を設置しない)市、区、場合によって鎮などの都市部の下位的地域。ここに一または複数の住民委員会(第一一一条参照)がある。
(14)「守則」と「公共の約束」(第二四条第一項)については、前者は原文どおり。後者は「公約」。地域住民などにより自主的に制定された規律。
(15)「幹部」(第四八条第二項)は原文も「幹部」。訳しにくい中国語のひとつ。何らかの指導的地位にあり、その地位は共産党、国家、軍などの正式なポストであり、正式なポストであることにより賃金や福利厚生が用意され、直接または間接に共産党の人事権が及ぶ、そのような地位にある人。旧ソ連の幹部制度を継受している。
(16)「～する権利を有する」は、ここ(第六五条第三項)では、罷免のみにかかり、選挙にはかからない。選挙は当然行う行為である。同様の構文は、第一〇一条第一項、第一〇三条第二項、第一〇八条にもあるので注意されたい。
(17)「原選挙単位」(初出は第七六条第二項)は代議員を選出した母体。
(18)「規則」(初出は第八九条第一三号)は原文は「規章」。
(19)「～に届け出て、記録に留めさせる」(初出は第一〇〇条)の原文は「報～備案」。届け出以前の手続きの完了または届け出によって効力は発生する。但し、届け出られた側は、不備を発見すれば改正を求めたり、自ら改正したり、取り消したりすることができる。記録に留める主体は、前記～にあたる機関。

中華人民共和国憲法

〔一九八二年一二月四日第五期全国人民代表大会第五回会議通過、一九八二年一二月四日全国人民代表大会公布、施行。一九八八年四月一二日第七期全国人民代表大会第一回会議通過の「中華人民共和国憲法改正案」、一九九三年三月二九日第八期全国人民代表大会第一回会議通過の「中華人民共和国憲法改正案」、一九九九年三月一五日第九期全国人民代表大会第二回会議通過の「中華人民共和国憲法改正案」及び二〇〇四年三月一四日第一〇期全国人民代表大会第二回会議通過の「中華人民共和国憲法改正案」に基づき改正。〕

序言

中国は、世界で歴史が最も悠久な国家のひとつである。中国各民族人民は、輝かしい文化を共同して創造し、光栄ある革命の伝統を有している。

一八四〇年以降、封建的な中国は、半植民地的かつ半封建的な国家へと徐々に変わっていった。中国人民は、国家の独立、民族の解放及び民主と自由のために、前を行く者が倒れれば後の者が続くという英雄的な奮闘を進めてきた。

二〇世紀に、中国では天地を覆す偉大な歴史的変革が起こった。

一九一一年、孫中山〔孫文〕先生が領導①する辛亥革命が、封建帝制を廃し、中華民国を建国した。しかし、中国人民が帝国主義及び封建主義に反対する歴史的任務は、いまだ完成していなかった。

一九四九年、毛沢東主席を領袖とする中国共産党が中国各民族人民を領導し、長期の苦難に満ち曲折した武装闘争及びその他の闘争を経た後、帝国主義、封建主義及び官僚主義の統治をついには覆し、中華人民共和国を建てた。このときから、中国人民は、国家の権力を掌握し、国家の主人となった。

中華人民共和国成立以降、我が国の社会は、新民主主義②から社会主義に至る過渡を徐々に実現した。生産手段私有制の社会主義的改造はすでに完成し、人が人を搾取する制度はすでに消滅し、社会主義制度はすでに確立した。労働者階級が領導し、労農同盟を基礎とする人民民主独裁は、実質的にはプロレタリアート独裁であり、強固なものとなり、かつ発展している。中国人民及び中国人民解放軍は、帝国主義、覇権主義の侵略、破壊及び武力による挑発に戦勝し、国家の独立及び安全を護り、国防を増強した。経済建設は、大きな成果を得、独立し比較的完備した社会主義工業体系は、すでに基本的に形成され、農業生産は、顕著に向上している。教育、科学、文化等の事業には大きな発展があり、社会主義思想教育は明らかな効果を得た。広範な人民の生活には比較的大きな改善がある。

中国新民主主義革命の勝利及び社会主義事業の成果は、中国共産党が中国各民族人民を領導し、マルクス・レーニン主義、毛沢東思想の手引きのもとで、真理を堅持し、誤りを正し、多くの艱難険阻に戦勝して得たものである。我が国は、社会主義初級段階に長期にわたって位置することになる。国家の根本任務は、中国的特色の社会主義の道に沿って、力量を集中して社会主義現代化建設を進めることである。中国各民族人民は、ひきつづき、中国共産党の領導のもとにあって、マルクス・レーニン主義、毛沢東思想、鄧小平理論及び「三つの代表」[3]という重要思想の手引きにより、人民民主独裁を堅持し、社会主義の道を堅持し、改革開放を堅持し、社会主義の各制度を不断に完全なものとし、社会主義市場経済を発展させ、社会主義民主を発展させ、社会主義法制を健全なものとし、自力更正と艱苦のなかでの奮闘とを進め、工業、農業、国防及び科学技術の現代化を徐々に実現し、物質文明、政治文明及び精神文明の協調的発展を推進し、我が国を富強、民主、文明の社会主義国家としていく。

我が国においては、搾取階級は、階級としてはすでに消滅しているが、しかし、階級闘争はいまだ一定範囲において長期に存在し続ける。中国人民は、我が国の社会主義制度を敵視し、破壊する国内外の敵対勢力及び敵対分子に対して、闘争を行わなければならない。

台湾は、中華人民共和国の神聖な領土の一部分である。祖国を統一することを完成するという大業は、台湾同胞を含む全中国人民の神聖な職責である。

社会主義の建設事業は、労働者④、農民及び知識分子をよりどころとして、団結できる一切の力量を団結させなければならない。長期の革命及び建設の過程において、中国共産党が領導し、各民主的諸党派⑤及び各人民団体が参加し、すべての社会主義勤労者、社会主義事業の建設者、社会主義を擁護する愛国者及び祖国統一を擁護する愛国者を含む広範な愛国統一戦線は、すでに結成されており、この統一戦線はひきつづき強固なものとなり、発展していく。中国人民政治協商会議は、広範な代表性を有する統一戦線組織であり、過去において重要な歴史的役割を発揮し、今後国家の政治生活、社会生活及び対外友好任務遂行⑥において、社会主義現代化建設を進め、国家の統一と団結を護る闘争においても、さらにその重要な役割を発揮していく。中国共産党が領導する多党協働及び政治協商制度は、長期にわたって存在し発展していく。

中華人民共和国は全国各民族人民が共同して創建した統一の多民族国家である。平等、団結、互助の社会主義民族関係はすでに確立し、かつ、ひきつづき強まっている。民族団結を護る闘争においては、大民族主義、主には大漢族主義に反対することを要し、また、地方民族主義にも反対することを要する。国家は一切の努力を尽くして、全国各民族の共同繁栄を促進する。

中国の革命及び建設の成果は世界の人民の支持と切り離すことはできない。中国の前途は世界の前途と緊密に結びついている。中国は、独立自主の対外政策を堅持し、主権と領土の完全とを相互に尊重すること、相互に侵犯しないこと、相互に内政に干渉しないこと、平等に互いに利益となること、平和に共存すること、という五原則を堅持し、各国と外交関係及び経済、文化の交流を発展させる。帝国主義、覇権主義、植民地主義に反対し、世界各国人民との団結を強め、被抑圧民族及び発展途上国が民族独立を勝ち取り、それを護り、民族経済を発展させる正義の闘争を支持し、世界平和を護り、及び、人類進歩の事業を促進するために努力することを堅持する。

本憲法は、法律[7]の形式を以て中国各民族人民の奮闘の成果を確認し、国家の根本制度及び根本任務を規定しており、国家の根本法であって、最高の法律的効力を有している。全国各民族人民、一切の国家機関及び武装力、各政党及び各社会団体、各企業、事業組織⑧は全て憲法を以て根本の任務遂行準則としなければならず、かつ憲法の尊厳を護り、憲法実施の職責を負う。

第一章　総綱

第一条〔国体〕　①　中華人民共和国は労働者階級が領導し、労農同盟を基礎とする人民民主独裁の社会主義国家である。

②　社会主義制度は中華人民共和国の根本制度である。いかなる組織または個人にも社会主義制度を破壊することを禁じる。

第二条〔政体〕　①　中華人民共和国の一切の権力は、人民に属する。

②　人民が国家権力を行使する機関は、全国人民代表大会及び地方各級人民代表大会である。

③　人民は、法律の定めに従って、各種の手段及び形式を通じて、国家事務を管理し、経済及び文化事業を管理し、社会事務を管理する。

第三条〔民主集中制〕　①　中華人民共和国の国家機構は、民主集中制の原則を実行する。

②　全国人民代表大会及び地方各級人民代表大会は、すべて民主的選挙によって生み出

され、人民に対して責任を負い、人民の監督を受ける。

③　国家行政機関、裁判機関、検察機関は、すべて人民代表大会によって生み出され、これに対して責任を負い、この監督を受ける。

④　中央及び地方の国家機構の職権の区分は、中央の統一領導のもとに、地方の主動性、積極性を充分に発揮する原則に従う。

第四条〔**民族間の平等**〕　①　中華人民共和国の各民族は、一律に平等である。国家は各少数民族の合法的な権利及び利益を保障し、各民族の平等、団結、互助の関係を護り、かつ、発展させる。いかなる民族差別及び抑圧も禁止し、民族の団結を破壊し、及び、民族の分裂を生じさせる行為を禁止する。

②　国家は各少数民族の特徴と必要とに基づき、各少数民族地区が経済及び文化の発展を加速することを援助する。

③　各少数民族集居地方は、区域自治を実行し、自治機関を設置し、自治権を行使する。各民族自治地方は、すべて中華人民共和国の不可分の部分である。

④　各民族は、すべて自らの言語文字を使用し、及び、発展させる自由を有し、自らの風俗習慣を保持、または、改革する自由を有する。

第五条〔**法治**〕　①　中華人民共和国は、法により国を治めることを実行し、社会主義法治国家を建設する。

② 国家は社会主義法制の統一及び尊厳を護る。

③ 一切の法律、行政法規及び地方性法規は、すべて憲法と抵触してはならない。

④ 一切の国家機関及び武装力量、各政党及び各社会団体、各企業事業組織は、すべて憲法及び法律を必ずや遵守しなければならない。憲法及び法律に違反する一切の行為は、すべて追及しなければならない。

⑤ いかなる組織または個人も憲法及び法律を超越する特権を有してはならない。

第六条〔社会主義経済制度〕 ① 中華人民共和国の社会主義経済制度の基礎は、生産手段の社会主義公有制、即ち、全人民所有制及び勤労大衆集団所有制である。社会主義公有制は、人が人を搾取する制度を消滅させ、能力に応じて働き、労働に応じて分配するという原則を実行する。

② 国家は、社会主義初級段階においては、公有制が主体となり、多種の所有制経済が共同で発展するという基本経済制度を堅持し、労働に応じた分配が主体となり、多種の分配方式が併存する分配制度を堅持する。

第七条〔国有企業〕 国有企業は、即ち社会主義全人民所有制経済であって、国民経済における主導力量である。国家は国有企業の強化及び発展を保障する。

第八条〔集団経済組織〕　①　農村集団経済組織は、家庭請負経営が基礎となり、統一と分割とが結合する二層経営体制を実行する。農村における生産、供給・販売、信用、消費等の各種形式の協同組合経済は、社会主義勤労大衆集団所有制経済である。農村集団経済組織に参加する勤労者は、法律が定める範囲内において自留地、自留山、家庭副業を経営し、自留蓄を飼う権利を有する。

②　都市部における手工業、工業、建築業、運輸業、商業、サービス業等の業種の各種形式の協同組合経済は、すべて社会主義勤労大衆集団所有制経済である。

③　国家は、都市・農村の集団経済組織の合法的権利及び利益を保護し、集団経済の発展を奨励し⑨、指導し、及び、援助する。

第九条〔自然資源〕　①　鉱物、水流、森林、山嶺、草原、荒地、干潟等の自然資源は、すべて国家所有、即ち、全人民所有に属する。法律が集団所有と定める森林及び山嶺、草原、荒地、干潟は除く。

②　国家は、自然資源の合理的利用を保障し、稀少な動物及び植物を保護する。いかなる組織または個人にも、いかなる手段によっても自然資源を侵占または破壊することを禁じる。

第一〇条〔土地〕　①　都市の土地は国家所有に属する。

② 農村及び都市郊外の土地は、法律が国家所有に属すると定めている場合を除いては、集団所有に属する。建物に附着する土地及び自留地、自留山もまた集団所有に属する。

③ 国家は、公共の利益の必要のために、法律の定めに従って土地に対して収用または徴用を実行し、かつ、補償を与えることができる。

④ いかなる組織または個人も、土地を侵占、売買またはその他の形式を以て違法に譲渡してはならない。土地の使用権は、法律の定めに従って譲渡することができる。

⑤ 土地を使用する一切の組織及び個人は、土地を合理的に利用しなければならない。

第一一条〔非公有制経済〕 ① 法が定める範囲内の個人経済、私営経済等の非公有制経済は、社会主義市場経済の重要な組成部分である。

② 国家は、個人経済、私営経済等の非公有制経済の合法的権利及び利益を保護する。国家は、非公有制経済の発展を奨励し、支持し、及び導き、かつ非公有制経済に対して法により監督及び管理を実行する。

第一二条〔公共財産〕 ① 社会主義の公共財産は、神聖にして侵してはならない。

② 国家は、社会主義の公共財産を保護する。いかなる組織または個人にも、いかなる手段によっても国家及び⑩集団の財産を侵占、または破壊することを禁じる。

第一三条〔私有財産〕 ① 市民の合法的私有財産は、侵すことはできない。

② 国家は、法律の定めに従って市民の私有財産権及び相続権を保護する。
③ 国家は、公共の利益の必要のために、法律の定めに従って市民の私有財産に対して収用または徴用を実行し、かつ、補償を与えることができる。

第一四条〔経済、社会政策〕 ① 国家は、勤労者の積極性及び技術水準を向上させ、先進的な科学技術を普及させ、経済管理体制及び企業経営管理制度を完全なものとし、各種の形式の社会主義責任制度を実行し、労働組織を改進することを通して、以て労働生産性及び経済効率を向上させ、社会的生産力を発展させる。
② 国家は、節約を励行し、浪費に反対する。
③ 国家は、蓄積及び消費を合理的に均衡させ、国家、集団及び個人の利益にすべて配慮し、生産を発展させるという基礎の上に、人民の物質生活及び文化生活を徐々に改善させる。
④ 国家は、経済発展水準と健全に相応する社会保障制度をうちたてる。

第一五条〔社会主義市場経済〕 ① 国家は、社会主義市場経済を実行する。
② 国家は、経済立法を強化し、マクロコントロールを完全なものとする。
③ 国家は、法により、いかなる組織または個人にも社会経済秩序を擾乱することを禁じる。

第一六条〔国有企業自主権〕 ① 国有企業は、法律の定めの範囲内において、自主経営の権利を有する。

② 国有企業は、法律の定めに従って、従業員代表大会及びその他の形式を通して、民主的管理を実行する。(11)

第一七条〔集団経済組織自主権〕 ① 集団経済組織は、関連する法律を遵守するという前提のもとにおいて、経済活動を独立して行う自主権を有する。

② 集団経済組織は、民主的管理を実行し、法の定めに従って管理職者を選挙及び罷免し、経営管理の重大問題を決定する。

第一八条〔外国からの投資〕 ① 中華人民共和国は、外国の企業及びその他の経済組織または個人が、中華人民共和国の法律の定めに従って中国において投資を行い、中国の企業またはその他の経済組織と各種形式の経済協同を行うことを許す。

② 中国の領域内の外国企業及びその他の外国経済組織並びに中国・外国間合弁経営の企業は、すべて中華人民共和国の法律を遵守しなければならない。これらの合法的な権利及び利益は、中華人民共和国の法律の保護を受ける。(12)

第一九条〔教育政策〕 ① 国家は、社会主義の教育事業を発展させ、全国人民の科学文化水準を向上させる。

② 国家は、各種の学校を興し、初等義務教育を普及させ、中等教育、職業教育及び高等教育を発展させ、かつ、就学前教育を発展させる。

③ 国家は、各種教育施設を発展させ、非識字をなくし、労働者、農民、国家任務遂行要員及びその他の勤労者に対して政治、文化、科学、技術、業務の教育を行い、自修を奨励する。

④ 国家は、集団経済組織、国家企業・事業組織およびその他の社会的力量を奨励して法律の規定に基づいて各種の教育事業を興させる。

⑤ 国家は、全国で通用する標準語をおし広める。

第二〇条〔科学政策及び技術政策〕 国家は、自然科学及び社会科学事業を発展させ、科学及び技術の知識を普及させ、科学研究の成果及び技術発明の創造を奨励する。

第二一条〔医療、衛生、体育〕 ① 国家は、医療衛生事業を発展させ、現代医薬[13]及び我が国の伝統医薬を発展させ、農村集団経済組織、国家企業事業組織及び街道組織が興す各種医療衛生施設を奨励し、及び支援し、大衆的衛生活動を展開させ、人民の健康を保護させる。

② 国家は、体育事業を発展させ、大衆的体育活動を展開し、人民の身体の質を強める。

第二二条〔文化事業〕 ① 国家は、人民に奉仕し、社会主義に奉仕する文学芸術事業、報道・放送・テレビジョン事業、出版・発行事業、図書館・博物館・文化館及びその他の文化事業を発展させ、大衆的文化事業を展開する。

② 国家は、名勝旧跡、稀少貴重文化財及びその他の重要歴史文化遺産を保護する。

第二三条〔専門家、知識人〕 国家は、社会主義に奉仕する各種の専門的人材を養成し、知識分子の隊伍を拡大し、その条件を創出し、社会主義現代化建設における彼らの働きを充分に発揮させる。

第二四条〔社会主義精神文明〕 ① 国家は、理想教育、道徳教育、文化教育、紀律及び法制教育を普及させることを通し、都市・農村の様々な範囲の大衆において各種の守則、公共の約束[14]を制定及び執行することを通して、社会主義精神文明の建設を強める。

② 国家は、祖国を愛し、人民を愛し、労働を愛し、科学を愛し、社会主義の公共道徳を愛することを提唱し、人民において愛国主義、集団主義及び国際主義、共産主義の教育を行い、弁証唯物主義及び歴史唯物主義の教育を行い、資本主義、封建主義及びその他の堕落した思想に反対する。

第二五条〔計画出産及び人口計画〕 国家は、計画出産を推し進め、人口の増加を経済及び社会発展計画と適応させる。

第二六条〔環境〕 ① 国家は、生活環境及び生態環境を保護し、及び、改善し、汚染及びその他の公害を防止し、修復する。

② 国家は、植樹造林を組織し、及び、奨励し、森林・樹木を保護する。

第二七条〔国家任務遂行要員〕 ① 一切の国家機関は、簡素の原則を実行し、任務遂行責任制を実行し、任務遂行要員の養成・訓練及び考課制度を実行し、任務遂行の質及び任務遂行の効率を不断に向上させ、官僚主義に反対する。

② 一切の国家機関及び国家任務遂行要員は、人民の支持に依拠し、人民との密接な連絡を常に保持し、人民の意見及び建議に耳を傾け、人民の監督を受け、人民に奉仕することに努力しなければならない。

第二八条〔犯罪及び犯罪者への対応〕 国家は、社会秩序を護り、祖国への背叛及びその他の国家安全危害犯罪活動を鎮圧し、社会治安危害や社会主義経済破壊やその他の犯罪活動に制裁を加え、犯罪者を処罰し、及び、改めさせる。

第二九条〔国防〕 ① 中華人民共和国の武装力は、人民に属する。その任務は、国防を強固なものとし、侵略に抵抗し、祖国を防衛し、人民の平和な労働を防衛し、国家建設事業に参加し、人民に奉仕することに努力することである。

② 国家は、武装力の革命化、現代化、正規化の建設を強くおし進め、国防力を増強する。

第三〇条〔行政区画〕 ① 中華人民共和国の行政区画区分は以下のものとする。
一 全国は、省、自治区、直轄市に分かれる。
二 省、自治区は、自治州、県、自治県、市に分かれる。
三 県、自治県は、郷、民族郷、鎮に分かれる。
② 直轄市及び比較的大きな市は、区、県に分かれる。自治州は、県、自治県、市に分かれる。
③ 自治区、自治州、自治県は、すべて民族自治地方である。

第三一条〔特別行政区〕 国家は、必要なときには、特別行政区を設置することができる。特別行政区において実行する制度は、具体的状況に基づいて全国人民代表大会が法律を以て定める。

第三二条〔外国人〕 ① 中華人民共和国は、中国領内における外国人の合法的権利及び利益を保護し、中国領内の外国人は、中華人民共和国の法律を遵守しなければならない。
② 中華人民共和国は、政治的原因により避難を求める外国人に対して、庇護を受ける権利を与えることができる。

第二章　市民の基本的権利及び義務

第三三条〔市民、法律の前の平等、人権、権利及び義務〕　①　およそ中華人民共和国国籍を有する人は、中華人民共和国市民である。

②　中華人民共和国市民は、法律の前において一律に平等である。

③　国家は、人権を尊重し、及び、保障する。

④　いかなる市民も、憲法及び法律が定める権利を享有し、同時に、憲法及び法律が定める義務を履行しなければならない。

第三四条〔選挙権、被選挙権〕　中華人民共和国の満一八歳以上の市民は、民族、人種、性別、職業、出身家庭所属階級、宗教信仰、教育程度、財産状況、居住期間を分かたず、すべて選挙権及び被選挙権を有する。但し、法律に従って政治的権利を剝奪されている人を除く。

第三五条〔表現の自由〕　中華人民共和国市民は、言論、出版、集会、結社、行進、示威の自由を有する。

第三六条〔宗教信仰の自由〕　①　中華人民共和国市民は、宗教信仰の自由を有する。

② いかなる国家機関、社会団体及び個人も、市民に宗教を信仰すること、または、宗教を信仰しないことを強制してはならず、宗教を信仰する市民及び宗教を信仰しない市民を差別してはならない。

③ 国家は、正常な宗教活動を保護する。いかなる人も、宗教を利用して社会秩序を破壊し、市民の身体の健康を害し、国家教育制度を妨害する活動を行ってはならない。

④ 宗教団体及び宗教事務は、外国勢力の支配を受けない。

第三七条〔人身の自由〕 ① 中華人民共和国市民の人身の自由は、侵犯を受けない。

② いかなる市民も、人民検察院が許可し、もしくは、決定し、または、人民法院が決定し、警察機関が執行するのでなければ、逮捕されない。

③ 違法に拘禁し、及び、その他の方法を以て市民の人身の自由を違法に剝奪し、または、制限することを禁止し、市民の身体を違法に捜索することを禁じる。

第三八条〔人格の尊厳〕 中華人民共和国市民の人格の尊厳は、侵犯を受けない。市民に対してはいかなる方法による侮辱、誹謗、誣告も、行うことを禁じる。

第三九条〔住宅の不可侵〕 中華人民共和国市民の住宅は、侵犯を受けない。市民の住宅を違法に捜査し、または、違法に侵入することを禁じる。

第四〇条〔通信の自由及び秘密〕 中華人民共和国市民の通信の自由及び通信の秘密は、法律の保護を受ける。国家の安全または刑事犯罪を追及する必要により、警察機関または検察機関が法の定める手続きに従って通信に対して検査を行う場合を除いては、いかなる組織または個人も、いかなる理由を以てしても、市民の通信の自由及び通信の秘密を侵犯してはならない。

第四一条〔国家及び国家任務遂行要員に対する批判及び建議と国家賠償〕　①　中華人民共和国市民は、いかなる国家機関及び国家任務遂行要員に対しても、批判及び建議を提出する権利を有する。いかなる国家機関及び国家任務遂行要員の違法な職務失当行為に対しても、関係国家機関に不服申し立て、告訴、または、告発を提出する権利を有する。但し、事実をねつ造し、または、歪曲して誣告《ぶこく》を行ってはならない。

②　市民の不服申し立て、告訴、または、告発に対しては、関係国家機関は、事実を調査して明らかにし、処理に責任を負わなければならない。いかなる人も抑圧及び報復してはならない。

③　国家機関及び国家任務遂行要員が市民の権利を侵犯したために損失を受けた人は、法律の定めに従って賠償を得る権利を有する。

第四二条〔労働の権利及び義務〕　①　中華人民共和国市民は、労働の権利及び義務を有する。

② 国家は、各種の手段を通して、労働就業条件を創造し、労働者保護を強め、労働条件を改善し、かつ、生産を発展させるという基礎において、労働報酬及び福利待遇を向上させる。

③ 労働は、労働能力を有する一切の市民の光栄ある職責である。国有企業及び都市・農村集団経済組織の労働者は、すべて国家の主人公の態度を以て、自己の労働に対さなければならない。国家は、社会主義的労働競争を提唱し、模範勤労者及び先進的な任務遂行者を奨励する。国家は、市民が奉仕的無報酬労働に従事することを提唱する。

④ 国家は就業前の市民に対して必要な労働就業訓練を行う。

第四三条〔勤労者の休息の権利〕 ① 中華人民共和国の勤労者は、休息の権利を有する。

② 国家は、勤労者が休息し、及び、休養する施設を発展させ、従業員の勤務時間及び休暇制度を定める。

第四四条〔退職休養制度〕 国家は、法律の定めに従って、企業事業組織の従業員及び国家機関任務遂行要員の退職休養制度を実行する。退職休養人員の生活は、国家及び社会の保障を受ける。

第四五条〔ハンディキャップある市民に対する政策〕 ① 中華人民共和国市民は、高齢、疾病、または、労働能力を喪失するという情況のもとにおいては、国家及び社会から物質的援助を受ける権利を有する。国家は、市民がこれらの権利を享受するために必要となる社会保険、社会救済、及び医療衛生事業を発展させる。

② 国家及び社会は、傷痍軍人の生活を保障し、殉難烈士の家族に補償を与え、軍人の家族を優遇する。

③ 国家及び社会は、視覚障害者、聴覚障害者、言語障害者その他の障害を有する市民の労働、生活及び教育を援助し、適切に配慮する。

第四六条〔教育を受ける権利及び義務〕 ① 中華人民共和国市民は、教育を受ける権利及び義務を有する。

② 国家は、青年、少年、児童を養成して、品徳、知力、身体等の面において全面的に発達させる。

第四七条〔文化活動の自由〕 中華人民共和国市民は、科学研究、文学芸術創作及びその他の文化活動を行う自由を有する。国家は、教育、科学、技術、文学、芸術及びその他の文化事業に従事する市民の人民に有益な創造的任務遂行に対して、奨励及び援助を与える。

第四八条〔男女平等〕 ① 中華人民共和国の女性は、政治、経済、文化、社会及び家庭の生活等の各方面において、男性と平等の権利を享有する。

② 国家は、女性の権利及び利益を保護し、男女同一労働同一報酬を実行し、女性幹部⑮を養成し、及び、選抜する。

第四九条〔婚姻、家庭、母親、児童〕 ① 婚姻、家庭、母親及び児童は、国家の保護を受ける。

② 夫妻双方は、計画出産を実行する義務を有する。

③ 父母は、未成年子女を扶養し、教育する義務を有し、成年子女は、父母を扶養する義務を有する。

④ 婚姻の自由を破壊することを禁止し、高齢者、女性及び児童を虐待することを禁止する。

第五〇条〔華僑の権利〕 中華人民共和国は、華僑の正当な権利及び利益を保護し、帰国華《か》僑《きょう》及び華僑家族の合法的な権利及び利益を保護する。

第五一条〔自由及び権利の行使の制限〕 中華人民共和国市民は、自由及び権利を行使するときには、国家、社会、集団の利益及びその他の市民の合法的自由及び権利を害してはならない。

第五二条〔国家統一及び全国各民族団結の義務〕 中華人民共和国市民は、国家の統一及び全国各民族の団結を護る義務を有する。

第五三条〔秩序遵守の義務〕　中華人民共和国市民は、憲法及び法律を遵守し、国家の機密を保守し、公共財産を愛護し、労働紀律を遵守し、公共秩序を遵守し、社会公徳を尊重しなければならない。

第五四条〔祖国の安全、栄誉、利益を護る義務〕　中華人民共和国市民は、祖国の安全、栄誉及び利益を護る義務を有し、祖国の安全、栄誉及び利益を害する行為があってはならない。

第五五条〔祖国防衛の責任、兵役〕　①　祖国を防衛し、侵略に抵抗することは、中華人民共和国のひとりひとりの市民の神聖な職責である。

②　法律に従って兵役に服し、及び、民兵組織に参加することは、中華人民共和国市民の光栄な義務である。

第五六条〔納税の義務〕　中華人民共和国市民は、法律に従い納税する義務を有する。

第三章　国家機構

第一節　全国人民代表大会

第五七条〔全国人大の地位とその常設機関〕　中華人民共和国全国人民代表大会は、最高の国家権力機関である。その常設機関は、全国人民代表大会常務委員会である。

第五八条〔立法権〕 全国人民代表大会及び全国人民代表大会常務委員会は、国家立法権を行使する。

第五九条〔全国人大代議員選挙〕 ① 全国人民代表大会は、省、自治区、直轄市、特別行政区及び軍隊が選挙する代議員が組織する。各少数民族は、すべて適切な数の代議員を有さなければならない。

② 全国人民代表大会代議員の選挙は、全国人民代表大会常務委員会が主催する。

③ 全国人民代表大会代議員の数及び代議員選挙方法は、法律が定める。

第六〇条〔全国人大の任期〕 ① 全国人民代表大会の毎期の任期は、五年である。

② 全国人民代表大会の任期満了の二カ月前に、全国人民代表大会常務委員会は、次期全国人民代表大会代議員の選挙を完了しなければならない。選挙を行うことができない非常の情況にあっては、全国人民代表大会常務委員会が全体の構成員の三分の二以上の多数を以て通過した場合には、選挙を延期し、当期全国人民代表大会の任期を延長することができる。非常の情況が終了した後一年以内に、次期の全国人民代表大会代議員の選挙を完了しなければならない。

第六一条〔全国人大の開催〕 ① 全国人民代表大会の会議は毎年一回行い、全国人民代表大会常務委員会が召集する。全国人民代表大会常務委員会が必要であると考え、または、五分の一以上の全国人民代表大会代議員の提議がある場合には、全国人民代表大会会議を臨時に召集できる。

② 全国人民代表大会が会議を行うときには、主席団を選挙し、会議を主催させる。

第六二条〔全国人大の職権〕 全国人民代表大会は以下の職権を行使する。

一 憲法を改正する。

二 憲法の施行を監督する。

三 刑事、民事、国家機構及びその他の基本的法律を制定及び改正する。

四 中華人民共和国主席、副主席を選挙する。

五 中華人民共和国主席の指名に基づいて、国務院総理の人選を決定する。国務院総理の指名に基づいて、国務院副総理、国務委員、各部部長、各委員会主任、監査長、秘書長の人選を決定する。

六 中央軍事委員会主席を選挙する。中央軍事委員会主席の指名に基づき、中央軍事委員会のその他の構成員の人選を決定する。

七 最高人民法院院長を選挙する。

八 最高人民検察院検察長を選挙する。

九　国民経済及び社会発展計画、並びに、計画執行情況の報告を審査し、承認する。

一〇　国家の予算及び予算執行情況の報告を審査し、承認する。

一一　全国人民代表大会常務委員会の不適切な決定を改め、または、取り消す。

一二　省、自治区及び直轄市の設置を承認する。

一三　特別行政区の設立及びその制度を決定する。

一四　戦争及び平和の問題を決定する。

一五　最高権力機関が行使すべきその他の職権。

第六三条〔全国人大の要員罷免権〕　全国人民代表大会は、以下の要員を罷免する権利を有する。

一　中華人民共和国主席、副主席

二　国務院総理、副総理、国務委員、各部部長、各委員会主任、監査長、秘書長

三　中央軍事委員会主席及び中央軍事委員会のその他の構成員

四　最高人民法院長

五　最高人民検察院検察長

第六四条〔憲法改正、その他の議案の通過〕　①　憲法の改正は、全国人民代表大会常務委員会または五分の一以上の全国人民代表大会代議員が提議し、かつ、全国人民代表大会

が全代議員の三分の二以上の多数を以て通過する。

② 法律及びその他の議案は、全国人民代表大会が全代議員の過半数を以て通過する。

第六五条〔全国人大常委会の構成〕 ① 全国人民代表大会常務委員会は、以下の要員が構成する。

委員長

副委員長　若干名

秘書長

委員　若干名

② 全国人民代表大会常務委員会構成員のうちには、適切な数の少数民族代議員がなければならない。

③ 全国人民代表大会は、全国人民代表大会常務委員会の構成員を選挙し、かつ、罷免する権利を有する。⑯

④ 全国人民代表大会常務委員会の構成員は、国家行政機関、裁判機関及び検察機関の職務を担任してはならない。

第六六条〔全国人大常委会の任期〕 ① 全国人民代表大会常務委員会の毎期の任期は、全国人民代表大会の毎期の任期と同じであり、それが職権を行使するのは、次期の全国人民代表大会代議員が新たな常務委員会を選挙するまでである。

② 委員長、副委員長が連続して職に任ずるのは、二期を超えてはならない。

第六七条〔全国人大常委会の職権〕 全国人民代表大会常務委員会は以下の職権を行使する。

一 憲法を解釈し、憲法の施行を監督する。

二 全国人民代表大会が制定しなければならない法律以外のその他の法律を制定し、及び、改正する。

三 全国人民代表大会閉会期間において、全国人民代表大会が制定した法律に対して部分的に補充し、及び、改正するが、但し、当該法律の基本原則と抵触してはならない。

四 法律を解釈する。

五 全国人民代表大会閉会期間において、国民経済及び社会発展計画、国家予算の執行過程において行わなければならない部分的調整プログラムを審査し、及び、承認する。

六 国務院、中央軍事委員会、最高人民法院及び最高人民検察院の任務遂行を監督する。

七 憲法、法律と抵触する、国務院が制定する行政法規、決定及び命令を取り消す。

八　省、自治区、直轄市の国家権力機関が制定する、憲法、法律及び行政法規と抵触する地方性法規及び決議を取り消す。
九　全国人民代表大会閉会期間において、国務院総理の指名に基づいて、部長、委員会主任、監査長、秘書長の人選を決定する。
一〇　全国人民代表大会閉会期間において、中央軍事委員会主席の指名に基づいて、中央軍事委員会のその他の要員の人選を決定する。
一一　最高人民法院院長の提案に基づき、最高人民法院副院長、裁判員、裁判委員会委員及び軍事法院院長を任免する。
一二　最高人民検察院検察長の提案に基づき、最高人民検察院副検察長、検察員、検察委員会委員及び軍事検察院検察長を任免し、かつ、省、自治区、直轄市の人民検察院検察長の任免を承認する。
一三　駐外全権代表の任免を決定する。
一四　外国と締結する条約及び重要な協定の承認及び廃棄を決定する。
一五　軍人及び外交要員の官等制度及びその他の専門官等制度を定める。
一六　国家の勲章及び栄誉称号を定め、及び、授与を決定する。
一七　特赦を決定する。

一八　全国人民代表大会閉会期間において、国家が武力侵犯を受け、または、国際的に共同して侵略を防止する条約を履行しなければならない情況にある場合には、戦争状態を宣布する。

一九　全国総動員または局部動員を決定する。

二〇　全国または個別の省、自治区、直轄市が緊急状態に入ったことを決定する。

二一　全国人民代表大会が授与するその他の職権。

第六八条〔全国人大常委会委員長、副委員長、秘書長〕　①　全国人民代表大会常務委員会委員長は、全国人民代表大会常務委員会の任務遂行を主催し、全国人民代表大会常務委員会会議を招集する。副委員長、秘書長は、委員長の任務遂行を助ける。

②　委員長、副委員長、秘書長は、委員長会議を構成し、全国人民代表大会常務委員会の重要な日常的任務遂行を処理する。

第六九条〔全国人大常委会の全国人大に対する答責〕　全国人民代表大会常務委員会は、全国人民代表大会に対して責任を負い、かつ、任務遂行を報告する。

第七〇条〔専門委員会〕　①　全国人民代表大会は、民族委員会、法律委員会、財政経済委員会、教育科学文化衛生委員会、外事委員会、華僑委員会及びその他の設ける必要のある専門委員会を設ける。全国人民代表大会閉会期間においては、各専門委員会は、全国人民代表大会常務委員会の領導を受ける。

② 各専門委員会は、全国人民代表大会及び全国人民代表大会常務委員会の領導のもとにおいて、関係する議案を検討し、審議し、及び、作成する。

第七一条〔**調査委員会**〕 ① 全国人民代表大会及び全国人民代表大会常務委員会が必要と認めたときには、特定問題に関する調査委員会を組織し、かつ、調査委員会の報告に基づいて、相応の決議をなすことができる。

② 調査委員会が調査を行うときには、関係する一切の国家機関、社会団体及び市民はすべてそれに必要な資料を提供する義務を有する。

第七二条〔**議案提出権**〕 全国人民代表大会代議員及び全国人民代表大会常務委員会構成員は、法律が定める手続きに従って、全国人民代表大会及び全国人民代表大会常務委員会の職権の範囲内に属する議案を、それぞれに提出する権利を有する。

第七三条〔**質問権**〕 全国人民代表大会代議員は、全国人民代表大会開会期間において、全国人民代表大会常務委員会構成員は、常務委員会開会期間において、法律の定める手続きに従って国務院または国務院の各部、各委員会に質問し回答を求めることができる。質問を受けた機関は、回答する責任を負わなければならない。

第七四条〔**不逮捕権**〕 全国人民代表大会代議員は、全国人民代表大会会議主席団の許可が

なければ、全国人民代表大会閉会期間においては、全国人民代表大会常務委員会の許可がなければ、逮捕されず、または刑事裁判を受けない。

第七五条〔**免責**〕 全国人民代表大会の各種の会議における全国人民代表大会代議員の発言及び表決は、法律的追及を受けない。

第七六条〔**義務**〕 ① 全国人民代表大会代議員は、模範的に、憲法及び法律を遵守し、国家秘密を保守し、かつ、自らが参加する生産、任務遂行及び社会活動において、憲法及び法律の施行を助けなければならない。

② 全国人民代表大会代議員は、原選挙単位[17]及び人民と密接な連絡を保持し、人民の意見及び要求に耳を傾け、及び、対応し、人民に奉仕することに努力しなければならない。

第七七条〔**原選挙単位による代議員に対する監督、罷免**〕 全国人民代表大会代議員は、原選挙単位の監督を受ける。原選挙単位は、当該単位が選挙した代議員を法律の定める手続きに従って罷免する権利を有する。

第七八条〔**組織及び任務遂行手続**〕 全国人民代表大会及び全国人民代表大会常務委員会の組織及び任務遂行手続きは、法律が定める。

第二節　中華人民共和国主席

第七九条〔主席、副主席の選挙〕　①　中華人民共和国主席、副主席は、全国人民代表大会が選挙する。

②　選挙権及び被選挙権を有する年齢満四五歳以上の中華人民共和国市民は、中華人民共和国主席、副主席に選ばれることができる。

③　中華人民共和国主席、副主席の毎期の任期は、全国人民代表大会の毎期の任期と同じであり、連続して職に任ずるのは、二期を超えてはならない。

第八〇条〔主席の職務〕　中華人民共和国主席は、全国人民代表大会の決定及び全国人民代表大会常務委員会の決定に基づき、法律を公布し、国務院総理、副総理、国務委員、各部部長、各委員会主任、監査長、秘書長を任免し、国家の勲章及び栄誉称号を授与し、特赦令を発布し、緊急状態に入ったことを宣布し、戦争状態を宣布し、動員令を発布する。

第八一条〔主席の職権〕　中華人民共和国主席は、中華人民共和国を代表して、国事活動を行い、外国使節を接受する。全国人民代表大会常務委員会の決定に基づき、駐外全権代表を派遣し、及び、召還し、外国と締結した条約及び重要な協定を承認し、及び、廃棄する。

第八二条〔副主席の職権〕 ① 中華人民共和国副主席は、主席の任務遂行を助ける。

② 中華人民共和国副主席は、主席の委託を受けて、主席の部分的職権を代行することが出来る。

第八三条〔任期の終了〕 中華人民共和国主席、副主席が職権を行使するのは、次期全国人民代表大会が主席、副主席を選出し、その職につかせるまでである。

第八四条〔欠位の場合〕 ① 中華人民共和国主席が欠位のときには、副主席が主席の職務上の地位を継ぐ。

② 中華人民共和国副主席が欠位のときには、全国人民代表大会が補選する。

③ 中華人民共和国主席、副主席すべて欠位のときには、全国人民代表大会が補選する。補選までにおいては、全国人民代表大会常務委員会委員長が暫時主席の職務上の地位を代理する。

第三節　国務院

第八五条〔国務院の地位〕 中華人民共和国国務院は、即ち中央人民政府であり、最高国家権力機関の執行機関であり、最高国家行政機関である。

第八六条〔国務院の構成〕　①　国務院は、以下の要員が構成する。

総理

副総理　若干名

国務委員　若干名

各部部長

各委員会主任

監査長

秘書長

②　国務院は、総理責任制を実行する。各部、各委員会は、部長、主任責任制を実行する。

③　国務院の組織は、法律が定める。

第八七条〔国務院の任期〕　①　国務院の毎期の任期は、全国人民代表大会の毎期の任期と同じである。

②　総理、副総理、国務委員が連続して職に任ずるのは、二期を超えてはならない。

第八八条〔総理、副総理、国務委員、秘書長〕　①　総理は、国務院の任務遂行を領導する。副総理、国務委員は、総理の任務遂行を助ける。

② 総理、副総理、国務委員、秘書長は、国務院常務会議を構成する。

③ 総理は、国務院常務会議及び国務院全体会議を招集し、及び、主催する。

第八九条〔国務院の職権〕 国務院は以下の職権を行使する。

一 憲法及び法律に基づき、行政措置を定め、行政法規を制定し、決定及び命令を発布する。

二 全国人民代表大会または全国人民代表大会常務委員会に議案を提出する。

三 各部及び各委員会の任務及び職責を定め、各部及び各委員会の任務遂行を統一的に領導し、かつ、各部及び各委員会に属さない全国的な行政任務遂行を領導する。

四 全国の地方各級国家行政機関の任務遂行を統一的に領導し、中央及び省、自治区、直轄市の国家行政機関の職権の具体的区分を定める。

五 国民経済及び社会発展計画、並びに、国家予算を編成し、及び、執行する。

六 経済任務遂行及び都市・農村建設を領導し、及び、管理する。

七 教育、科学、文化、衛生、体育及び計画出産任務遂行を領導し、及び、管理する。

八 民政、警察、司法行政及び監察等の任務遂行を領導し、及び、管理する。

九 対外事務を管理し、外国と条約及び協定を締結する。

一〇 国防建設事業を領導し、及び、管理する。

一一　民族事務を領導し、及び、管理し、少数民族の平等の権利及び民族自治地方の自治の権利を保障する。

一二　華僑の正当な権利及び利益を保護し、帰国華僑及び華僑の家族の合法的な権利及び利益を保護する。

一三　各部、各委員会が発布した不適切な命令、指示及び規則⑱を改め、または、取り消す。

一四　地方各級国家行政機関の不適切な決定及び命令を改め、または、取り消す。

一五　省、自治区、直轄市の区域区分を承認し、自治州、県、自治県、市の設置及び区域区分を承認する。

一六　省、自治区、直轄市の範囲内の部分的地区が緊急状態に入ったことを法律の定めに従って決定する。

一七　行政機構の編制を審査し、決定し、法律の定めに従って行政要員を任免し、訓練し、考課し、及び、賞罰を与える。

一八　全国人民代表大会及び全国人民代表大会常務委員会が授与するその他の職権。

第九〇条〔国務院各部、各委員会〕　①　国務院各部長、各委員会主任は、当該部門の任務遂行に責任を負う。部務会議または委員会会議、委務会議を招集し、及び、主催し、当該部門の任務遂行の重大問題を討論し、決定する。

② 各部、各委員会は、法律及び国務院の行政法規、決定、命令に基づき、当該部門の権限内において、命令、指示、規則を発布する。

第九一条〔監査機関〕 ① 国務院は、監査機関を設置し、国務院各部門及び地方各級政府の財政収支に対し、国家の財政金融機構及び企業・事業組織の財政収支に対し、監査監督を行う。

② 監査機関は、国務院総理の領導下において、法律の定めに従って監査監督権を独立して行使し、その他の行政機関、社会団体及び個人の干渉を受けない。

第九二条〔国務院の全国人大に対する責任〕 国務院は、全国人民代表大会に対して責任を負い、かつ、任務遂行を報告する。全国人民代表大会閉会期間においては、全国人民代表大会常務委員会に対して責任を負い、かつ、任務遂行を報告する。

第四節　中央軍事委員会

第九三条〔中央軍委会の職権及び構成並びに任期〕 ① 中華人民共和国中央軍事委員会は、全国の武装力を領導する。

② 中央軍事委員会は、以下の要員が構成する。

主席
副主席　若干名
委員　若干名

③ 中央軍事委員会は、主席責任制を実行する。

④ 中央軍事委員会の毎期の任期は、全国人民代表大会の毎期の任期と同じである。

第九四条〔中央軍委会主席の全国人大に対する責任〕 中央軍事委員会主席は、全国人民代表大会及び全国人民代表大会常務委員会に対して責任を負う。

第五節　地方各級人民代表大会及び地方各級人民政府

第九五条〔地方制度及び民族自治制度〕 ① 省、直轄市、県、市、市轄区、郷、民族郷、鎮は、人民代表大会及び人民政府を設置する。

② 地方各級人民代表大会及び地方各級人民政府の組織は、法律が定める。

③ 自治区、自治州、自治県は、自治機関を設置する。自治機関の組織及び任務遂行は、憲法第三章第五節、第六節が定める基本原則に基づき法律が定める。

第九六条〔地方人大の地位〕 ① 地方各級人民代表大会は、地方の国家権力機関である。

② 県級以上の地方各級人民代表大会は、常務委員会を設置する。

第九七条〔地方人大代議員の選挙〕 ① 省、直轄市、区を設置する市の人民代表大会代議員は、一級下の人民代表大会が選挙する。県、区を設置しない市、市轄区、郷、民族郷、鎮の人民代表大会代議員は、選挙権者が直接選挙する。

② 地方各級人民代表大会代議員の定数及び代議員選出方法は、法律が定める。

第九八条〔地方人大の任期〕 地方各級人民代表大会の毎期の任期は、五年である。

第九九条〔地方人大の職権〕 ① 地方各級人民代表大会は、当該行政区域内において、憲法、法律、行政法規の遵守及び執行を保証する。法律が定める権限に従って、決議を通過し、及び、発布し、地方の経済建設、文化建設及び公共事業建設の計画を審査し、及び、決定する。

② 県級以上の地方各級人民代表大会は、当該行政区域内の国民経済及び社会発展計画、予算及びそれらの執行情況の報告を審査し、及び、承認する。当該人民代表大会常務委員会の不適切な決定を改め、または、取り消す権利を有する。

③ 民族郷の人民代表大会は、法律の定める権限に従って民族の特徴に適合した具体的措置を採ることができる。

第一〇〇条〔地方人大の地方性法規制定権〕 省、直轄市の人民代表大会及びそれらの常務委員会は、憲法、法律、行政法規と抵触しないという前提において、地方性法規を制定し、全国人民代表大会に届け出て記録に留めさせることができる。⑲

第一〇一条〔地方各級人民政府の長及び法院長並びに検察長の任免〕　①　地方各級人民代表大会は、当該人民政府の省長及び副省長、市長及び副市長、県長及び副県長、区長及び副区長、郷長及び副郷長、鎮長及び副鎮長をそれぞれ選挙し、かつ、罷免する権利を有する。

②　県級以上の地方各級人民代表大会は、その級の人民法院院長及び検察院検察長を選挙し、かつ、罷免する権利を有する。人民検察院検察長を選出し、または、罷免するには、上級人民検察院検察長に報告し〔なければならず、報告を受けた人民検察院検察長は自らが属する〕その級の人民代表大会常務委員会の承認を求めなければならない。

第一〇二条〔地方人大代議員に対する原選挙単位の監督、罷免権〕　①　省、直轄市、区を設定した市の人民代表大会代議員は、原選挙単位の監督を受ける。県、区を設置しない市、市轄区、郷、民族郷、鎮の人民代表大代議員は、選挙権者の監督を受ける。

②　地方各級人民代表大会代議員の選挙単位及び選挙権者は、法律の定める手続きに従って自らが選出した代議員を罷免する権利を有する。

第一〇三条〔県級以上の地方人大常委会の構成、職権〕　①　県級以上の地方各級人民代表大会常務委員会は、主任、副主任若干名及び委員若干名が構成し、当該人民代表大会に対して責任を負い、かつ、任務遂行を報告する。

② 県級以上の地方各級人民代表大会は、当該人民代表大会常務委員会の構成員を選挙し、かつ、罷免する権利を有する。

③ 県級以上の地方各級人民代表大会常務委員会の構成員は、国家行政機関、裁判機関及び検察機関の職務を担任してはならない。

第一〇四条〔県級以上の地方人大常委会の職権〕 県級以上の地方各級人民代表大会常務委員会は、その行政区域内の各方面の任務遂行の重大事項を討論し、決定する。当該人民政府、人民法院及び人民検察院の任務遂行を監督する。当該人民政府の不適切な決定及び命令を取り消す。一級下の人民代表大会の不適切な決議を取り消す。法の定める権限に従って国家機関任務遂行要員の任免を決定する。当該人民代表大会閉会期間において、一級上の人民代表大会の個別の代議員を罷免し、及び、補選する。

第一〇五条〔地方各級人民政府の地位〕 ① 地方各級人民政府は、地方各級国家権力機関の執行機関であり、地方各級国家行政機関である。

② 地方各級人民政府は、省長、市長、県長、区長、郷長、鎮長責任制を実行する。

第一〇六条〔地方各級人民政府の任期〕 地方各級人民政府の毎期の任期は、当該人民代表大会の毎期の任期と同じである。

第一〇七条〔地方各級人民政府の職権〕　①　県級以上の地方各級人民政府は、法律が定める権限に従って、その行政区域内の経済、教育、科学、文化、衛生、体育事業、都市・農村建設事業及び財政、民政、警察、民族事務、司法行政、監察、計画出産等の行政任務遂行を管理し、決定及び命令を発布し、行政任務遂行要員を任免し、養成し、考課し、及び賞罰を行う。

②　郷、民族郷、鎮の人民政府は、当該人民代表大会の決議及び上級国家行政機関の決定及び命令を執行し、その行政区域内の行政任務遂行を管理する。

③　省、直轄市の人民政府は、郷、民族郷、鎮の設置及び区域区分を決定する。

第一〇八条〔地方各級人民政府の職権〕　県級以上の地方各級人民政府は、所属の各任務遂行部門及び下級人民政府の任務遂行を領導し、所属各任務遂行部門及び下級人民政府の不適切な決定を改め、または、取り消す権利を有する。

第一〇九条〔地方各級監査機関〕　県級以上の地方各級人民政府は、監査機関を設置する。地方各級監査機関は、法律の定めに従って監査監督権を独立して行使し、当該人民政府及び一級上の監査機関に対して責任を負う。

第一一〇条〔地方各級人民政府に対する二重の領導〕　①　地方各級人民政府は、当該人民代表大会に対して責任を負い、かつ、任務遂行を報告する。県級以上の地方各級人民政府は、当該人民代表大会閉会期間においては、当該人民代表大会常務委員会に対して責任を負い、かつ、任務遂行を報告する。

② 地方各級人民政府は、一級上の国家行政機関に対して責任を負い、かつ、任務遂行を報告する。全国の地方各級人民政府は、すべて国務院の統一的領導下の国家行政機関であって、すべて国務院に従う。

第一一一条〔住民委員会及び村民委員会〕 ① 都市及び農村が住民の居住地区に基づいて設置する住民委員会または村民委員会は、基層の大衆的自治組織である。住民委員会、村民委員会の主任、副主任及び委員は、住民が選挙する。住民委員会、村民委員会と基層政権との相互関係は、法律が定める。

② 住民委員会、村民委員会は、人民調停、治安保衛、公共衛生等の委員会を設置し、当該居住区の公共事務及び公益事業を取扱い、民間の紛争を調停し、社会治安を護ることに協力し、かつ、人民政府に対して大衆の意見、要求を伝え、及び、建議を提出する。

第六節　民族自治地方の自治機関

第一一二条〔民族自治地方〕 民族自治地方の自治機関は、自治区、自治州、自治県の人民代表大会及び人民政府である。

第一一三条〔民族自治地方人大〕　①　自治区、自治州、自治県の人民代表大会においては、区域自治を実行する民族の代議員のほかに、その行政区域内に居住するその他の民族も適切な数の代議員を有さなければならない。

②　自治区、自治州、自治県の人民代表大会常務委員会においては、区域自治を実行する民族の市民が主任または副主任を担任しなければならない。

第一一四条〔民族自治地方の長〕　自治区主席、自治州州長、自治県県長は、区域自治を実行する民族の市民が担任する。

第一一五条〔民族自治地方の自治機関〕　自治区、自治州、自治県の自治機関は、憲法第三章第五節が定める地方国家機関の職権を行使し、同時に憲法、民族区域自治法及びその他の法律が定める権限に従って自治権を行使し、当該地方の実際情況に基づいて国家の法律、政策を執行することを貫徹する。

第一一六条〔民族自治地方人大の自治条例及び単行条例制定権〕　民族自治地方の人民代表大会は、その地の民族の政治、経済及び文化の特徴に基づいて、自治条例及び単行条例を制定する権利を有する。自治区の自治条例及び単行条例は、全国人民代表大会常務委員会に届け出て、〔全国人民代表大会常務委員会が〕承認した後に効力を生ずる。自治州、自治県の自治条例及び単行条例は、省または自治区の人民代表大会常務委員会に届け出て、〔省または自治区の人民代表大会常務委員会が〕承認した後効力を生じ、かつ、全国人民代表大会常務委員会に届け出て、〔全国人民代表大会常務委員会が〕記録に留めさせる。

第一一七条〔民族自治地方の地方財政管理自治権〕 民族自治地方の自治機関は、地方財政を管理する自治権を有する。およそ国家財政体制に従って民族自治地方に属する財政収入は、すべて民族自治地方の自治機関が自主的に割り振って使用しなければならない。

第一一八条〔民族自治地方の経済政策〕 ① 民族自治地方の自治機関は、国家計画の指導の下において、地方的経済建設事業を自主的に割り振り、及び、管理する。

② 国家は、民族自治地方において資源を開発し、企業を設立するときには、民族自治地方の利益に配慮しなければならない。

第一一九条〔民族自治地方の文化政策〕 民族自治地方の自治機関は、当該地方の教育、科学、文化、衛生、体育事業を自主的に管理し、民族の文化遺産を保護し、及び、整備し、民族文化を発展させ、及び、繁栄させる。

第一二〇条〔民族自治地方の警察〕 民族自治地方の自治機関は、国家の軍事制度及びその地の実際の必要に従って、国務院の承認を経て、当該地方の社会治安を護る警察部隊を組織することができる。

第一二一条〔民族自治地方の言語〕　民族自治地方の自治機関は、職務を執行するときには、当該民族自治地方自治条例の定めに従って、その地で通用している一種または数種の言語文字を使用する。

第一二二条〔国家による民族自治地方への援助〕　①　国家は、財政、物資、技術等の方面から少数民族を援助して、経済建設及び文化建設事業を速やかに発展させることを促進させる。

②　国家は、民族自治地方がその地の民族から各級の幹部、各種の専門的人材及び技術労働者を多数養成することを援助する。

第七節　人民法院及び人民検察院

第一二三条〔人民法院の地位〕　中華人民共和国人民法院は、国家の裁判機関である。

第一二四条〔人民法院の組織〕　①　中華人民共和国は、最高人民法院、地方各級人民法院及び軍事法院等の専門人民法院を設置する。

②　最高人民法院院長の毎期の任期は、全国人民代表大会の毎期の任期と同じであり、連続して職に任ずるのは二期を超えてはならない。

③　人民法院の組織は法律が定める。

第一二五条〔裁判の公開及び弁護を受ける権利〕　人民法院が事件を審理するときには、法律が定める特別な情況を除いては、一律に公開して行う。被告人は弁護を得る権利を有する。

第一二六条〔裁判の独立〕　人民法院は、法律の定めに従って裁判権を独立して行使し、行政機関、社会団体及び個人の干渉を受けない。

第一二七条〔最高人民法院の地位〕　①　最高人民法院は、最高裁判機関である。

②　最高人民法院は、地方各級人民法院及び専門人民法院の裁判任務遂行を監督し、上級人民法院は、下級人民法院の裁判任務遂行を監督する。

第一二八条〔人民法院の人大に対する責任〕　最高人民法院は、全国人民代表大会及び全国人民代表大会常務委員会に責任を負う。地方各級人民法院は、それを設置する国家権力機関に対して責任を負う。

第一二九条〔人民検察院の地位〕　中華人民共和国人民検察院は、国家の法律監督機関である。

第一三〇条〔人民検察院の組織〕　①　中華人民共和国は、最高人民検察院、地方各級検察院及び軍事検察院等の専門人民検察院を設置する。

②　最高人民検察院検察長の毎期の任期は、全国人民代表大会の毎期の任期と同じであり、連続して職に任ずるのは二期を超えてはならない。

③　人民検察院の組織は、法律が定める。

第一三一条〔検察の独立〕　人民検察院は、法律の定めに従い検察権を独立して行使し、行政機関、社会団体及び個人の干渉を受けない。

第一三二条〔最高人民検察院〕　①　最高人民検察院は、最高検察機関である。

②　最高人民検察院は、地方各級人民検察院及び専門人民検察院の任務遂行を領導し、上級人民検察院は、下級人民検察院の任務遂行を領導する。

第一三三条〔人民検察院の人大及び上級人民検察院に対する責任〕　最高人民検察院は、全国人民代表大会及び全国人民代表大会常務委員会に対して責任を負う。地方各級人民検察院は、それを設置する国家権力機関及び上級人民検察院に対して責任を負う。

第一三四条〔訴訟における民族言語使用権〕　①　各民族市民は、すべて当該民族の言語文字を用いて訴訟を行う権利を有する。人民法院及び人民検察院は、その地で通用する言語文字に通暁していない訴訟参加者に対しては、その人々のために通訳しなければならない。

②　少数民族が集居し、または、多民族が共同居住する地区においては、その地で通用

している言語を用いて審理を行わなければならない。起訴書、判決書、布告及びその他の文書は、実際の必要に基づき、その地で通用している一種または数種の文字を使用しなければならない。

第一三五条〔刑事事件における人民法院、人民検察院及び警察機関の関係〕 人民法院、人民検察院及び警察機関が刑事事件を取り扱うときには、分担して責任を負い、相互に協力し、相互に制約し、以て法律を正しく有効に執行することを保証しなければならない。

第四章　国旗、国歌、国章、首都

第一三六条〔国旗及び国歌〕 ①　中華人民共和国の国旗は、五星紅旗である。

②　中華人民共和国の国歌は、「義勇軍行進曲」である。

第一三七条〔国章〕 中華人民共和国の国章は、中央は五星が照り輝く下の天安門、周囲は穀物の穂及び歯車である。

第一三八条〔首都〕 中華人民共和国の首都は、北京である。

出典　『中華人民共和国国務院公報』(二〇〇四年第一三号、二〇〇四年五月一〇日、四―一七頁)

によった。『中華人民共和国全国人民代表大会常務委員会公報』二〇〇四年第三号、二〇〇四年三月三一日、二頁によれば、『二〇〇四年公報・憲法特刊』なる号があるとのことであるが、翻訳作業段階で紙媒体としては未見である。なお、各条文に付した見出しは原文にはなく、訳者が付したものである。訳に際しては、宮沢俊義編『世界憲法集〔第四版〕』（岩波文庫、浅井敦訳）、木間正道『中華人民共和国憲法――概要及び翻訳』（衆議院憲法調査会事務局、二〇〇三年）、阿部照哉・畑博行編『世界の憲法集〔第三版〕』（有信堂高文社、二〇〇五年、杉田憲治・全理其訳）、土屋英雄『現代中国の憲法集――解説と全訳、関係法令一覧、年表』（尚学社、二〇〇五年）、初宿正典・辻村みよ子編『新解説　世界憲法集〔第二版〕』（三省堂、二〇一〇年、鈴木賢訳）、『中華人民共和国憲法 Constitution of the People's Republic of China』（中国方正出版社、二〇〇四年）を参照した。

日本

高橋和之　解説

解説

日本が立憲主義に基づく憲法を制定するのは、明治政府の下においてである。当時、立憲主義的憲法には、アメリカやフランスに代表される共和制的なものとイギリスやドイツに代表される君主制的なものの二つの流れがあったが、明治政府は伊藤博文が中心となって後者の流れ、その中でも特に保守的性格の強かったドイツのプロシャ憲法をモデルにして憲法を制定した。それが一八八九年の大日本帝国憲法、通称「明治憲法」である。明治憲法は、日本の伝統(「建国の体」＝天皇親政)を基礎に西欧の立憲主義を採り入れるという方針の下に、ドイツ的な立憲君主制を日本的な神勅主義で基礎づけた。その結果、表面的には権利保障と権力分立という立憲主義の最低限を受け入れたものの、権利保障については「人の権利」ではなく「臣民の権利」と規定され、また権力分立については制限君主制にとどまり二元型議院内閣制を規定するには至らなかった。それでも、この憲法の下で、大正デモクラシー期には、議会の多数派の支持を得た内閣を構成する慣行が成立し、二元型議院内閣制の運用が行われた。しかし、その後の軍国主義の台頭のなかで、明治憲法が定めていた「統帥権の独立」が濫用されて軍部の統制がきかなくなり、「臣民の義務」の強調により国民が戦争へと総動員されてしまったのである。

戦後、明治憲法の欠陥を反省するなかで、新しい憲法の制定が課題となった。日本が降伏に際して受諾したポツダム宣言が、民主的な憲法の制定を要求しているというのが、連合国側の理解であった。そこで日本政府は松本国務大臣を責任者とする憲法問題の調査会を設置するが、この松本委員会が考えた明治憲法の改正案は、明治憲法の基本原理である天皇統治はそのままにしつつ、二元型議院内閣制を採り入れたり、統帥権の独立を否定するといった程度の弥縫《びほう》的なものにすぎなかった。このために、当時の国際情勢から日本の抜本的な憲法改正が急務と判断した連合国総司令部は、マッカーサーの指示した三原則を基礎に憲法案(マッカーサー草案)を大急ぎで作成して日本政府に提示することになる。マッカーサー三原則とは、①天皇制は維持するが、天皇の権限は大幅に限定する、②戦争の廃棄と陸海空軍の否定、③封建制の解体、を内容としていた。諸般の事情からこれを受け入れざるをえないと判断した日本政府は、マッカーサー草案に従った憲法改正案を策定し、それを国民に提示して衆議院の総選挙を行い、新議員により構成された帝国議会において明治憲法七三条の憲法改正の手続に従って日本国憲法を制定したのである。明治憲法と比較した場合のその特徴は、①国民主権と象徴天皇制、②人権の保障、③戦争の放棄と戦力の不保持・交戦権の否定であるとされている。

　制定過程で、日本政府は国民主権という言葉を回避しようと策動したが、総司令部に拒否され、結局、前文と第一条に国民が主権者であることが明示された。このために「国体」が変更されたのかどうかの大論争が起こった。「国体の護持」を最優先課題としていた政府は、国体とは天皇を国民のあこがれの中心とする体制であり、象徴天皇制になってもその点の変更はないと説明した。しかし、法的意味では国体は天皇が主権者として統治権を総攬する(明治憲法四条)体制と理解されており、その意味での国体は変更したという理解が通説となっていく。このことと関連して、日本国憲法の制定が「憲法改正」なのかどうかも議論を呼んだ。というのは、当時の憲法学の通説では、憲法は改正の手続きをとれば何でも改正できるわけではなく、誰が主権者かというような憲法の根本原理は改正できないとされていたからである。そこで、日本国憲法の制定は明治憲法の改正ではなくて、新たに主権者となった国民が新憲法を制定したのであると説明された。一九四五年八月にポツダム宣言を受諾したとき天皇主権は否定されたのであり、その瞬間に法的には「革命」が生じたという理解が背景となっており、「八月革命説」と呼ばれる。この見解が今日まで広く受け入れられてきた。

制定過程でもう一つ大きな議論となったのは、憲法九条である。この問題は、その後今日まで憲法上の最大の争点となってきた。当時の説明では、日本は自衛権をもつが、それを行使するための戦力は持たないということであった。しかし、一九五〇年の朝鮮戦争の勃発を契機に、最初は警察予備隊が創設され、その後保安隊、自衛隊と改組されて、それが今では世界有数の装備をもつまでになっている。この自衛隊は憲法の禁止する「戦力」ではないかとの追及に対し、政府は、自衛隊は自衛権を行使するための「自衛力」であって戦力ではないと答え、専守防衛に徹する日本は、国際法上認められた個別的自衛権と集団的自衛権のうち前者しか行使しないから憲法に反するものではないと説明してきた。しかし、「国際貢献」が求められるなかで、このような解釈の限界も一方で指摘されるようになってきている。

象徴天皇制と戦争放棄が比較憲法的に見た場合の日本国憲法の特殊性であるが、人権保障と権力分立の側面では、先進国の立憲主義に歩調を合わせている。人権保障に関して言えば、伝統的な自由権・平等権のみならず、参政権も男女平等の普通選挙を保障し、さらに現代的な社会権の保障も掲げており、規定上は充実した内容となっている。しかも、プライバシーの権利など、憲法に規定のない「新しい人権」も、一三条の幸福追求権を根拠に認めることができると解されている。権力分立に関しては、一元型議院内閣制を採用した点や、アメリカ的な違憲審査制度を採用した点が特筆される。また、地方自治の保障も採り入れられており、規定の上では先進国の諸憲法と比べて遜色のない内容となっている。

なお、各条文の頭につけた見出しは原文にはなく、読者の便宜のために解説者が付したものである。

日本国憲法〔一九四六年〕

朕は、日本国民の総意に基いて、新日本建設の礎が、定まるに至つたことを、深くよろこび、枢密顧問の諮詢及び帝国憲法第七三条による帝国議会の議決を経た帝国憲法の改正を裁可し、ここにこれを公布せしめる。

御　名　御　璽

昭和二一年一一月三日

内閣総理大臣兼外務大臣　吉　田　茂
国務大臣　男爵　幣原喜重郎
司法大臣　木村篤太郎
内務大臣　大村清一
文部大臣　田中耕太郎
農林大臣　和田博雄
国務大臣　斎藤隆夫
逓信大臣　一松定吉
商工大臣　星島二郎

厚生大臣　河合良成
国務大臣　植原悦二郎
運輸大臣　平塚常次郎
大蔵大臣　石橋湛山
国務大臣　金森徳次郎
国務大臣　膳桂之助

日本国憲法

日本国民は、正当に選挙された国会における代表者を通じて行動し、われらとわれらの子孫のために、諸国民との協和による成果と、わが国全土にわたつて自由のもたらす恵沢を確保し、政府の行為によつて再び戦争の惨禍が起ることのないやうにすることを決意し、ここに主権が国民に存することを宣言し、この憲法を確定する。そもそも国政は、国民の厳粛な信託によるものであつて、その権威は国民に由来し、その権力は国民の代表者がこれを行使し、その福利は国民がこれを享受する。これは人類普遍の原理であり、この憲法は、かかる原理に基くものである。われらは、これに反する一切の憲法、法令及び詔勅を排除する。

日本国民は、恒久の平和を念願し、人間相互の関係を支配する崇高な理想を深く自覚するのであつて、平和を愛する諸国民の公正と信義に信頼して、われらの安全と生存を保持しようと決意した。われらは、平和を維持し、専制と隷従、圧迫と偏狭を地上から永遠に除去しようと努めてゐる国際社会において、名誉ある地位を占めたいと思ふ。われらは、全世界の国民が、ひとしく恐怖と欠乏から免かれ、平和のうちに生存する権利を有することを確認する。

われらは、いづれの国家も、自国のことのみに専念して他国を無視してはならないのであつて、政治道徳の法則は、普遍的なものであり、この法則に従ふことは、自国の主権を維持し、他国と対等関係に立たうとする各国の責務であると信ずる。

日本国民は、国家の名誉にかけ、全力をあげてこの崇高な理想と目的を達成することを誓ふ。

第一章　天皇

第一条〔天皇の地位・国民主権〕　天皇は、日本国の象徴であり日本国民統合の象徴であつて、この地位は、主権の存する日本国民の総意に基く。

第二条〔皇位の世襲と継承〕　皇位は、世襲のものであつて、国会の議決した皇室典範の定めるところにより、これを継承する。

第三条〔国事行為に対する内閣の助言・承認と責任〕　天皇の国事に関するすべての行為には、内閣の助言と承認を必要とし、内閣が、その責任を負ふ。

第四条〔天皇の権能の限界、国事行為の委任〕　①　天皇は、この憲法の定める国事に関する行為のみを行ひ、国政に関する権能を有しない。

②　天皇は、法律の定めるところにより、その国事に関する行為を委任することができる。

第五条〔摂政〕　皇室典範の定めるところにより摂政を置くときは、摂政は、天皇の名でその国事に関する行為を行ふ。この場合には、前条第一項の規定を準用する。

第六条〔天皇の任命権〕　①　天皇は、国会の指名に基いて、内閣総理大臣を任命する。

②　天皇は、内閣の指名に基いて、最高裁判所の長たる裁判官を任命する。

第七条〔国事行為〕　天皇は、内閣の助言と承認により、国民のために、左の国事に関する行為を行ふ。

一　憲法改正、法律、政令及び条約を公布すること。

二　国会を召集すること。

三　衆議院を解散すること。

四　国会議員の総選挙の施行を公示すること。
五　国務大臣及び法律の定めるその他の官吏の任免並びに全権委任状及び大使及び公使の信任状を認証すること。
六　大赦、特赦、減刑、刑の執行の免除及び復権を認証すること。
七　栄典を授与すること。
八　批准書及び法律の定めるその他の外交文書を認証すること。
九　外国の大使及び公使を接受すること。
一〇　儀式を行ふこと。

第八条〔皇室の財産授受〕　皇室に財産を譲り渡し、又は皇室が、財産を譲り受け、若しくは賜与することは、国会の議決に基かなければならない。

第二章　戦争の放棄

第九条〔戦争の放棄、戦力の不保持、交戦権の否認〕　①　日本国民は、正義と秩序を基調とする国際平和を誠実に希求し、国権の発動たる戦争と、武力による威嚇又は武力の行使は、国際紛争を解決する手段としては、永久にこれを放棄する。

② 前項の目的を達するため、陸海空軍その他の戦力は、これを保持しない。国の交戦権は、これを認めない。

第三章　国民の権利及び義務

第一〇条〔国民の要件〕 日本国民たる要件は、法律でこれを定める。

第一一条〔基本的人権の普遍性、永久不可侵性、固有性〕 国民は、すべての基本的人権の享有を妨げられない。この憲法が国民に保障する基本的人権は、侵すことのできない永久の権利として、現在及び将来の国民に与へられる。

第一二条〔自由及び権利の保持責任と濫用禁止〕 この憲法が国民に保障する自由及び権利は、国民の不断の努力によつて、これを保持しなければならない。又、国民は、これを濫用してはならないのであつて、常に公共の福祉のためにこれを利用する責任を負ふ。

第一三条〔個人の尊重と公共の福祉〕 すべて国民は、個人として尊重される。生命、自由及び幸福追求に対する国民の権利については、公共の福祉に反しない限り、立法その他の国政の上で、最大の尊重を必要とする。

第一四条〔法の下の平等、貴族制度の禁止、栄典〕 ① すべて国民は、法の下に平等であつて、人種、信条、性別、社会的身分又は門地により、政治的、経済的又は社会的関係において、差別されない。

② 華族その他の貴族の制度は、これを認めない。

③ 栄誉、勲章その他の栄典の授与は、いかなる特権も伴はない。栄典の授与は、現にこれを有し、又は将来これを受ける者の一代に限り、その効力を有する。

第一五条〔公務員の選定・罷免権、全体の奉仕者性、普通選挙・秘密投票の保障〕 ① 公務員を選定し、及びこれを罷免することは、国民固有の権利である。

② すべて公務員は、全体の奉仕者であつて、一部の奉仕者ではない。

③ 公務員の選挙については、成年者による普通選挙を保障する。

④ すべて選挙における投票の秘密は、これを侵してはならない。選挙人は、その選択に関し公的にも私的にも責任を問はれない。

第一六条〔請願権〕 何人も、損害の救済、公務員の罷免、法律、命令又は規則の制定、廃止又は改正その他の事項に関し、平穏に請願する権利を有し、何人も、かかる請願をしたためにいかなる差別待遇も受けない。

第一七条〔国及び公共団体の賠償責任〕 何人も、公務員の不法行為により、損害を受けたときは、法律の定めるところにより、国又は公共団体に、その賠償を求めることができる。

第一八条〔奴隷的拘束・苦役からの自由〕　何人も、いかなる奴隷的拘束も受けない。又、犯罪に因る処罰の場合を除いては、その意に反する苦役に服させられない。

第一九条〔思想・良心の自由〕　思想及び良心の自由は、これを侵してはならない。

第二〇条〔信教の自由、政教分離〕　①　信教の自由は、何人に対してもこれを保障する。いかなる宗教団体も、国から特権を受け、又は政治上の権力を行使してはならない。

②　何人も、宗教上の行為、祝典、儀式又は行事に参加することを強制されない。

③　国及びその機関は、宗教教育その他いかなる宗教的活動もしてはならない。

第二一条〔集会・結社・表現の自由、検閲の禁止、通信の秘密〕　①　集会、結社及び言論、出版その他一切の表現の自由は、これを保障する。

②　検閲は、これをしてはならない。通信の秘密は、これを侵してはならない。

第二二条〔居住・移転・職業選択の自由、外国移住・国籍離脱の自由〕　①　何人も、公共の福祉に反しない限り、居住、移転及び職業選択の自由を有する。

②　何人も、外国に移住し、又は国籍を離脱する自由を侵されない。

第二三条〔学問の自由〕　学問の自由は、これを保障する。

第二四条〔家族生活における個人の尊厳・両性の平等〕　①　婚姻は、両性の合意のみに基いて成立し、夫婦が同等の権利を有することを基本として、相互の協力により、維持されなければならない。

② 配偶者の選択、財産権、相続、住居の選定、離婚並びに婚姻及び家族に関するその他の事項に関しては、法律は、個人の尊厳と両性の本質的平等に立脚して、制定されなければならない。

第二五条〔国民の生存権、国の社会保障的義務〕 ① すべて国民は、健康で文化的な最低限度の生活を営む権利を有する。

② 国は、すべての生活部面について、社会福祉、社会保障及び公衆衛生の向上及び増進に努めなければならない。

第二六条〔教育を受ける権利・教育の義務〕 ① すべて国民は、法律の定めるところにより、その能力に応じて、ひとしく教育を受ける権利を有する。

② すべて国民は、法律の定めるところにより、その保護する子女に普通教育を受けさせる義務を負ふ。義務教育は、これを無償とする。

第二七条〔勤労の権利義務、勤労条件の基準、児童酷使の禁止〕 ① すべて国民は、勤労の権利を有し、義務を負ふ。

② 賃金、就業時間、休息その他の勤労条件に関する基準は、法律でこれを定める。

③　児童は、これを酷使してはならない。

第二八条〔労働基本権〕　勤労者の団結する権利及び団体交渉その他の団体行動をする権利は、これを保障する。

第二九条〔財産権〕　①　財産権は、これを侵してはならない。

②　財産権の内容は、公共の福祉に適合するやうに、法律でこれを定める。

③　私有財産は、正当な補償の下に、これを公共のために用ひることができる。

第三〇条〔納税の義務〕　国民は、法律の定めるところにより、納税の義務を負ふ。

第三一条〔法定手続の保障〕　何人も、法律の定める手続によらなければ、その生命若しくは自由を奪はれ、又はその他の刑罰を科せられない。

第三二条〔裁判を受ける権利〕　何人も、裁判所において裁判を受ける権利を奪はれない。

第三三条〔逮捕の要件〕　何人も、現行犯として逮捕される場合を除いては、権限を有する司法官憲が発し、且つ理由となつてゐる犯罪を明示する令状によらなければ、逮捕されない。

第三四条〔抑留・拘禁の要件、拘禁理由の開示〕　何人も、理由を直ちに告げられ、且つ、直ちに弁護人に依頼する権利を与へられなければ、抑留又は拘禁されない。又、何人も、正当な理由がなければ、拘禁されず、要求があれば、その理由は、直ちに本人及びその弁護人の出席する公開の法廷で示されなければならない。

第三五条〔住居の不可侵、捜索・押収の要件〕 ① 何人も、その住居、書類及び所持品について、侵入、捜索及び押収を受けることのない権利は、第三三条の場合を除いては、正当な理由に基いて発せられ、且つ捜索する場所及び押収する物を明示する令状がなければ、侵されない。

② 捜索又は押収は、権限を有する司法官憲が発する各別の令状により、これを行ふ。

第三六条〔拷問・残虐刑の禁止〕 公務員による拷問及び残虐な刑罰は、絶対にこれを禁ずる。

第三七条〔刑事被告人の諸権利〕 ① すべて刑事事件においては、被告人は、公平な裁判所の迅速な公開裁判を受ける権利を有する。

② 刑事被告人は、すべての証人に対して審問する機会を充分に与へられ、又、公費で自己のために強制的手続により証人を求める権利を有する。

③ 刑事被告人は、いかなる場合にも、資格を有する弁護人を依頼することができる。被告人が自らこれを依頼することができないときは、国でこれを附する。

第三八条〔不利益供述の不強要、自白の証拠能力〕 ① 何人も、自己に不利益な供述を強要されない。

② 強制、拷問若しくは脅迫による自白又は不当に長く抑留若しくは拘禁された後の自白は、これを証拠とすることができない。

③ 何人も、自己に不利益な唯一の証拠が本人の自白である場合には、有罪とされ、又は刑罰を科せられない。

第三九条〔遡及処罰の禁止・二重処罰の禁止〕 何人も、実行の時に適法であつた行為又は既に無罪とされた行為については、刑事上の責任を問はれない。又、同一の犯罪について、重ねて刑事上の責任を問はれない。

第四〇条〔刑事補償〕 何人も、抑留又は拘禁された後、無罪の裁判を受けたときは、法律の定めるところにより、国にその補償を求めることができる。

第四章　国会

第四一条〔国会の地位・立法権〕 国会は、国権の最高機関であつて、国の唯一の立法機関である。

第四二条〔両院制〕 国会は、衆議院及び参議院の両議院でこれを構成する。

第四三条〔両議院の組織〕 ① 両議院は、全国民を代表する選挙された議員でこれを組織する。

② 両議院の議員の定数は、法律でこれを定める。

第四四条〔議員及び選挙人の資格〕 両議院の議員及びその選挙人の資格は、法律でこれを定める。但し、人種、信条、性別、社会的身分、門地、教育、財産又は収入によつて差別してはならない。

第四五条〔衆議院議員の任期〕 衆議院議員の任期は、四年とする。但し、衆議院解散の場合には、その期間満了前に終了する。

第四六条〔参議院議員の任期〕 参議院議員の任期は、六年とし、三年ごとに議員の半数を改選する。

第四七条〔選挙に関する事項の法定〕 選挙区、投票の方法その他両議院の議員の選挙に関する事項は、法律でこれを定める。

第四八条〔両院議員兼職の禁止〕 何人も、同時に両議院の議員たることはできない。

第四九条〔議員の歳費〕 両議院の議員は、法律の定めるところにより、国庫から相当額の歳費を受ける。

第五〇条〔議員の不逮捕特権〕 両議院の議員は、法律の定める場合を除いては、国会の会期中逮捕されず、会期前に逮捕された議員は、その議院の要求があれば、会期中これを釈放しなければならない。

第五一条〔議員の免責特権〕　両議院の議員は、議院で行つた演説、討論又は表決について、院外で責任を問はれない。

第五二条〔常会〕　国会の常会は、毎年一回これを召集する。

第五三条〔臨時会〕　内閣は、国会の臨時会の召集を決定することができる。いづれかの議院の総議員の四分の一以上の要求があれば、内閣は、その召集を決定しなければならない。

第五四条〔衆議院の解散と特別会、参議院の緊急集会〕　①　衆議院が解散されたときは、解散の日から四〇日以内に、衆議院議員の総選挙を行ひ、その選挙の日から三〇日以内に、国会を召集しなければならない。

②　衆議院が解散されたときは、参議院は、同時に閉会となる。但し、内閣は、国に緊急の必要があるときは、参議院の緊急集会を求めることができる。

③　前項但書の緊急集会において採られた措置は、臨時のものであつて、次の国会開会の後一〇日以内に、衆議院の同意がない場合には、その効力を失ふ。

第五五条〔議員の資格争訟〕　両議院は、各〻その議員の資格に関する争訟を裁判する。但し、議員の議席を失はせるには、出席議員の三分の二以上の多数による議決を必要とする。

第五六条〔定足数、表決数〕 ① 両議院は、各〻その総議員の三分の一以上の出席がなければ、議事を開き議決することができない。

② 両議院の議事は、この憲法に特別の定のある場合を除いては、出席議員の過半数でこれを決し、可否同数のときは、議長の決するところによる。

第五七条〔会議の公開、会議録の公表、表決の記載〕 ① 両議院の会議は、公開とする。但し、出席議員の三分の二以上の多数で議決したときは、秘密会を開くことができる。

② 両議院は、各〻その会議の記録を保存し、秘密会の記録の中で特に秘密を要すると認められるもの以外は、これを公表し、且つ一般に頒布しなければならない。

③ 出席議員の五分の一以上の要求があれば、各議員の表決は、これを会議録に記載しなければならない。

第五八条〔役員の選任・議院規則・懲罰〕 ① 両議院は、各〻その議長その他の役員を選任する。

② 両議院は、各〻その会議その他の手続及び内部の規律に関する規則を定め、又、院内の秩序をみだした議員を懲罰することができる。但し、議員を除名するには、出席議員の三分の二以上の多数による議決を必要とする。

第五九条〔法律の制定、衆議院の優越〕　①　法律案は、この憲法に特別の定のある場合を除いては、両議院で可決したとき法律となる。

②　衆議院で可決し、参議院でこれと異なつた議決をした法律案は、衆議院で出席議員の三分の二以上の多数で再び可決したときは、法律となる。

③　前項の規定は、法律の定めるところにより、衆議院が、両議院の協議会を開くことを求めることを妨げない。

④　参議院が、衆議院の可決した法律案を受け取つた後、国会休会中の期間を除いて六〇日以内に、議決しないときは、衆議院は、参議院がその法律案を否決したものとみなすことができる。

第六〇条〔衆議院の予算先議と優越〕　①　予算は、さきに衆議院に提出しなければならない。

②　予算について、参議院で衆議院と異なつた議決をした場合に、法律の定めるところにより、両議院の協議会を開いても意見が一致しないとき、又は参議院が、衆議院の可決した予算を受け取つた後、国会休会中の期間を除いて三〇日以内に、議決しないときは、衆議院の議決を国会の議決とする。

第六一条〔条約の承認と衆議院の優越〕　条約の締結に必要な国会の承認については、前条第二項の規定を準用する。

第六二条〔議院の国政調査権〕 両議院は、各〻国政に関する調査を行ひ、これに関して、証人の出頭及び証言並びに記録の提出を要求することができる。

第六三条〔国務大臣の議院出席の権利・義務〕 内閣総理大臣その他の国務大臣は、両議院の一に議席を有すると有しないとにかかはらず、何時でも議案について発言するため議院に出席することができる。又、答弁又は説明のため出席を求められたときは、出席しなければならない。

第六四条〔弾劾裁判所〕 ① 国会は、罷免の訴追を受けた裁判官を裁判するため、両議院の議員で組織する弾劾裁判所を設ける。

② 弾劾に関する事項は、法律でこれを定める。

第五章　内閣

第六五条〔行政権と内閣〕 行政権は、内閣に属する。

第六六条〔内閣の組織、文民資格、連帯責任〕 ① 内閣は、法律の定めるところにより、その首長たる内閣総理大臣及びその他の国務大臣でこれを組織する。

② 内閣総理大臣その他の国務大臣は、文民でなければならない。
③ 内閣は、行政権の行使について、国会に対し連帯して責任を負ふ。
第六七条〔内閣総理大臣の指名、衆議院の優越〕 ① 内閣総理大臣は、国会議員の中から国会の議決で、これを指名する。この指名は、他のすべての案件に先だつて、これを行ふ。
② 衆議院と参議院とが異なつた指名の議決をした場合に、法律の定めるところにより、両議院の協議会を開いても意見が一致しないとき、又は衆議院が指名の議決をした後、国会休会中の期間を除いて一〇日以内に、参議院が、指名の議決をしないときは、衆議院の議決を国会の議決とする。
第六八条〔国務大臣の任命、罷免〕 ① 内閣総理大臣は、国務大臣を任命する。但し、その過半数は、国会議員の中から選ばれなければならない。
② 内閣総理大臣は、任意に国務大臣を罷免することができる。
第六九条〔内閣不信任決議と解散又は総辞職〕 内閣は、衆議院で不信任の決議案を可決し、又は信任の決議案を否決したときは、一〇日以内に衆議院が解散されない限り、総辞職をしなければならない。

第七〇条〔総理の欠缺又は総選挙と内閣の総辞職〕 内閣総理大臣が欠けたとき、又は衆議院議員総選挙の後に初めて国会の召集があつたときは、内閣は、総辞職をしなければならない。

第七一条〔総辞職後の内閣による職務執行〕 前二条の場合には、内閣は、あらたに内閣総理大臣が任命されるまで引き続きその職務を行ふ。

第七二条〔内閣総理大臣の職権〕 内閣総理大臣は、内閣を代表して議案を国会に提出し、一般国務及び外交関係について国会に報告し、並びに行政各部を指揮監督する。

第七三条〔内閣の職権〕 内閣は、他の一般行政事務の外、左の事務を行ふ。

一 法律を誠実に執行し、国務を総理すること。

二 外交関係を処理すること。

三 条約を締結すること。但し、事前に、時宜によつては事後に、国会の承認を経ることを必要とする。

四 法律の定める基準に従ひ、官吏に関する事務を掌理すること。

五 予算を作成して国会に提出すること。

六 この憲法及び法律の規定を実施するために、政令を制定すること。但し、政令には、特にその法律の委任がある場合を除いては、罰則を設けることができない。

七 大赦、特赦、減刑、刑の執行の免除及び復権を決定すること。

第七四条〔法律・政令の署名・連署〕　法律及び政令には、すべて主任の国務大臣が署名し、内閣総理大臣が連署することを必要とする。

第七五条〔国務大臣の訴追〕　国務大臣は、その在任中、内閣総理大臣の同意がなければ、訴追されない。但し、これがため、訴追の権利は、害されない。

第六章　司法

第七六条〔司法権・裁判所、特別裁判所の禁止、裁判官の独立〕　①　すべて司法権は、最高裁判所及び法律の定めるところにより設置する下級裁判所に属する。

②　特別裁判所は、これを設置することができない。行政機関は、終審として裁判を行ふことができない。

③　すべて裁判官は、その良心に従ひ独立してその職権を行ひ、この憲法及び法律にのみ拘束される。

第七七条〔最高裁判所の規則制定権〕　①　最高裁判所は、訴訟に関する手続、弁護士、裁判所の内部規律及び司法事務処理に関する事項について、規則を定める権限を有する。

②　検察官は、最高裁判所の定める規則に従はなければならない。

③　最高裁判所は、下級裁判所に関する規則を定める権限を、下級裁判所に委任することができる。

第七八条〔裁判官の身分保障〕　裁判官は、裁判により、心身の故障のために職務を執ることができないと決定された場合を除いては、公の弾劾によらなければ罷免されない。裁判官の懲戒処分は、行政機関がこれを行ふことはできない。

第七九条〔最高裁判所の構成、国民審査、定年、報酬〕　①　最高裁判所は、その長たる裁判官及び法律の定める員数のその他の裁判官でこれを構成し、その長たる裁判官以外の裁判官は、内閣でこれを任命する。

②　最高裁判所の裁判官の任命は、その任命後初めて行はれる衆議院議員総選挙の際国民の審査に付し、その後一〇年を経過した後初めて行はれる衆議院議員総選挙の際更に審査に付し、その後も同様とする。

③　前項の場合において、投票者の多数が裁判官の罷免を可とするときは、その裁判官は、罷免される。

④　審査に関する事項は、法律でこれを定める。

⑤　最高裁判所の裁判官は、法律の定める年齢に達した時に退官する。

⑥　最高裁判所の裁判官は、すべて定期に相当額の報酬を受ける。この報酬は、在任中、

これを減額することができない。

第八〇条〔下級裁判所の裁判官、任期、定年、報酬〕　①　下級裁判所の裁判官は、最高裁判所の指名した者の名簿によつて、内閣でこれを任命する。その裁判官は、任期を一〇年とし、再任されることができる。但し、法律の定める年齢に達した時には退官する。

②　下級裁判所の裁判官は、すべて定期に相当額の報酬を受ける。この報酬は、在任中、これを減額することができない。

第八一条〔違憲審査制〕　最高裁判所は、一切の法律、命令、規則又は処分が憲法に適合するかしないかを決定する権限を有する終審裁判所である。

第八二条〔裁判の公開〕　①　裁判の対審及び判決は、公開法廷でこれを行ふ。

②　裁判所が、裁判官の全員一致で、公の秩序又は善良の風俗を害する虞があると決した場合には、対審は、公開しないでこれを行ふことができる。但し、政治犯罪、出版に関する犯罪又はこの憲法第三章で保障する国民の権利が問題となつてゐる事件の対審は、常にこれを公開しなければならない。

第七章　財政

第八三条〔財政処理の基本原則〕　国の財政を処理する権限は、国会の議決に基いて、これを行使しなければならない。

第八四条〔租税法律主義〕　あらたに租税を課し、又は現行の租税を変更するには、法律又は法律の定める条件によることを必要とする。

第八五条〔国費の支出及び国の債務負担〕　国費を支出し、又は国が債務を負担するには、国会の議決に基くことを必要とする。

第八六条〔予算の作成と議決〕　内閣は、毎会計年度の予算を作成し、国会に提出して、その審議を受け議決を経なければならない。

第八七条〔予備費〕　①　予見し難い予算の不足に充てるため、国会の議決に基いて予備費を設け、内閣の責任でこれを支出することができる。

②　すべて予備費の支出については、内閣は、事後に国会の承諾を得なければならない。

第八八条〔皇室財産・皇室費用〕　すべて皇室財産は、国に属する。すべて皇室の費用は、予算に計上して国会の議決を経なければならない。

第八九条〔公の財産の支出・利用提供の制限〕　公金その他の公の財産は、宗教上の組織若しくは団体の使用、便益若しくは維持のため、又は公の支配に属しない慈善、教育若しくは博愛の事業に対し、これを支出し、又はその利用に供してはならない。

第九〇条〔決算審査、会計検査院〕　①　国の収入支出の決算は、すべて毎年会計検査院がこれを検査し、内閣は、次の年度に、その検査報告とともに、これを国会に提出しなければならない。

②　会計検査院の組織及び権限は、法律でこれを定める。

第九一条〔内閣の財政状況報告〕　内閣は、国会及び国民に対し、定期に、少くとも毎年一回、国の財政状況について報告しなければならない。

第八章　地方自治

第九二条〔地方自治の基本原則〕　地方公共団体の組織及び運営に関する事項は、地方自治の本旨に基いて、法律でこれを定める。

第九三条〔地方議会、長・議員等の直接選挙〕　①　地方公共団体には、法律の定めるところにより、その議事機関として議会を設置する。

② 地方公共団体の長、その議会の議員及び法律の定めるその他の吏員は、その地方公共団体の住民が、直接これを選挙する。

第九四条〔地方公共団体の権能・条例制定権〕 地方公共団体は、その財産を管理し、事務を処理し、及び行政を執行する権能を有し、法律の範囲内で条例を制定することができる。

第九五条〔特別法の住民投票〕 一の地方公共団体のみに適用される特別法は、法律の定めるところにより、その地方公共団体の住民の投票においてその過半数の同意を得なければ、国会は、これを制定することができない。

第九章　改正

第九六条〔憲法改正の手続、その公布〕 ① この憲法の改正は、各議院の総議員の三分の二以上の賛成で、国会が、これを発議し、国民に提案してその承認を経なければならない。この承認には、特別の国民投票又は国会の定める選挙の際行はれる投票において、その過半数の賛成を必要とする。

② 憲法改正について前項の承認を経たときは、天皇は、国民の名で、この憲法と一体

を成すものとして、直ちにこれを公布する。

第一〇章　最高法規

第九七条〔基本的人権の本質〕　この憲法が日本国民に保障する基本的人権は、人類の多年にわたる自由獲得の努力の成果であつて、これらの権利は、過去幾多の試錬に堪へ、現在及び将来の国民に対し、侵すことのできない永久の権利として信託されたものである。

第九八条〔憲法の最高法規性、国際法規の遵守〕　①　この憲法は、国の最高法規であつて、その条規に反する法律、命令、詔勅及び国務に関するその他の行為の全部又は一部は、その効力を有しない。

②　日本国が締結した条約及び確立された国際法規は、これを誠実に遵守することを必要とする。

第九九条〔憲法尊重擁護の義務〕　天皇又は摂政及び国務大臣、国会議員、裁判官その他の公務員は、この憲法を尊重し擁護する義務を負ふ。

第一一章　補則

第一〇〇条〔施行期日、施行の準備〕　① この憲法は、公布の日から起算して六箇月を経過した日から、これを施行する。〔昭二二・五・三施行〕

② この憲法を施行するために必要な法律の制定、参議院議員の選挙及び国会召集の手続並びにこの憲法を施行するために必要な準備手続は、前項の期日よりも前に、これを行ふことができる。

第一〇一条〔経過規定㈠――参議院未成立の間の国会〕　この憲法施行の際、参議院がまだ成立してゐないときは、その成立するまでの間、衆議院は、国会としての権限を行ふ。

第一〇二条〔経過規定㈡――第一期参議院議員の任期〕　この憲法による第一期の参議院議員のうち、その半数の者の任期は、これを三年とする。その議員は、法律の定めるところにより、これを定める。

第一〇三条〔経過規定㈢――憲法施行の際の公務員〕　この憲法施行の際現に在職する国務大臣、衆議院議員及び裁判官並びにその他の公務員で、その地位に相応する地位がこの憲法で認められてゐる者は、法律で特別の定をした場合を除いては、この憲法施行のため、当然にはその地位を失ふことはない。但し、この憲法によつて、後任者が選挙又は任命されたときは、当然その地位を失ふ。

岩波文庫の最新刊

小町谷照彦・倉田実校注
拾遺和歌集
花山院の自撰とされる「三代集」の達成を示す勅撰集。歌合歌や屏風歌など、晴の歌が多く、洗練、優美平淡な詠風が定着している。
〔黄二八-二〕 定価一八四八円

深澤英隆編訳
ジンメル宗教論集
社会学者ジンメルの宗教論の初集成。宗教性を人間のアプリオリな属性の一つとみなすことで、そこに脈動する生そのものを捉えようと試みる。
〔青六四四-六〕 定価一二四三円

ポアンカレ著／伊藤邦武訳
科学と仮説
科学という営みの根源について省察し仮説の役割を哲学的に考察した、アンリ・ポアンカレの主著。一〇〇年にわたり読み継がれてきた名著の新訳。
〔青九〇二-一〕 定価一三二〇円

ジェイン・オースティン作／新井潤美・宮丸裕二訳
マンスフィールド・パーク(下)
皆が賛成する結婚話を頑なに拒むファニー。しばらく里帰りするが、そこに驚愕の報せが届き――。本作に登場する戯曲『恋人たちの誓い』も収録。(全二冊)
〔赤二二二-八〕 定価一二五四円

大塚久雄著／小野塚知二編
共同体の基礎理論 他六篇
共同体はいかに成立し、そして解体したのか。土地の占取に注目して、前近代社会の理論的な見取り図を描いた著者の代表作の一つ。関連論考を併せて収録。
〔白一五二-二〕 定価一一七七円

……今月の重版再開……

モリエール作／鈴木力衛訳
守銭奴
定価六六〇円 〔赤五一二-七〕

E・クレッチュマー著／内村祐之訳
天才の心理学
定価一一一一円 〔青六五八-一〕

定価は消費税 10% 込です　　2021.12

岩波文庫の最新刊

ジェイン・オースティン作／新井潤美・宮丸裕二訳
マンスフィールド・パーク（上）

オースティン作品中〈もっとも内気なヒロイン〉と言われるファニーを主人公に、マンスフィールドの人間模様を描く。時代背景の丁寧な解説も収録。（全三冊）
〔赤二二二-七〕 **定価一三二〇円**

ポール・ヴァレリー著／塚本昌則訳
ドガ ダンス デッサン

親しく接した画家ドガの肉声と、著者独自の考察がきらめくたぐい稀な美術論。幻の初版でのみ知られる、ドガのダンスのデッサン全五十一点を掲載。〔カラー版〕
〔赤五六〇-六〕 **定価一四八五円**

徳田秋声作
あらくれ・新世帯

一途に生きていく一人の女性の半生を描いた「あらくれ」。男と女の微妙な葛藤を見詰めた「新世帯（あらじょたい）」。文豪の代表作二篇を収録する。（解説＝佐伯一麦）
〔緑二二-七〕 **定価九三五円**

バーリン著／松本礼二編
反啓蒙思想 他二篇

徹底した反革命論者ド・メストル、『暴力論』で知られるソレルなど、啓蒙の合理主義や科学信仰に対する批判者を検討したバーリンの思想史作品を収録する。
〔青六八四-二〕 **定価九九〇円**

……今月の重版再開……

徳田秋声作
縮図

定価七七〇円
〔緑二二-二〕

幸田文作
みそっかす

定価六六〇円
〔緑一〇四-一〕

定価は消費税 10% 込です　　2021.11

マルクス 資本論 全九冊　エンゲルス編　向坂逸郎訳

文学と革命 全二冊　トロツキイ　桑野　隆訳

ロシア革命史 全五冊　トロツキー　藤井一行訳

空想より科学へ ―社会主義の発展　エンゲルス　大内兵衛訳

イギリスにおける労働者階級の状態 ―一九世紀のロンドンとマンチェスター 全二冊　エンゲルス　一條和生・杉山忠平訳

帝国主義論 全二冊　ホブスン　矢内原忠雄訳

帝国主義　レーニン　宇高基輔訳

国家と革命　レーニン　宇高基輔訳

金融資本論 全二冊　ヒルファディング　岡崎次郎訳

ローザ・ルクセンブルク 獄中からの手紙　秋元寿恵夫訳

雇用、利子および貨幣の一般理論 全二冊　ケインズ　間宮陽介訳

シュムペーター 経済発展の理論 全二冊　塩野谷祐一・中山伊知郎・東畑精一訳

シュムペーター 経済学史 ―学説ならびに方法の諸段階　中山伊知郎・東畑精一訳

租税国家の危機　シュムペーター　木村元一・小谷義次訳

恐慌論　宇野弘蔵

経済原論　宇野弘蔵

ユートピアだより　ウィリアム・モリス　川端康雄訳

民衆の芸術　ウィリアム・モリス　中橋一夫訳

社会科学と社会政策にかかわる認識の「客観性」　マックス・ヴェーバー　富永祐治・立野保男訳　折原　浩補訳

プロテスタンティズムの倫理と資本主義の精神　マックス・ヴェーバー　大塚久雄訳

職業としての学問　マックス・ウェーバー　尾高邦雄訳

社会学の根本概念　マックス・ヴェーバー　清水幾太郎訳

職業としての政治　マックス・ヴェーバー　脇　圭平訳

古代ユダヤ教 全三冊　マックス・ウェーバー　内田芳明訳

宗教と資本主義の興隆 ―歴史的研究 全二冊　トーニー　出口勇蔵・越智武臣訳

世論 全二冊　リップマン　掛川トミ子訳

王権　A・M・ホカート　橋本和也訳

鯰絵 ―民俗的想像力の世界　C・アウエハント　小松和彦・中沢新一・飯島吉晴・古家信平訳

贈与論 他二篇　マルセル・モース　森山　工訳

国民論 他二篇　マルセル・モース　森山　工編訳

ヨーロッパの昔話 その形と本質　マックス・リュティ　小澤俊夫訳

独裁と民主政治の社会的起源 ―近代世界形成過程における領主と農民 全二冊　バリントン・ムーア　宮崎隆次・森山茂徳・高橋直樹訳

大衆の反逆　オルテガ・イ・ガセット　佐々木孝訳

《自然科学》〔青〕

科学と仮説　ポアンカレ　河野伊三郎訳

エネルギー　オストヴァルト　山県春次訳

光学　ニュートン　島尾永康訳

大陸と海洋の起源 ―大陸移動説 全二冊　ヴェーゲナー　都城秋穂・紫藤文子訳

ロウソクの科学　ファラデー　竹内敬人訳

種の起原 全二冊　ダーウィン　八杉龍一訳

完訳 ファーブル昆虫記 全十冊　山田吉彦・林　達夫訳

確率の哲学的試論　ラプラス　内井惣七訳

史的に見たる科学的宇宙観の変遷　アーレニウス　寺田寅彦訳

科学談義　T・H・ハックスリ　小泉　丹訳

アインシュタイン 相対性理論　内山龍雄訳・解説

相対論の意味　アインシュタイン　矢野健太郎訳

自然美と其驚異　ジョン・ラバック　板倉勝忠訳

ダーウィニズム論集　八杉龍一編訳

近世数学史談　高木貞治

ハッブル 銀河の世界　戎崎俊一訳

《法律・政治》〔白〕

- 人権宣言集 — 高木八尺・末延三次・宮沢俊義 編
- 新版 世界憲法集 第二版 — 高橋和之 編
- 君主論 — マキアヴェッリ／河島英昭 訳
- フィレンツェ史 全二冊 — マキァヴェッリ／齊藤寛海 訳
- リヴァイアサン 全四冊 — ホッブズ／水田洋 訳
- 法の精神 全三冊 — モンテスキュー／野田良之・稲本洋之助・上原行雄・田中治男・三辺博之・横田地弘 訳
- ローマ人盛衰原因論 — モンテスキュー／田中治男・栗田伸子 訳
- 第三身分とは何か — シィエス／稲本洋之助・伊藤洋一・川出良枝・松本英実 訳
- 教育に関する考察 — ロック／服部知文 訳
- 完訳 統治二論 — ジョン・ロック／加藤節 訳
- 寛容についての手紙 — ジョン・ロック／加藤節・李静和 訳
- キリスト教の合理性 — ジョン・ロック／加藤節 訳
- ルソー 社会契約論 — 桑原武夫・前川貞次郎 訳
- アメリカのデモクラシー 全四冊 — トクヴィル／松本礼二 訳
- 犯罪と刑罰 — ベッカリーア／風早八十二・五十嵐二葉 訳
- リンカーン演説集 — 高木八尺・斎藤光 訳
- 権利のための闘争 — イェーリング／村上淳一 訳
- 近代人の自由と古代人の自由・征服の精神と簒奪 他一篇 — コンスタン／堤林剣・堤林恵 訳
- 民主主義の本質と価値 他一篇 — ハンス・ケルゼン／長尾龍一・植田俊太郎 訳
- 外交談判法 — カリエール／坂野正高 訳
- 危機の二十年 —理想と現実 — E・H・カー／原彬久 訳
- アメリカの黒人演説集 —キング・マルコムX・モリスン 他 — 荒このみ 編訳
- モーゲンソー 国際政治 —権力と平和 全三冊 — 原彬久 監訳
- 現代議会主義の精神史的状況 他一篇 — カール・シュミット／樋口陽一 訳
- 第二次世界大戦外交史 全二冊 — 芦田均
- 憲法講話 — 美濃部達吉
- 日本国憲法 — 長谷部恭男 解説
- 民主体制の崩壊 —危機・崩壊・再均衡 — ファン・リンス／横田正顕 訳

《経済・社会》〔白〕

- 政治算術 — ペティ／大内兵衛・松川七郎 訳
- チュルゴオ 富に関する省察 — 永田清 訳
- 国富論 全四冊 — アダム・スミス／水田洋 監訳／杉山忠平 訳
- 道徳感情論 全二冊 — アダム・スミス／水田洋 訳
- 法学講義 — アダム・スミス／水田洋 訳
- コモン・センス 他三篇 — トーマス・ペイン／小松春雄 訳
- 経済学における諸定義 — マルサス／玉野井芳郎 訳
- オウエン自叙伝 — ロバアト・オウエン／五島茂 訳
- 経済学および課税の原理 全二冊 — リカードウ／羽鳥卓也・吉澤芳樹 訳
- 戦争論 全三冊 — クラウゼヴィッツ／篠田英雄 訳
- 自由論 — J・S・ミル／塩尻公明・木村健康 訳
- 女性の解放 — J・S・ミル／大内兵衛・大内節子 訳
- ミル自伝 — 朱牟田夏雄 訳
- 大学教育について — J・S・ミル／竹内一誠 訳
- ユダヤ人問題によせて ヘーゲル法哲学批判序説 — マルクス／城塚登 訳
- 経済学・哲学草稿 — マルクス／城塚登・田中吉六 訳
- 新編輯版 ドイツ・イデオロギー — マルクス エンゲルス／廣松渉 編訳／小林昌人 補訳
- マルクス エンゲルス 共産党宣言 — 大内兵衛・向坂逸郎 訳
- 賃労働と資本 — マルクス／長谷部文雄 訳
- 賃銀・価格および利潤 — マルクス／長谷部文雄 訳
- マルクス 経済学批判 — 武田隆夫・遠藤湘吉・大内力・加藤俊彦 訳

読書子に寄す

――岩波文庫発刊に際して――

岩波茂雄

真理は万人によって求められることを自ら欲し、芸術は万人によって愛されることを自ら望む。かつては民を愚昧ならしめるために学芸が最も狭き堂宇に閉鎖されたことがあった。今や知識と美とを特権階級の独占より奪い返すことはつねに進取的なる民衆の切実なる要求である。岩波文庫はこの要求に応じそれに励まされて生まれた。それは生命ある不朽の書を少数者の書斎と研究室とより解放して街頭にくまなく立たしめ民衆に伍せしめるであろう。近時大量生産予約出版の流行を見る。その広告宣伝の狂態はしばらくおくも、後代にのこすと誇称する全集がその編集に万全の用意をなしたるか。千古の典籍の翻訳企図に敬虔の態度を欠かざりしか。さらに分売を許さず読者を繫縛して数十冊を強うるがごとき、はたしてその揚言する学芸解放のゆえんなりや。吾人は天下の名士の声に和してこれを推挙するに躊躇するものである。このときにあたって、岩波書店は自己の責務のいよいよ重大なるを思い、従来の方針の徹底を期するため、すでに十数年以前より志して来た計画を慎重審議この際断然実行することにした。吾人は範をかのレクラム文庫にとり、古今東西にわたって文芸・哲学・社会科学・自然科学等種類のいかんを問わず、いやしくも万人の必読すべき真に古典的価値ある書をきわめて簡易なる形式において逐次刊行し、あらゆる人間に須要なる生活向上の資料、生活批判の原理を提供せんと欲する。この文庫は予約出版の方法を排したるがゆえに、読者は自己の欲する時に自己の欲する書物を各個に自由に選択することができる。携帯に便にして価格の低きを最主とするがゆえに、外観を顧みざるも内容に至っては厳選最も力を尽くし、従来の岩波出版物の特色をますます発揮せしめようとする。この計画たるや世間の一時の投機的なるものと異なり、永遠の事業として吾人は微力を傾倒し、あらゆる犠牲を忍んで今後永久に継続発展せしめ、もって文庫の使命を遺憾なく果たさしめることを期する。芸術を愛し知識を求むる士の自ら進んでこの挙に参加し、希望と忠言とを寄せられることは吾人の熱望するところである。その性質上経済的には最も困難多きこの事業にあえて当たらんとする吾人の志を諒として、その達成のため世の読書子とのうるわしき共同を期待する。

昭和二年七月

新版 世界憲法集《せかいけんぽうしゅう》 第二版

2012年4月17日 第1刷発行
2021年12月15日 第7刷発行

編 者 高橋和之《たかはしかずゆき》

発行者 坂本政謙

発行所 株式会社 岩波書店
〒101-8002 東京都千代田区一ツ橋2-5-5

案内 03-5210-4000 営業部 03-5210-4111
文庫編集部 03-5210-4051
https://www.iwanami.co.jp/

印刷・三陽社 カバー・精興社 製本・中永製本

ISBN 978-4-00-340021-0 Printed in Japan

条 文 索 引

＊以下の項目に該当する条文を，略号で示した．
＊国名は以下のように略記した．
ア＝アメリカ，カ＝カナダ，ド＝ドイツ，フ＝フランス，韓＝韓国，ス＝スイス，ロ＝ロシア，中＝中国，日＝日本．
＊カナダ「1867 年憲法」は「カ 67 年」，同「1982 年憲法」は「カ 82 年」，ドイツ「ワイマール憲法」は「ワ憲」，フランス「人および市民の権利の宣言」は「フ人権」，同「1946 年憲法前文」は「46 年前文」，同「環境憲章」は「フ環」，と略記した．
＊アラビア数字は各憲法の条数を表し，それ以降の数字は本文にあわせて表記した．たとえば，「ア修 14 三」は「アメリカ合衆国憲法修正第 14 条第 3 節」，「ロ 83①」は「ロシア連邦憲法第 83 条第 1 項」を示す．各国憲法の前文，序言，附則はそれぞれ「前文」「序」「附」と記した．

あ 行

か 行

さ 行

た 行

な 行

は 行

ま 行

や 行

ら 行